CLEMENS KAMMLER (HG.)

Literarische Kompetenzen – Standards im Literaturunterricht

Modelle für die Primar- und Sekundarstufe

Klett | Kallmeyer

Bibliografische Information der Deutschen Bibliothek:
Die Deutsche Bibliothek verzeichnet diese Publikation in der
Deutschen Nationalbibliografie; detaillierte bibliografische Daten sind
im Internet abrufbar unter http://dnb.ddb.de

Impressum

Kammler, Clemens (Hg.):
Literarische Kompetenzen – Standards im Literaturunterricht
Modelle für die Primar- und Sekundarstufe

1. Auflage 2006
© 2006 Kallmeyer Verlag in Verbindung mit Klett
Erhard Friedrich Verlag GmbH
D – 30926 Seelze

Realisation: Friedrich Medien Gestaltung / Detlef Grove
Druck: Aalexx Druck GmbH, Großburgwedel. Printed in Germany

Alle Rechte vorbehalten. Kein Teil dieses Werkes darf ohne schriftliche Genehmigung
des Verlages in irgendeiner Weise gespeichert oder reproduziert werden.

ISBN 13: 978-3-7800-2085-7
ISBN 10: 3-7800-2085-8

Inhalt

Vorwort des Herausgebers   5

Clemens Kammler
Literarische Kompetenzen – Standards im Literaturunterricht
Anmerkungen zum Diskussionsstand   7

Petra Büker
Qualitätssicherung ästhetischen Lernens durch prozessorientierte Evaluation
Zu Mascha Kaléko „Der Frühling" (2./3. Schuljahr)   24

Juliane Köster
Von der Lebenswelt zur Literatur
Zu Erich Kästner „Fauler Zauber" (4. Schuljahr)   50

Kaspar H. Spinner
Literarisches Schreiben zu einem Text
Zu Franz Hohler „Das Huhn auf der Funkausstellung"
(5./6. Schuljahr)   66

Thomas Zabka
Typische Operationen literarischen Verstehens
Zu Martin Luther „Vom Raben und Fuchs" (5./6. Schuljahr)   80

Petra Josting
Kompetenzorientierung im Kernlehrplan der Realschule
Zu Karlijn Stoffels „Mojsche und Rejsele" (7./8. Schuljahr)   102

Ulf Abraham
Wie standardisierbar ist Methodenkompetenz im Umgang mit Lyrik?
Zu Bertolt Brecht „Der Steinfischer" (9./10. Schuljahr)   118

Karlheinz Fingerhut
Literaturunterricht über Kompetenzmodelle organisieren?
Zu Gedichten von Schiller und Eichendorff (9./10. Schuljahr)   134

Michael Kämper-van den Boogaart
Kleinschrittiges Lesen als Kompetenz
Zu Johann Wolfgang Goethe „Das Göttliche" (Jahrgangsstufe 11–13)   158

Peter Bekes
Von PISA nach Guastalla oder: Soweit die Standards tragen
Zu Gotthold Ephraim Lessing „Emilia Galotti" (Jahrgangsstufe 12)   176

Clemens Kammler
Symbolverstehen als literarische Rezeptionskompetenz
Zu Uwe Timm „Am Beispiel meines Bruders" (Jahrgangsstufe 11–13)   196

Dieter Wrobel
Kompetenzspektrum zur Analyse einer Dramenszene
Zu Urs Widmer „Top Dogs" (Jahrgangsstufe 11–13)   214

Vorwort des Herausgebers

In der aktuellen Diskussion über die Standardisierbarkeit und Messbarkeit schulischer Leistungen hat sich die Unterscheidung zwischen harten und weichen Fächern eingebürgert, wobei man als „weich […] gemeinhin Fächer und Fachgebiete bezeichnet, in denen qualitative Verfahren gegenüber quantitativen, hermeneutisch interpretierende Aussagen gegenüber nachmessbaren überwiegen" (Huber 2005, S. 105). Dass mit einer solchen Unterscheidung die Gefahr einer Hierarchisierung einhergeht, hat der Geschichtsdidaktiker Bodo von Borries betont. Diese könne eine Abwertung derjenigen Fächer zur Folge haben, die ihre „internationale Konkurrenzfähigkeit" nicht belegen könnten, da sich ihre Lernziele nicht in gleicher Weise operationalisieren und „objektiv" überprüfen ließen wie dies bei „utilitaristischen' Kulturtechniken wie Rechnen, Schreiben und Lesen, Fremdsprachen und Naturwissenschaften" der Fall sei (vgl. von Borries 2005, S. 102–104).

Der Gegenstand Literatur, das jedenfalls lehrt heute jede einigermaßen anschlussfähige Literaturtheorie (vgl. Geisenhanslüke 2003; Culler 2002), ist nicht objektiv zu erfassen. Jede Standardisierung geht aber mit Setzungen einher, die – nolens volens – derartige Objektivität reklamieren. Dass auch der Literaturunterricht auf Setzungen angewiesen ist, weil eine Vergleichbarkeit von Schülerleistungen und Schulabschlüssen nur so wenigstens annähernd möglich ist, bringt die Literaturdidaktik in eine schwierige Situation. Sie als dilemmatisch zu begreifen wäre allerdings fatal. Das Konzept des vorliegenden Bandes geht davon aus, dass sich die so genannten weichen Fachbereiche, und damit auch ein Teilfach wie der Literaturunterricht, der Debatte über fachspezifische und gestufte Standards nicht länger entziehen können, dass es dabei aber darum gehen muss, der dreifachen Gefahr einer Verkürzung der spezifischen Kompetenzen dieser Fächer auf bloße Arbeitstechniken, einer schleichenden Kanonisierung ihrer Inhalte und einer einseitigen Fixierung der Unterrichtskultur auf entsprechende Vorgaben in zentralen Abschlussprüfungen entgegenzuwirken. Bezogen auf den Literaturunterricht und dessen besondere Gegenstände ist nicht zuletzt zu fragen, inwiefern Standards und die ihnen zugeordneten Aufgabenstellungen der Polyvalenz literarischer Texte gerecht werden können, das heißt, wie vermieden werden kann, dass sie eine einzige, vermeintlich richtige Lesart oder fragwürdige Hierarchien von „mehr" oder „weniger" adäquaten Lesarten favorisieren. Außerdem steht zur Diskussion, ob und inwieweit sich Ziele wie „Ausbildung der ästhetischen Genussfähigkeit" oder „Förderung der poetischen Sensibilität", die im literaturdidaktischen Diskurs der vergangenen zwanzig Jahre vergleichsweise hoch im Kurs standen, überhaupt als Standards formulieren lassen und mithilfe welcher Testinstrumente und -verfahren hier gegebenenfalls eine Evaluation stattfinden kann.

Danken möchte ich Elke Reinhard-Becker und Dieter Wrobel, die alle Beiträge kritisch gegengelesen haben, und natürlich allen Beiträgerinnen und Beiträgern für ihre Bereitschaft, sich in der gegenwärtigen Debatte um Kompetenzen und Standards als Literaturdidaktiker zu positionieren.

Literatur

Borries, Bodo von: *Mindeststandards für das Fach Geschichte? Die Lebensweltbedeutsamkeit von Historie im Blick.* In: Standards. Unterrichten zwischen Kompetenzen, zentralen Prüfungen und Vergleichsarbeiten. Friedrich Jahresheft XXIII 2005, S. 102–104.

Culler, Jonathan: *Literaturtheorie. Eine kurze Einführung.* Stuttgart: Reclam 2002.

Geisenhanslüke, Achim: *Einführung in die Literaturtheorie. Von der Hermeneutik zur Medienwissenschaft.* Darmstadt: Wissenschaftliche Buchgesellschaft 2003.

Huber, Ludwig: *Standards auch für die „weichen" Fächer? Das Beispiel „Gedichte im Deutschunterricht".* In: Standards. Unterrichten zwischen Kompetenzen, zentralen Prüfungen und Vergleichsarbeiten. Friedrich Jahresheft XXIII 2005, S. 105–107.

CLEMENS KAMMLER

Literarische Kompetenzen – Standards im Literaturunterricht

Anmerkungen zum Diskussionsstand

1. Vorbemerkung

In einer offiziellen Verlautbarung der Kultusministerkonferenz zur aktuellen bildungspolitischen Großwetterlage ist die Rede von einem Paradigmenwechsel hin zu einer „outcome-Orientierung" (Bildungsstandards 2005a, S. 6)[1]. Gleichzeitig kursiert die Metapher vom „Riesentanker [...] deutsche[s] Bildungswesen", der vom Kurs abgekommen sei und nun von der „Kommandobrücke" aus wieder unter Kontrolle gebracht werden müsse (vgl. Ehlers/Willenberg 2003, S. 431). Dieses Bild verdeutlicht, dass der Paradigmenwechsel keinesfalls eine wissenschaftliche Revolution im Sinne Thomas S. Kuhns ist (vgl. Kuhn 1973), sondern den Charakter einer machtvollen politischen Willensbekundung hat. Durch ihn erhofft man sich eine Qualitätsverbesserung schulischer Bildung und eine größere Vergleichbarkeit der Abschlüsse.

Ein solches Vorhaben ist angesichts der ernüchternden Ergebnisse, die deutsche Schülerinnen und Schüler bei TIMSS, PISA und IGLU erzielt haben, und der berechtigten Zweifel an der Vergleichbarkeit der Schulabschlüsse innerhalb unseres föderalen Bildungssystems, sicher legitim. Dennoch haben die von der Kultusministerkonferenz (KMK) vorgelegten Bildungsstandards für das Fach Deutsch unter Deutschlehrern und Fachdidaktikern vehemente Kritik hervorgerufen. Im Zuge des angekündigten Paradigmenwechsels befürchtet man tiefgreifende Veränderungen der Unterrichtskultur eines Faches, das eine seiner Hauptaufgaben bislang in der Auseinandersetzung mit der kulturellen Tradition und Gegenwart sah.

2. Die Bildungsstandards der Kultusministerkonferenz. Intention und Kritik

Um Missverständnissen hinsichtlich der Funktion der bundesweit geltenden Bildungsstandards[2] entgegenzutreten, hat die KMK ein Papier vorgelegt (Bildungsstandards 2005a), das diese klären und die in der Diskussion teilweise unscharf gebrauchten Begriffe erläutern soll. Das geschieht unter Berufung auf die so genannte „Klieme-Expertise", in der es an zentraler Stelle heißt:

„Die Bildungsstandards legen fest, welche Kompetenzen die Kinder oder Jugendlichen bis zu einer bestimmten Jahrgangsstufe mindestens erworben haben sollen. Die Kompetenzen werden so konkret beschrieben, dass sie in Aufgabenstellungen umgesetzt und prinzipiell mit Hilfe von Testverfahren erfasst werden können. Der Darstellung von Kompetenzen, die innerhalb eines Lernbereichs oder Faches aufgebaut werden, ihrer Teildimensionen und Niveaustufen, kommt in diesem Konzept ein entscheidender Platz zu." (Klieme u. a. 2003, S. 4)

In Übereinstimmung mit Klieme wird im Papier der KMK ausgeführt, dass es sich bei den Bildungsstandards um die Beschreibung von „fachbezogenen Kompetenzen einschließlich zugrunde liegender Wissensbestände", also um eine „Mischung aus Inhalts- und Outputstandards" handele, die als „Regelstandards" die durchschnittlich von den Schülerinnen und Schülern einer Jahrgangsstufe zu erreichenden Kompetenzen definieren. (vgl. Bildungsstandards 2005a, S. 6 ff.) Unter Kompetenzen werden dabei im Sinne der Kognitionspsychologie kognitive Fähigkeiten und Fertigkeiten sowie motivationale, volitionale (durch den Willen bestimmte) und soziale Fähigkeiten und Bereitschaften verstanden (vgl. Weinert 2001, S. 27 f.). Gegliedert sind die Standards in „Kompetenzbereiche" auf der einen und „Anforderungsbereiche" auf der anderen Seite. Die ersteren entsprechen im Wesentlichen den traditionellen Lernbereichen (im Fach Deutsch: „Sprechen und Zuhören", „Schreiben", „Lesen – mit Texten und Medien umgehen", „Sprache und Sprachgebrauch untersuchen"), die letzteren bieten einen Orientierungsrahmen für den Schwierigkeitsgrad und die Komplexität von Aufgabenstellungen. Dabei wird unterschieden zwischen „notwendigen inhaltlichen und methodischen Kenntnissen" (Anforderungsbereich 1) „selbständigem Erfassen, Einordnen, Strukturieren und Verarbeiten" einer Aufgabenstellung (Anforderungsbereich 2), sowie „eigenständiger Reflexion, Bewertung bzw. Beurteilung einer komplexen Problemstellung" (Anforderungsbereich 3), (vgl. Bildungsstandards 2004,

S. 17). Betont werden der vorläufige Charakter der Standards und insbesondere der Anforderungsbereiche sowie die Tatsache, dass diese nicht mit empirisch abgesicherten Kompetenzstufen zu verwechseln seien, deren Entwicklung Aufgabe des Instituts für Qualitätsentwicklung im Bildungswesen (IQB) sei (vgl. Bildungsstandards 2005a, S. 17).

Ein etwas genauerer Blick in die Bildungsstandards der KMK zeigt, dass es sich bei diesen im Wesentlichen um eine Auflistung einschlägiger Lernziele handelt, wie sie sich in ähnlicher Form in den Lehrplänen der verschiedenen Bundesländer bereits finden. So heißt es beispielsweise in den Bildungsstandards für die Primarstufe (4. Klasse), die Schülerinnen und Schüler sollten „Kinderliteratur kennen: Werke, Autoren und Autorinnen, Figuren, Handlungen", „Erzähltexte, lyrische und szenische Texte kennen und unterscheiden" oder „bei der Beschäftigung mit literarischen Texten Sensibilität und Verständnis für Gedanken und Gefühle und zwischenmenschliche Beziehungen zeigen" (Bildungsstandards 2005b, S. 12). In den Bildungsstandards für den Hauptschulabschluss und den mittleren Schulabschluss findet sich in der Rubrik „Texte verstehen und nutzen" jeweils ein eigener Abschnitt zu literarischen Texten, der gängige Ziele wie „analytische Methoden anwenden", „produktive Methoden anwenden" oder „eigene Deutungen entwickeln" auflistet. Konkretisiert werden diese Ziele durch Aufgabenbeispiele, zu denen ein entsprechender Erwartungshorizont formuliert ist. So wird bei einem Vergleich zweier Liebesgedichte von Heinrich Heine und Erich Fried im Anforderungsbereich 1 beispielsweise die „Identifikation des Themas", in 2 die „Analyse zentraler Bilder" und in 3 eine „jeweils sinnvolle Deutung" der Gedichte erwartet (vgl. Bildungsstandards 2004, S. 31–33). Trotz solcher Konkretisierungsversuche haben Kritiker an den Bildungsstandards die Allgemeinheit, ja Unverbindlichkeit mancher Zielformulierung moniert (vgl. Köster 2005, S. 6). Was bedeutet zum Beispiel, dass die Absolventen des Mittleren Schulabschlusses „ein Spektrum altersgemäßer Werke – auch Jugendliteratur – bedeutender Autorinnen und Autoren kennen" sollen? (Bildungsstandards 2004, S. 20) Solche Fragen sind berechtigt. Allerdings stellt die KMK die Vorläufigkeit ihrer Entwürfe auch in Rechnung und fordert für die Zukunft die „Entwicklung einer anforderungsbezogenen Aufgabenkultur" (vgl. Bildungsstandards 2005a, S. 17), die Validierung der Bildungsstandards und ihre Ergänzung durch Rahmenlehrpläne bzw. „Kerncurricula" in den einzelnen Bundesländern.

Hat das Gesamtgefüge der Bildungsstandards derzeit noch den Charakter einer Baustelle, so gilt dies für die Standards für den Literaturunterricht in besonderem Maße. Auf wie ungesichertem Boden sich bisherige

Versuche bewegen, literarisches Textverstehen im Sinne der Klieme'schen Forderung zu dimensionieren bzw. zu hierarchisieren, zeigt unter anderem ein Beitrag des Erziehungswissenschaftlers Ludwig Huber, der am Beispiel des bekannten Eichendorff-Gedichtes „Die zwei Gesellen" eine Übertragung der Teildimensionen der Lesekompetenz im Sinne der PISA-Studie auf den Bereich der Literatur versucht hat. Dass sich eine Frage wie „Warum bekommt der zweite Geselle [im Gegensatz zum ersten, der nur eine bekommt; Anm. C. K.] zwei Strophen?" keinesfalls einfach der Kategorie „Form beschreiben und analysieren" zuordnen lässt (wie dies bei Huber geschieht), sondern ein Feld für kontroverse Deutungspositionen eröffnet, und dass sich solche Zuordnungsprobleme bei anderen Aufgaben wiederholen, steht nur exemplarisch für eine Reihe von Problemen, die sich hier auftun. Dabei ist sich der Autor dieser Probleme durchaus bewusst und warnt darüber hinaus vor der Gefahr, dass die Standardisierung als „Gelegenheit zu einer stillschweigenden Rekanonisierung", also zur Festlegung nicht nur von – tendenziell inhaltsunabhängigen – Kompetenzen, sondern auch von bestimmten Inhalten und Methoden (etwa im Zentralabitur) und damit zur Zerstörung des „Reichtums an Themen" und letztlich einer dem Fach angemessenen Unterrichtskultur führen könnte (vgl. Huber 2005, S. 106). Huber schlägt deshalb vor, bei der Überprüfung von Standards in einem Fach wie Deutsch auf andere Verfahren als die von Klieme vorgestellten standardisierten Tests zurückzugreifen, zum Beispiel externe Prüfer oder Expertenteams bei der Beurteilung von Schülerleistungen einzusetzen.

Vor den Risiken einer falsch betriebenen Standardisierung des Literaturunterrichts warnt auch Klaus Maiwald. Er weist auf die Gefahr hin, dass im Zusammenhang mit der Forderung nach der Testbarkeit von Textverstehensleistungen „die alten Hüte einer Literaturdidaktik der 1970er Jahre [...]: kleinschrittige Textanalysen, strenge Festlegung auf Rationalität, aufgeblähte Feinzielkataloge" eine Renaissance erleben könnten (Maiwald 2004, S. 47). Allerdings ist das Bewusstsein für diese Risiken und insbesondere für die Begrenztheit der Möglichkeiten gerade von Multiple-Choice-Aufgaben zur Testung literarischen Verstehens bei denjenigen Literaturdidaktikern, die in den letzten Jahren besonders intensiv an deren Weiterentwicklung gearbeitet haben, durchaus vorhanden (vgl. Willenberg 2004; auch Fritzsche 2004).[3]

Ebenfalls aus der Perspektive des Literaturdidaktikers hat Kaspar Spinner die bisher vorliegenden Standards der Kultusministerkonferenz auf dem Symposion Deutschdidaktik 2004 in Lüneburg einer vehementen Kritik unterzogen. Literaturunterricht, so Spinner, gelinge dort, wo

„subjektives Angesprochensein und genaue Textwahrnehmung in einer Balance" seien und Platz für „das Widerständige, das Überraschende, das Unbequeme" bleibe (Spinner 2005, S. 8–12). Eben diese Möglichkeit sieht er durch die Vorstellung einer generellen Steuerbarkeit von Lernprozessen gefährdet. Es drohe die „Abrichtung" der Schülerinnen und Schüler auf bestimmte Verfahren im Umgang mit Texten, die Eliminierung eigenständiger geistiger Arbeit aus dem Unterrichtsalltag durch eine „unreflektierte Umsetzung" der Standardisierungsvorgaben (vgl. S. 11). Diese, so sein Fazit aus der Analyse einiger Aufgabenbeispiele, an denen die KMK die Möglichkeit der Überprüfung der Standards veranschaulicht, manifestiere sich in drei Mechanismen: „Reduktion von Komplexität, [...] Umkippen von Subjektivität in Objektivität und [...] Verkehrung von selbständigem Lernen in angeleitetes Training" (S. 13).

In der Debatte über Spinners Beitrag wurde unter anderem betont, dass es problematisch sei, „von Aufgaben zur Leistungsbeurteilung auf die Gestaltung von Unterricht zu schließen" (Groß Ophoff 2006, S. 13) und dass es folglich der Unterrichtspraxis zukomme, der von Spinner aufgezeigten Gefahr entgegenzusteuern (vgl. Gaiser 2006, S. 10). Ein anderer Appell richtet sich an die Deutschdidaktik: Sie müsse sich stärker in die empirische Unterrichtsforschung einbringen und dafür sorgen, dass die „die Eigenarten des Verstehens, um die wir seit Meister Eckhart [...] und später seit Dilthey ringen" in diesen Berücksichtigung finden (vgl. Willenberg 2005, S. 16).

3. Literarische Kompetenz(en). Versuche ihrer Bestimmung

Damit ist indirekt auf die Notwendigkeit einer Präzisierung dessen hingewiesen, was in empirischen Untersuchungen gemessen werden soll: die literarische Kompetenz. Wie steht es um deren Modellierung innerhalb der Literaturdidaktik? „Literarische Kompetenz(en)" kann man zunächst unterteilen in eine rezeptive und eine produktive Kompetenz, die sich jeweils in weitere Teilkompetenzen zerlegen lassen. Letztere bezeichnet die Fähigkeit zum Verfassen literarischer Texte. Zu Recht wurde angemerkt, dass diese „literarästhetische Produktionskompetenz" im Deutschunterricht bislang eine untergeordnete Rolle gespielt hat und dass die Begründungen hierfür durchaus anfechtbar sind (vgl. Abraham/Kepser 2005, S. 52–54). Wohl aufgrund dieser Marginalisierung literarästhetischer Produktion (die nicht zu verwechseln ist mit der Funktionalisierung von

„produktiven" Aufgaben innerhalb literarischer Verstehensprozesse) wird der Begriff „literarische Kompetenz" nicht selten eingeschränkt im Sinne von „literarischer Rezeptionskompetenz" gebraucht (vgl. kritisch: S. 58). Diese wiederum umfasst zunächst alle Fähigkeiten, die „zur Teilnahme an der literarischen Kultur befähigen" (Eggert/Garbe 2003, S. 10). Damit unterscheidet sie sich vom Begriff der „Lesekompetenz", der der PISA-Studie zugrunde lag. Während es hierbei um allgemeine Fähigkeiten der Informationsentnahme, des Verstehens von Aussagen sowie der Deutung und Bewertung von Texten unterschiedlicher Art (Sachtexten, Tabellen, Schaubilder usw.) geht, so dort um Fähigkeiten im Umgang mit Literatur als Kunst. Außerdem schließt der Begriff „Literarische Rezeptionskompetenz" auch visuelle und auditive Rezeptionsformen (z. B. Theater, Literaturverfilmung, Hörspiel, Hörbuch) mit ein, sodass der Erwerb literarischer Kompetenzen bereits vor dem Erstlesealter beginnen kann.

Bei aller Wertschätzung, die die PISA-Studie auch unter Literaturdidaktikern genießt, haben doch gerade diese auf wichtige Unterschiede zwischen dem der Studie zugrunde liegenden „Literacy"-Konzept und dem Konzept sprachlich-literarischer Bildung hingewiesen, das die Lehrpläne und die Unterrichtspraxis an deutschen Schulen prägt. So betont Bettina Hurrelmann, dass Lesen sich nicht auf kognitive Prozesse reduzieren lasse, sondern entscheidend durch motivationale, emotionale und interaktive Teilkompetenzen mitgeprägt sei (vgl. Hurrelmann 2002, S. 12).[4] Andere Literaturdidaktiker warnen vor einer Marginalisierung ästhetischer Bildung bei einer unkritischen Übernahme des Literacy-Konzepts (vgl. Kammler 2004) oder üben Kritik an einzelnen Aufgabenstellungen der Studie. So wurde die Begrenztheit des PISA-Instrumentariums bezüglich der Messbarkeit literarischer Kompetenz nachgewiesen, welche mit der Gegenstandsgebundenheit der Maßstäbe ästhetischen Verstehens und dem nicht zu eliminierenden „subjektiven Faktor" der Interpretation zusammenhänge (vgl. Kämper-van den Boogaart 2003). Statt dies zu berücksichtigen – so eine weitere Kritik – werde Literarizität in den entsprechenden Aufgaben auf vermeintlich „einzig richtige" Lesarten festgezurrt und damit geradezu systematisch verkannt (vgl. Karg 2003).

Wirft man einen Blick auf literaturdidaktische Modellierungen „literarischer Kompetenz", so wird umgekehrt deutlich, dass hier die Bestimmung der Besonderheit der Zieldimension literarischen Lernens in der Regel mit einem hohen Abstraktionsgrad erkauft ist. Anders gesagt: Diese Kompetenzbeschreibungen sind meist weit davon entfernt, der Forderung des im Zusammenhang mit der Diskussion um die Bildungsstandards immer wieder zitierten „Klieme-Gutachtens" zu entsprechen.

Dies sei an zwei prominenten Beispielen erläutert: In Jürgen Krefts jahrzehntelang als literaturdidaktisches Standardwerk gehandeltem Buch „Grundprobleme der Literaturdidaktik" wird zwischen „poetischer", „interaktiver" und „sprachlicher" Kompetenz auf der einen und „fachliche[r] Literatur- und Lektürekompetenz" sowie „Weltkenntnis als Bestandteil einer allgemeinen Lebensqualifikation" auf der anderen Seite unterschieden (Kreft 1977, S. 255 f.). Doch sind Krefts Ausführungen weit davon entfernt, die Lücke zwischen abstraktem Begriff und konkreter Umsetzung in nachvollziehbare Aufgabenstellungen auch nur annähernd zu schließen. So wird etwa der Begriff „poetische Kompetenz" übersetzt mit „Sensibilität für Bedürfnisse, Natur, Texte" (S. 255). Wer wollte sich anmaßen, darüber zu urteilen, ob und in welchem Maße ein anderer über diese Kompetenz verfügt? Welche Kriterien entscheiden darüber, ob jemand „unsensibel für Texte" ist oder nicht, wenn er beispielsweise nicht bereit ist, ein Theaterstück von Elfriede Jelinek zu Ende zu lesen, ungeachtet der Tatsache, dass diese Autorin kürzlich den Nobelpreis für Literatur erhalten hat? Was mit einem derartigen Kompetenz-Begriff in der (Unterrichts-)Praxis anzufangen ist, wird entweder der Fantasie des Lesers überlassen oder der „Geschichtsmächtigkeit" etablierter kultureller Traditionen überantwortet (vgl. S. 313–316).

Auch die einschlägigen Ausführungen in einem ebenfalls sehr erfolgreichen literaturdidaktischen Werk von Gerhard Haas (1997) fordern Kritik heraus. „Literarische Kompetenz" definiert er als die „Fähigkeit, mit einem Text Kontakt aufzunehmen und eine wie auch immer geartete [sic!], emotional-affektive oder kognitive Verbindung einzugehen" (ebd.). Bereits diese Basisdefinition wirft ein gravierendes Problem auf: Bedeutet die Formulierung „wie immer geartet", dass es letztlich beliebig bleibt, um was für eine „emotional-affektive oder kognitive Verbindung" es sich handelt? Dann wäre bereits eine Äußerung wie „Ich finde den Roman langweilig." Ausdruck literarischer Kompetenz. Weitere Probleme ergeben sich bei genauerer Betrachtung der Systematik: Auf gleicher „basaler" Ebene zugeordnet werden dem Begriff „literarische Kompetenz" eine „emotive" und eine „kreative Kompetenz"; hinzu kommen auf einer offenbar weniger grundlegenden Ebene „emanzipatorische", „ästhetische", „kritische" und „Projektionskompetenz". Dabei bleibt nicht nur der Versuch einer Operationalisierung der Begriffe aus, sondern es ergeben sich auch Zweifel an ihrer Trennschärfe. So ist beispielsweise die „emotive Kompetenz" in diesem Schema einerseits Bestandteil der literarischen, andererseits aber eine Kompetenz sui generis.

An beiden bislang vorgestellten Modellen irritiert aus heutiger Sicht ihre mangelnde Systematizität und Anwendbarkeit. Deutlich elaborierter erscheint demgegenüber der Versuch von Hartmut Eggert, die spezifischen Anforderungen zu erfassen, die literarische Texte an die Lesekompetenz stellen (vgl. Eggert 2002). Eggert konzediert zwar, dass die Bestimmung solcher „textseitigen Anforderungen" nur annäherungsweise erfolgen könne, da der Gegenstand „Literatur als Kunst" von zunehmender Komplexität und nicht außerhalb historischer Zusammenhänge fassbar sei. Dennoch geht er davon aus, dass sich ein „Kernbereich gesellschaftlich prägnanter Literaturauffassungen" bestimmen lasse, der sich „über literarische Formen der Symbolik, der Andeutung und Mehrdeutigkeit (Konnotation) und der Verfremdung von Alltagssprache bzw. etablierter literarischer Formensprache" konstituiere (S. 187). Als spezifische Kompetenzanforderungen unterscheidet er die Bereiche (1) „Literarisches Gattungswissen", (2) „Kontextualisierung", (3) „Kulturelles Wissen/Kulturelles Gedächtnis" und (4) „Rezeptionsgenuss zwischen Reflexion und Involviertheit". Während er im Bereich des Gattungswissens die Möglichkeit einer Hierarchisierung der literarischen Lesekompetenz auf der Skala „unreflektiert-restriktiv über formalisiert-schemaorientiert hin zu flexibel-historisch" (S. 189) sieht und im Bereich der Kontextualisierung zwischen „binnenreferentiellen" und „außenreferentiellen" Strukturen unterscheidet, wobei er davon ausgeht, dass letztere „deutlich höhere Anforderungen an Leser stellen" als erstere (S. 190), nimmt er in den anderen Bereichen keinen Hierarchisierungsversuch vor. Dies leuchtet ein, da sich die Relevanz kulturellen Wissens (etwa über die antike Mythologie) für das Textverstehen nicht unabhängig vom jeweiligen Text bestimmen lässt und da innerhalb des „prekären Verhältnisses von Leiblichkeit, Emotionalität und Kognitivität" unterschiedliche „Mischungsverhältnisse" möglich sind (vgl. S. 193), die sich in einem hierarchischen Bewertungsschema wohl schwerlich fassen ließen. Eggert belässt es deshalb bei der allgemeinen Feststellung, dass der kompetente Leser über verschiedene Modi der Textrezeption verfüge.

Sein Systematisierungsversuch erscheint im Blick auf die Bildung von Standards und Kompetenzstufen zwar ausbaufähiger als die zuvor referierten, doch wirft auch er einige Probleme auf. So bleibt ungeklärt, ob und inwiefern die von ihm vorgeschlagene Hierarchie der Kompetenzen „tatsächlich Stufen abbildet, die im Sinne einer Entwicklungslogik begriffen werden" (Kämper-van den Boogaart 2005, S. 32). Auch ist eine generelle Höherbewertung von außenreferentiellen Kontextualisierungsleistungen gegenüber binnenreferentiellen anfechtbar. So wäre es eine äußerst anspruchsvolle Aufgabe, die binnenreferentiellen Bezüge von Ingo Schulzes Roman „Simple Stories" aufzudecken, in dem zahlreiche „Short Stories" kunstvoll miteinander vernetzt sind, während die Auflistung möglicher außenreferentieller Bezüge von Kästners „Emil und die Detektive" zwar ebenfalls anspruchsvoll, aber kaum auf einer gemeinsamen hierarchischen Skala mit der erstgenannten Aufgabe vergleichbar oder gar höher zu bewerten wäre. Schwierig erscheint auch die qualitative Stufung der von Eggert zu Recht hoch gewerteten Flexibilität im Umgang mit Gattungswissen und zu kontextualisierendem Wissen überhaupt. Will man den Erwerb dieser Flexibilität nicht dem Zufall überlassen und will man vor allem ihren Grad messen, so muss man im Grunde das gesamte zu einem literarischen Text zur Verfügung stehende Kontextwissen zuvor im Unterricht erarbeiten. Da ein derartiger Aufwand weder möglich noch didaktisch vertretbar ist, bleibt nur die Reduktion auf vorgegebene Kontexte. Eine solche Auswahl im eigenen Unterricht zu treffen ist das eine – sie von Amts wegen vorzuschreiben und damit den Unterricht in erheblichem Maße zu reglementieren das andere. Angesichts des innerhalb des literaturwissenschaftlichen und -didaktischen Fachdiskurses allgemein anerkannten Theorems von der Deutungsoffenheit des literarischen Kunstwerks ziehen derartige Vorschriften erhebliche Legitimationsprobleme nach sich.

Im Verlauf des – im engeren Sinne – literaturdidaktischen Diskurses der letzten Jahre haben sich insbesondere Ulf Abraham und Kaspar Spinner um eine Präzisierung des Spektrums literarischer Kompetenz(en) bemüht. Anders als bei Eggert wird diese hier unter dem Aspekt des „literarischen Lernens" betrachtet. Es geht also um die Frage, welche Aufgaben für den Lernbereich „Umgang mit Texten" aus den Begriffsbestimmungen erwachsen. Während Abraham für den Begriff „poetische Kompetenz" plädiert, der, anders als der Begriff der literarischen Rezeptionskompetenz, die Fähigkeit zu so genannter „Anschlusskommunikation" in Gespräch, Inszenierung und eigenem schriftlichen Entwurf (vgl. Abraham 2005, S. 21) implizieren soll, entwickelt Spinner im Basisartikel des PRAXIS DEUTSCH-Heftes 200 („Literarisches Lernen") ein Rahmenkonzept für das Literarische Lernen „als Erwerb von Lesekompetenz" (Spinner 2006). Dabei unterscheidet er elf Aspekte dieses Lernens, die allerdings nicht das gesamte Spektrum des im Literaturunterricht Lernbaren abdecken sollen (so z. B. das moralische Lernen, den Erwerb von Weltwissen usw.), sondern nur dessen Spezifika. Außerdem betont Spinner, dass diese Konzeption literarischen Lernens am Prinzip „kumulativen Kompetenzerwerbs" (vgl. Sekretariat der Kultusministerkonferenz 2004, S. 3) orientiert sei.

Spinners Strukturierungsvorschlag, in den bisherige Forschungsergebnisse und Modellierungsversuche literarischer Kompetenz eingegangen sind, stellt den bislang überzeugendsten Versuch einer Systematisierung nicht nur des literarischen Lernens, sondern auch der entsprechenden Lern- und Kompetenzbereiche dar. Doch werden auch hier eine Reihe ungelöster Probleme deutlich (vgl. das folgende Schema):

Aspekte literarischen Lernens und literarischer Kompetenz nach Spinner 2006[5]

Aspekte / Teilkompetenzen	Mögliche Lernprogression	Mögliche Niveaustufen
1. Beim Lesen und Hören Vorstellungen entwickeln	„Es gilt [...] im Verlauf der Schuljahre die kindliche Intensität der Vorstellungsbildung zu erhalten und einer zunehmenden Differenzierung, Flexibilität und textorientierten Genauigkeit zuzuführen."	Keine Angaben
2. Subjektive Involviertheit und genaue Wahrnehmung miteinander ins Spiel bringen	Wechselseitige Steigerung von Subjektivität und Textorientierung	Keine Angaben
3. Sprachliche Gestaltung aufmerksam wahrnehmen	Zunehmend selbständiges Empfinden und Beobachten sprachlicher Gestaltung; zunehmende „Entdeckerfreude"	Keine Angaben

4. Perspektiven literarischer Figuren nachvollziehen	Zunehmende Alteritätserfahrung, die zu „gesteigerter Selbstreflexion" führt	1. Verstehen des Textes aus der Perspektive einer einzigen Figur 2. Erkennen der Unterschiede zwischen Figuren 3. Erkennen des Zusammenhangs zwischen den Perspektiven der Figuren und ihrer Lebenswelt 4. Mitberücksichtigung von Erzählweise und Perspektivierung durch den Erzähler 5. In-Verbindung-Bringen der Aspekte 1 bis 4 (vgl. Andringa 2000, S. 94 f.) Ergänzung: zunehmende Fähigkeit mit „ambivalenter […] Verfasstheit von Figuren umzugehen"
5. Narrative und dramaturgische Handlungslogik verstehen	Zunehmende Schärfung des Blicks auf innertextliche Bezüge bzw. auf den Textzusammenhang; zunehmende Fähigkeit, „verschiedene Textstellen zueinander in Beziehung [zu setzen]"; an „zunehmend komplexen Texten, auch solchen, die teilweise Kohärenzbildung verweigern"	Keine Angaben
6. Mit Fiktionalität bewusst umgehen	Zunehmende Einsicht ins „Spannungsfeld von Fiktion und Wirklichkeitsbezug"	Keine Angaben

7. Metaphorische und symbolische Ausdrucksweise verstehen	Vom intuitiven Verständnis zum immer bewussteren Erschließen von metaphorischen und symbolischen Zusammenhängen in einem Text	Keine Angaben
8. Sich auf die Unabschließbarkeit des Sinnbildungsprozesses einlassen	Zunehmende Fähigkeit und Bereitschaft mit der Offenheit literarischer Texte umzugehen; zunehmendes Verständnis für „komplexe Sinnzusammenhänge und -ambivalenzen"	Keine Angaben
9. Mit dem literarischen Gespräch vertraut werden	Zunehmende Fähigkeit, sich „mit anderen über Texterfahrungen angemessen austauschen zu können" und dabei verschiedenen Deutungsmöglichkeiten nachzugehen; Beherrschen entsprechender Ausdrucksformen (expressiv, behauptend, erklärend, erörternd)	Keine Angaben
10. Prototypische Vorstellungen von Gattungen/Genres gewinnen	Zunehmende Entwicklung „ganzheitlicher Vorstellungen"; zunehmende „Orientierung in der literarischen Vielfalt" und „Aufmerksamkeit […] für abweichende Variationen"	Keine Angaben
11. Literaturhistorisches Bewusstsein entwickeln	Zunehmende Fähigkeit, literarische Texte als „Reaktion auf Vergangenes" zu begreifen; zunehmendes Bewusstsein für kulturelle und intertextuelle Zusammenhänge	Keine Angaben

Deutlich differenzierter als bei Kreft und Haas sind in dieser Auflistung Teildimensionen literarischer Kompetenz erfasst; und anders als bei Eggert, der sich bei seiner Modellierung ausschließlich auf literaturwissenschaftliche Arbeiten stützt, wird hier der Erfahrungsbereich schulischen Lernens in den Vordergrund gestellt. Dadurch gerät nicht zuletzt die Entwicklungsperspektive konsequenter in den Blick, ohne dass die Komplexität des Gegenstandes Literatur vernachlässigt würde. Außerdem weist Spinner auf ein ganzes Spektrum weiterer Bereiche hin, in denen literarisches Lernen stattfindet oder in denen literarische Rezeptionskompetenzen eine Rolle spielen (so z. B. das implizite Lernen in Vorlesesituationen, den gegenseitigen Transfer von Kompetenzen im literarischen und medienästhetischen Lernen oder das Lernen im Umgang mit Sachtexten).

Allerdings verdeutlicht der Überblick über diese aktuelle Bestandsaufnahme auch, wie weit die literaturdidaktische Forschung von einer Kompetenzbeschreibung im Sinne des Klieme-Gutachtens (noch?) entfernt ist. Zunächst fällt auf, dass eine Differenzierung nach Niveaustufen nur in einem einzigen Fall (nämlich bei den Figurenperspektiven) vorgenommen wird und dass Spinner auch hier die Vorläufigkeit und noch zu geringe empirische Absicherung der Stufung moniert. Zweitens ist die Beobachtbarkeit nicht bei allen Teilkompetenzen gewährleistet. Dies gilt beispielsweise für die „subjektive Involviertheit" der Lernenden in einen Lektüreprozess (vgl. Aspekt 2), von der Spinner schreibt, dass sie schon deshalb nicht überprüfbar sei, weil hier der „Schutz der Intimität" gewahrt bleiben müsse. Dass sich drittens ein einfaches Progressionsschema zur Beschreibung der Entwicklung literarischer Kompetenzen nicht immer anwenden lässt, wird im Bereich der Vorstellungsentwicklung deutlich, da hier ein Gewinn auf der einen mit einem Verlust auf der anderen Seite einhergehen kann. Viertens wird in einem zentralen Bereich, in dem es um das Erfassen textinterner Zusammenhänge geht (vgl. 5: Narrative und dramaturgische Handlungslogik verstehen), das „Niveau", auf dem sich diese Teilkompetenz realisiert, entscheidend von der Komplexität der Gegenstände bestimmt, mit denen sich der Lernende befasst. Das bedeutet, dass sich hier Kompetenzstufen nur auf der Basis eines – nach Schwierigkeitsgraden differenzierten – Textkorpus bestimmen ließen. Dies wiederum ließe sich nur im Rahmen einer entsprechenden curricularen Fixierung „der Literatur", also eines mehr oder weniger starren literarischen Schulkanons bewerkstelligen. Dass schließlich fünftens die Offenheit literarischer Texte, die Tatsache, dass sie sich einfachen Bedeutungszuweisungen und Verfahren der „Sinnentnahme" tendenziell entziehen, die Testbarkeit der entsprechenden Teilkompetenz (Nr. 8) einzuschränken scheint, ist ebenfalls von besonderer Tragweite. Insbesondere die hier genannten Aspekte – so Spinner – seien „bei Lesekompetenztests (bislang?) weggeblendet" worden (sic!). Doch gerade bei dieser Offenheit handelt es sich um ein entscheidendes Merkmal von Literatur. Ein Testverfahren, das ihr nicht wenigstens annähernd gerecht würde, wäre deshalb kaum geeignet, spezifisch literarische Kompetenzen zu messen.

4. Fazit und Ausblick

Nicht nur der zuletzt diskutierte Überblick, sondern die gesamte Debatte über literarische Kompetenzen und Standards im Literaturunterricht zeigt, dass es gegenwärtig darum geht, zunehmend differenziertere „Hypothesen über [literarische] Kompetenzen [zu bilden], die lern- und schulbar sind" (Grzesik 2005, S. 378). Dabei geht es zum einen darum, den Unterschied zwischen Lern- und Testaufgaben sowie den Konstruktcharakter und damit die Vorläufigkeit und Ausbaufähigkeit aller vorliegenden Kompetenz-Modelle im Auge zu behalten. Zum anderen gilt es, der Gefahr einer einseitigen Fixierung des Unterrichts auf das Testbare und die Testsituation entgegenzuwirken. Die Beiträge des vorliegenden Bandes folgen, ungeachtet der Besonderheit ihrer jeweiligen Fragestellung, dieser gemeinsamen Linie.

Anmerkungen

[1] Alle vom Sekretariat der Kultusministerkonferenz zum Thema Bildungsstandards herausgegebenen Texte werden im Folgenden zitiert als „Bildungsstandards".
[2] Vgl. Bildungsstandards 2004 und 2005 b und c.
[3] Zur Diskussion um die „Aufgabenkultur" im Deutschunterricht vgl. Köster/Lütgert/Creutzburg 2004.
[4] Dass literarische Texte im Vergleich zu Sach- und Gebrauchstexten „andersartige Lese- und Verstehensanforderungen" stellen, wird von den Autoren der PISA-Studie konzediert. Cordula Artelt verweist dabei insbesondere auf die besondere Verwendung von Stilmitteln wie „Metaphern, Symbole und Allegorien" und „unterschiedliche Formen des Vorwissens" wie „Kenntnisse bezüglich der Textform" (vgl. Artelt 2005, S. 28; vgl. auch Artelt/Schlagmüller 2004). Hingewiesen sei hier allerdings auf die Tatsache, dass bestimmte rhetorische Gestaltungsmittel wie Metaphern usw. nicht, wie in den Bildungsstandards der KMK behauptet, „Indikatoren für literarische Texte" sein müssen, sondern auch in anderen Textgenres vorkommen (vgl. hierzu kritisch: Köster 2005, S. 6).
[5] Wörtliche Zitate aus Spinners Basisartikel sind in der tabellarischen Übersicht in Anführungszeichen gesetzt.

Literatur

Abraham, Ulf: *Lesekompetenz, literarische Kompetenz, poetische Kompetenz. Fachdidaktische Aufgaben in einer Medienkultur.* In: H. Rösch (Hg.): Kompetenzen im Deutschunterricht. Beiträge zur Literatur-, Sprach-, und Mediendidaktik. Frankfurt a. M. u. a.: Peter Lang 2005, S. 13–26.

Abraham, Ulf/Kepser, Matthis: *Literaturdidaktik Deutsch. Eine Einführung.* Berlin: Erich Schmidt Verlag 2005.

Andringa, Els: *„The Dialogic Imagination" Literarische Komplexität und Lesekompetenz.* In: H. Witte u. a. (Hg.): Deutschunterricht zwischen Kompetenzerwerb und Persönlichkeitsentwicklung. Baltmannsweiler: Schneider 2000, S. 85–97.

Artelt, Cordula: *Lesekompetenz und Textsorten – eine Klarstellung.* In: Deutschunterricht 5/2005, S. 28–29.

Artelt, Cordula/Schlagmüller, Matthias: *Der Umgang mit literarischen Texten als Teilkompetenz des Lesens? Dimensionsanalysen und Ländervergleiche.* In: U. Schiefele u. a. (Hg.): Struktur, Entwicklung und Förderung von Lesekompetenz. Wiesbaden: Verlag für Sozialwissenschaften 2004, S. 169–196.

Culler, Jonathan: *Literaturtheorie. Eine kurze Einführung.* Stuttgart: Reclam 2002 .

Eggert, Hartmut: Literarische Texte und ihre Anforderungen an die Lesekompetenz. In: N. Groeben/B. Hurrelmann (Hg.): *Lesekompetenz. Bedingungen, Dimensionen, Funktionen.* Weinheim/München: Juventa 2002, S. 186–194.

Eggert, Hartmut/Garbe, Christine: *Literarische Sozialisation.* 2., aktualisierte Auflage. Stuttgart/Weimar: Metzler 2003.

Ehlers, Holger/Willenberg, Heiner: *Empirisches Forschen – Didaktisches Denken – Grenzüberschreitungen erwünscht!* In: U. Abraham/A. Bremerich-Vos/V. Frederking/P. Wieler (Hg.): Deutschdidaktik und Deutschunterricht nach PISA. Freiburg im Breisgau: Fillibach 2003, S. 431–442.

Fritzsche, Joachim: *Chancen und Probleme von Multiple-Choice-Tests zur Ermittlung des Textverständnisses im Unterricht.* In: J. Köster/W. Lütgert/J. Creutzburg (Hg.): Aufgabenkultur und Lesekompetenz. Deutschdidaktische Positionen. Frankfurt a. M. u. a.: Peter Lang 2004, S. 209–228.

Gaiser, Gottlieb: *Schließen sich Standards und Bildung aus?* In: Didaktik Deutsch 20/2006, S. 9–11.

Groß Ophoff, Jana: *Messung von Standards – Reduktion oder Herausforderung?* In: Didaktik Deutsch 20/2006, S. 11–14.

Grzesik, Jürgen: *Texte verstehen lernen. Neurobiologie und Psychologie der Entwicklung von Lesekompetenzen durch den Erwerb von textverstehenden Operationen.* Münster u. a.: Waxmann Verlag 2005.

Haas, Gerhard: *Handlungs- und produktionsorientierter Literaturunterricht. Theorie und Praxis eines „anderen" Literaturunterrichts für die Primar- und Sekundarstufe.* Seelze: Kallmeyer 1997.

Huber, Ludwig: *Standards auch für die „weichen" Fächer? Das Beispiel „Gedichte im Deutschunterricht".* In: Standards. Unterrichten zwischen Kompetenzen, zentralen Prüfungen und Vergleichsarbeiten. Friedrich Jahresheft XXIII 2005, S. 105–107.

Hurrelmann, Bettina: *Leseleistung – Lesekompetenz. Basisartikel.* In: PRAXIS DEUTSCH 176/2002, S. 6–18.

Kammler, Clemens: *Anmerkungen zum Stellenwert des Literaturunterrichts nach PISA.* In: M. Kämper-van den Boogaart (Hg.): Deutschunterricht nach der PISA-Studie. Reaktionen der Deutschdidaktik. Frankfurt a. M. u. a.: Peter Lang 2004, S. 235–244.

Karg, Ina: ...*the ability to read between the lines ... (OECD 2002, S. 11). Einige Anmerkungen zum Leseverstehenstest der PISA-Studie.* In: U. Abraham/A. Bremerich-Vos/V. Frederking/P. Wieler (Hg.): Deutschdidaktik und Deutschunterricht nach PISA. Freiburg i. Br.: Fillibach 2003, S. 106–120.

Kämper-van den Boogaart, Michael: *Lesekompetenzen – Hauptsache flexibel. Zu einer Parallele zwischen Literaturdidaktik und empirischer Lesepsychologie.* In: U. Abraham/A. Bremerich-Vos/V. Frederking/P. Wieler (Hg.): *Deutschdidaktik und Deutschunterricht nach PISA.* Freiburg i. Br.: Fillibach 2003, S. 26–46.

Kämper-van den Boogaart, Michael: Lässt sich normieren, was als literarische Bildung gelten soll? Eine Problemskizze am Beispiel von Brechts Erzählung „Der hilflose Knabe". In: H. Rösch (Hg.): Kompetenzen im Deutschunterricht. Beiträge zur Literatur-, Sprach-, und Mediendidaktik. Frankfurt a. M. u. a.: Peter Lang 2005, S. 27–50.

Klieme, Eckhard, u.. a.: *Zur Entwicklung nationaler Bildungsstandards. Eine Expertise.* Frankfurt a. M./Berlin 2003.

Köster, Juliane: *Bildungsstandards – eine Zwischenbilanz.* In: Deutschunterricht 5/2005, S. 4–9.

Kreft, Jürgen: *Grundprobleme der Literaturdidaktik. Eine Fachdidaktik im Konzept sozialer und individueller Entwicklung und Geschichte.* Heidelberg: Quelle & Meyer 1977.

Kuhn, Thomas S.: *Die Struktur wissenschaftlicher Revolutionen.* Frankfurt a. M.: Suhrkamp 1967.

Maiwald, Klaus: *Neue Kleider für den Kaiser oder alte Hüte? Zur schwierigen Verwebung von Textverstehen und Testaufgaben.* In: J. Köster/W. Lütgert/J. Creutzburg (Hg.): Aufgabenkultur und Lesekompetenz. Deutschdidaktische Positionen. Frankfurt a. M. u. a.: Peter Lang 2004, S. 43–50.

Rösch, Heidi (Hg.): *Kompetenzen im Deutschunterricht. Beiträge zur Literatur-, Sprach-, und Mediendidaktik.* Frankfurt a. M. u. a.: Peter Lang 2005.

Sekretariat der Ständigen Konferenz der Kultusminister (Hg.): *Beschlüsse der Kultusministerkonferenz. Bildungsstandards im Fach Deutsch für den Mittleren Schulabschluss.* München/Neuwied: Luchterhand 2004.

Sekretariat der Ständigen Konferenz der Kultusminister (Hg.): *Veröffentlichungen der Kultusministerkonferenz. Bildungsstandards der Kultusministerkonferenz.* Erläuterungen zur Konzeption und Entwicklung. München/Neuwied: Luchterhand 2005. (2005a)

Sekretariat der Ständigen Konferenz der Kultusminister (Hg.): *Beschlüsse der Kultusministerkonferenz. Bildungsstandards im Fach Deutsch für den Primarbereich.* München/Neuwied: Luchterhand 2005. (2005b)

Sekretariat der Ständigen Konferenz der Kultusminister (Hg.): *Beschlüsse der Kultusministerkonferenz. Bildungsstandards im Fach Deutsch für den Hauptschulabschluss.* München/Neuwied: Luchterhand 2005. (2005c)

Spinner, Kaspar: *Der standardisierte Schüler. Rede bei der Entgegennahme des Erhard-Friedrich-Preises für Deutschdidaktik am 27. Sept. 2004.* In: Didaktik Deutsch 18/2005, S. 4–13.

Spinner, Kaspar: *Literarisches Lernen.* Basisartikel. In: PRAXIS DEUTSCH 200. Manuskript (erscheint im November 2006)

Weinert, Franz Emanuel (Hg.): *Leistungsmessungen an Schulen.* Weinheim/Basel: Beltz 2001.

Willenberg, Heiner: Wie und wie weit kann man Textverstehen durch Testaufgaben erfassen? In: Köster, J./Lütgert, W./Creutzburg, J. (Hg.).: Aufgabenkultur und Lesekompetenz. Deutschdidaktische Positionen. Frankfurt am Main u. a.: Peter Lang 2004, S. 19–32.

Willenberg, Heiner: *Schauen Sie auf die Dialektik!* In: Didaktik Deutsch 19/2005, S. 14–16.

In dem hier vorgestellten Unterrichtsmodell wird exemplarisch gezeigt, wie eine prozessorientierte Lernbeurteilung als Ergänzung zu normierten Vergleichstests vorgenommen werden kann. Dabei stehen die von den Lernenden selbst dokumentierten und reflektierten literarischen Aneignungsprozesse im Fokus der Untersuchung.

PETRA BÜKER

Qualitätssicherung ästhetischen Lernens durch prozessorientierte Evaluation

Zu Mascha Kaléko „Der Frühling" (2./3. Schuljahr)

1. Statt einer Einleitung – die Konstruktion eines Idealfalls

Ein Tag wie heute
Schon beim Aufstehen scheint die Sonne ins Zimmer von Frau x, Lehrerin an einer Grundschule in y. Herrlich nach drei völlig verregneten, nasskalten Tagen! Der Frühling lässt sich nicht mehr aufhalten: Wieder ein paar Farbtupfer mehr im Garten, die Vögel singen um die Wette. Schon beim Frühstück macht Frau x mit ihren eigenen Kindern Pläne: Heute Nachmittag – endlich – könnt ihr wieder Einrad und Inliner fahren ... ja, es sieht so aus, als könntet ihr draußen an eurer Baumschaukel weiterbauen, also: Verabredet euch in der Schule mit euren Freunden. Auch Frau x selbst spürt dieses Kribbeln, Freude, Drang nach Aktivität. Spätestens auf dem Weg zur Schule steht für sie fest: Heute ist der richtige Tag für das Frühlingsgedicht, das sie eigens dafür aufgespart hat, heute ist sie genau in der passenden Stimmung – und vermutlich sind es viele Kinder auch. Also: Spontan umplanen, die knifflige Mathematikaufgabe auf übermorgen verschieben und Zeit gewinnen für eine intensive, verweilende Auseinandersetzung mit einem poetischen Text:

> **Der Frühling**
>
> Mit duftenden Veilchen komm ich gezogen
> Auf holzbraunen Käfern komm ich gebrummt,
> Mit singenden Schwalben komm ich geflogen,
> Auf goldenen Bienen komm ich gesummt.
> Jedermann fragt sich,
> wie das geschah:
> Auf einmal
> bin ich
> da!
>
> *Mascha Kaléko*

Das Gedicht personifiziert den Frühling, hat einen aktiven Charakter und spricht verschiedene Sinne an (insbesondere Sehen, Hören und Riechen). In verdichteter Sprache vermittelt es sehr eindrucksvolle Bilder von der Ankunft des Frühlings, die es gemeinsam mit den Kindern aufzuschließen gilt. Bei Gudrun Schulz (1997) findet Frau x interessante Impulse für die fächerübergreifende Realisierung dieses Gedichtes im Unterricht: Angefangen damit, dass die Lehrerin das Gedicht durch Auslassen des Titels als Rätsel vorträgt, über das Erfinden und Vergleichen passender Überschriften in Gruppenarbeit bis hin zum spontanen Unterrichtsgang nach draußen eröffnen sich die Lernenden peu à peu den bewussten Zugang zum Thema Frühling, zum Gedicht und zu ihren eigenen Vorerfahrungen. Das Malen zu den in den Versen vermittelten Bildern, das kreative Schreiben eigener Zeilen, die intensive Arbeit an den besonderen Stilmerkmalen durch Vergleich mit Paratexten schließt sich an. Auf diese Weise realisiert Frau x einen handlungs- und produktionsorientierten Literaturunterricht.

2. Prämissen literarisch-ästhetischer Bildung und Standardisierung des Lernens – zwei unvereinbare Diskurse?

Natürlich ist eine Idealsituation wie die oben beschriebene nicht immer gegeben. Dennoch stehen der Grundschullehrerin, bedingt durch das Klassenlehrerprinzip, mehr organisatorische Möglichkeiten als den Kolleginnen höherer Schulstufen zur Verfügung, um flexibel auf aktuelle Gegebenheiten reagieren zu können. Dadurch lassen sich gute Voraussetzungen für ein ideales Setting schaffen. Ein solches Setting ist erforderlich, um der subjektivsten Form der Dichtkunst, der Lyrik, möglichst nahe zu kommen: Gedichte leben von Subjektivität, provozieren bewusste und unbewusste innere Bilder, aktivieren den so genannten „intermediären Raum" (Steitz-Kallenbach 1995), in welchem die äußere und innere Realität des Rezipienten zusammentreffen. Der Umgang mit Lyrik als wichtiges Realisationsfeld ästhetischer Bildung braucht Stimmung, Atmosphäre, Zeit und Gelegenheit zum Öffnen der Sinne für eine intensive, verweilende Wahrnehmung (vgl. Spinner 2002). Das bedeutet weiterhin, Gelegenheit zum Rückzug, Möglichkeiten des Austausches mit Anderen sowie des handelnden Umgangs und dessen Reflexion zu schaffen. Damit ist ein komplexes Unterrichtskonzept umrissen, das Literaturunterricht als Ort der ganzheitlichen Begegnung, weniger als Ort der Belehrung versteht; ein Konzept, für das Individualisierung, emotionale Betroffenheit und Respekt vor dem fremden sowie dem eigenen Bewusstsein zentral stehen.

In Anbetracht solcher Prämissen mutet der Gedanke an Standards und normierte Testverfahren doch sehr fremd an. Lässt sich die Rezeption eines Gedichtes im Literaturunterricht normieren? Werden Standards in diesem Zusammenhang den Schülern und der Textsorte gerecht? Oder bedeutet dies eine Rolle rückwärts, den Rückfall in überwunden geglaubte objektivierte und *output*-orientierte Unterrichtsverfahren, welche für die viel beklagte Motivationslosigkeit und den Verlust innerer Beteiligung verantwortlich gemacht werden können? Ute Andresen und Hans Joachim Gelberg haben seinerzeit nachdrücklich die Verschulung und Rationalisierung im Umgang mit Lyrik kritisiert: „Das interpretierende Zerstückeln von Gedichten, wie es in der Schule betrieben wird, hat vielen, sehr vielen von uns das Gedichtelesen verleidet. Wir fühlen uns dumm gegenüber einem Gedicht, das wir mit dem Verstand nicht verstehen und nicht erklären können, denn das hat man immer wieder von uns verlangt, ohne daß wir jemals diese Aufgabe erfüllen konnten. Das Gedicht selbst sträubte sich dagegen." (Andresen 1992, S. 12)

Gedichte „sind nicht rezeptpflichtig. Wer sollte die Rezepte auch verschreiben? […] Nein, Gedichte sind vogelfrei. Doch schulpflichtig sind sie auch. Daran verderben sich viele den Magen, oft lebenslänglich … Schade drum. Das gilt besonders fürs Kindergedicht." (Gelberg 1986, S. 2)

Konzepte eines handlungs- und produktionsorientierten Literaturunterrichts setzten genau an dieser Kritik an und haben sich in der deutschdidaktischen Diskussion etabliert: Lesebücher und Zusatzmaterialien wie Literaturkarteien und Werkstatthefte sind voll mit Vorschlägen zum motivierenden Umgang mit Gedichten: Sie werden vertont, szenisch gestaltet, in eine andere Textsorte übertragen, schreibgestalterisch übersetzt, collagiert oder in meditativen Stilleübungen rezipiert. In solchen offenen Unterrichtsarrangements werden Heranwachsenden Chancen einer „ganzheitlichen Textbegegnung" (Moers 2001) geboten. Es ist ein anspruchsvolles Konzept, dem immer wieder die Gefahr aktionistischer Verflachung nachgesagt wird. Gerade deshalb ist eine Debatte um *Qualitätssicherung* ein sinnvolles Unterfangen. Ungelöst ist allerdings die Frage, *wie* eine solche Qualitätssicherung aussehen kann, ohne wichtige Ziele zeitgemäßen literarischen Lernens (vgl. Büker 2002) zu unterminieren.

Besieht man sich die in der KMK für den Deutschunterricht in der Primarstufe vereinbarten Bildungsstandards für den Kernbereich „Lesen – mit Texten und Medien umgehen", so scheinen diese den oben umrissenen offenen Unterrichtsverfahren gar nicht so fern zu sein: Als Ausdifferenzierung der vier Kompetenzbereiche „Über Lesefähigkeiten verfügen", „Über Leseerfahrungen verfügen", „Texte erschließen" und „Texte präsentieren" heißt es dort etwa:

Die Schülerinnen und Schüler sollen
- altersgemäße Texte sinnverstehend lesen,
- lebendige Vorstellungen beim Lesen und Hören literarischer Texte entwickeln,
- Erzähltexte, lyrische und szenische Texte kennen und unterscheiden,
- Kinderliteratur kennen: Werke, Autoren und Autorinnen, Figuren, Handlungen,
- Texte begründet auswählen, die eigene Leseerfahrung beschreiben und einschätzen,
- eigene Gedanken zu Texten entwickeln, zu Texten Stellung nehmen und mit anderen über Texte sprechen,
- bei der Beschäftigung mit literarischen Texten Sensibilität und Verständnis für Gedanken und Gefühle und zwischenmenschliche Beziehungen zeigen,
- Geschichten, Gedichte und Dialoge vortragen, auch auswendig,
- handelnd mit Texten umgehen.

(Auswahl aus KMK BSD 2004, S. 11–13)

Plausibel präsentiert sich auch das Fach- sowie das Lernverständnis, welches die KMK als Beitrag zur grundlegenden Bildung vorsieht und mit dem sie konzeptionell und terminologisch auf konsensfähige Ansätze wie Bartnitzky („Sprachunterricht heute", Erstauflage 1987) zurückgeht: Deutschunterricht soll Sprachhandlungskompetenz vermitteln, welche als wesentliches Element der selbständigen Kulturaneignung und der Aneignung von Weltwissen (KMK BSD 2004, S. 7) angesehen wird. Lese- und Schreibfähigkeiten sollen in einem individualisierenden und differenzierenden Unterricht gefördert und in „lebensnahen und kindgemäßen

Situationen" sowie an „bedeutsamen Inhalten" entwickelt werden (S. 6). Auch der kreative Umgang mit Sprache wird berücksichtigt. Durch einen solchen soll die ästhetische Dimension von Sprache erfahrbar werden.

Nichts Neues also?

Neu ist die *Verbindlichkeit* der mit diesem Konzept verknüpften Erwartungshaltungen. „Die Standards legen auf der Ebene der Sach- und Methodenkompetenz fest, welche Leistungen von einem Kind am Ende der Jahrgangsstufe 4 in Kernbereichen des Faches Deutsch in der Regel erwartet werden. Sie sollen eine klare Perspektive auf die anzustrebenden Ziele geben, auf die hin sich auch eine individuelle Förderung konzentrieren muss." (S. 7)

In den Lehrplänen schlägt sich dies als explizite Nennung verbindlicher Anforderungen nieder. Neu ist auch die eindeutige Konzentration auf „zentrale fachliche Zielsetzungen" des Deutschunterrichts. Zwar gesteht man der Förderung der personalen und sozialen Kompetenzen zu, „unverzichtbare Bestandteile grundlegender Bildung" zu sein, dennoch werden sie „hier nicht explizit angesprochen" (ebd.). Dies ist in meinen Augen mehr als ein Unterlassungsfehler, da genau dies die Schieflage begünstigt, welche die öffentliche und fachliche Nach-PISA-Diskussion kennzeichnet. Bildungspolitisch wird eine Doppelstrategie verfolgt: Einerseits legt man den Fokus auf den selbständigen, eigenaktiv Wissen konstruierenden Schüler, der möglichst offen, individuell und differenziert lernen kann, andererseits will man über die Vorgabe zentraler Bildungsstandards und der Effizienzorientierung der Schule ein Instrument für die Außenevaluation schaffen, das letztendlich die Qualität von Schule verbessern soll (vgl. Fix 2005, S. 113 f.). Insbesondere in der politischen, aber auch in der fachlichen Diskussion wird dem zuerst genannten Aspekt jedoch zu wenig Raum gegeben; vielmehr dominieren Debatten über Vergleichsarbeiten und zentrale Lernstandserhebungen.

3. Das Konzept einer pädagogischen Leistungskultur in der Grundschule

An diesem Dilemma setzt auch der Grundschulverband an, der als Motor einer lebhaften Diskussion in den vergangenen Jahren eine eigene Position entwickelt hat, welche die *pädagogische Leistungskultur* in den Mittelpunkt stellt. Gegen die verkürzte Auffassung, dass normierte Tests wie VERA die wesentlichen Leistungen der Schülerinnen und Schüler offenlegen könnten, entwirft der Grundschulverband einen umfassenden Leistungsbegriff, der die *Lernergebnisse und die Lernprozesse* in den Blick nimmt, die fachliche Verkürzung der Diskussion auf Deutsch und Mathematik zugunsten des Ansatzes überfachlicher Prinzipien aufhebt und der Subjektivität des Schülers und seines individuellen Lernweges Raum gibt (vgl. Bartnitzky/Speck-Hamdan 2004; Bartnitzky 2005). Damit wird der Versuch unternommen, die beiden oben genannten Aspekte der Qualitätssicherung (Individualisierung und Außenevaluation) in eine vernünftige Relation zu bringen. Im Kontext einer pädagogischen Leistungskultur formuliert der Grundschulverband vier zentrale Arbeitsbereiche für die Lehrkräfte:

1. Die Leistungen der Kinder wahrnehmen
2. Die Leistungen der Kinder würdigen
3. Kinder individuell fördern
4. Lernwege öffnen

Die Realisierung dieser Leistungsaspekte im Unterricht erfolgt mittels eines vielfältigen Methodenrepertoires, das weit über den auf punktuell abfragbares Wissen angelegten Test hinausgeht. Der Grundschulverband fordert in diesem Zusammenhang mit Nachdruck die Integration der Leistungsfeststellung in den alltäglichen Unterricht: Im Gegensatz zu kontextlosen, persönlich kaum bedeutsamen und daher „entfremdeten" (Horst Rumpf) Aufgabenstellungen einer auf Systemevaluation angelegten Vergleichsarbeit sollten Leistungsfeststellungen aus dem Unterricht erwachsen und wieder in diesen zurückführen (vgl. Bartnitzky 2005, S. 4). Dabei ist es wichtig, die Schülerinnen und Schüler als Lerner dialogisch einzubeziehen. Vor diesem Hintergrund entwickelt der Grundschulverband vier Methodenbausteine, die auf die Stärkung der Evaluationskompetenzen der Lehrenden und Lernenden im Unterricht zielen und als solche Eckpunkte einer veränderten Lernkultur bilden (vgl. Brügelmann 2004; Brinkmann/Brügelmann 2005):

1. Lernstände feststellen und einordnen

    Hier bieten sich zum einen punktuelle Leistungserhebungen via Test oder testähnliche Verfahren an, die für bestimmte Zwecke durchaus ihre Berechtigung haben. In wiederholten Abständen durchgeführt, können sie Einblicke in aktuelle Lernstände und deren Entwicklung geben. Beispiel: die mehrmalige Wiederholung eines Stolperwörter-Lesetests, um Lesetempo, Genauigkeit und Sinnverstehen zu erfassen. Durch die Auswertung erhält die Lehrkraft einen Hinweis auf die erforderliche Bandbreite der zur Verfügung zu stellenden Lernmaterialien und möglicherweise auch darauf, dass sie ihre Wahrnehmung einzelner Schüler korrigieren muss.

2. Lernentwicklungen dokumentieren und bestätigen
   Durch verschiedene Dokumentationsformen wie Lesetagebuch, Rechtschreibforscherheft oder Portfolio können individuelle Lernfortschritte durch die Lehrkraft, aber auch durch die Lernenden selbst festgestellt und gewürdigt werden. Der Begriff Portfolio stammt ursprünglich aus dem Arbeitsbereich von Künstlern und Journalisten. Diese legen zu Bewerbungszwecken eine Mappe vor, deren Inhalt ihren Werdegang, die Vielfalt ihrer Talente und ihre gesellschaftliche Anerkennung dokumentiert. Im schulischen Kontext geht es um die Sammlung von repräsentativen Dokumenten des Lernens.
3. Lerngespräche führen
   Kritisch-konstruktive Gespräche über das Lernen, welche die Schüler mit der Lehrkraft, aber auch die Lernenden untereinander führen, manifestieren sich zum Beispiel in Schreibkonferenzen sowie in kriteriengeleiteten Metagesprächen über Präsentationen vor der Klasse oder über Ergebnisse von Gruppenarbeiten. Als Ergebnis einer gegenseitigen Stärken-Schwächen-Analyse sollten sich die Schüler selbst Ziele setzen und – im Idealfall – die eigene Weiterarbeit selbständig planen.
4. Über eigene Lernwege nachdenken, eigene Lernwege beschreiben
   Dieser Evaluationsbaustein hängt eng mit den beiden zuvor beschriebenen zusammen und fordert die Lernenden heraus, sich bewusst der Individualität ihrer Lernprozesse zu stellen. Die Selbstreflexion kann gefördert werden durch
   - Portfolios, in denen die Schüler Produkte ihrer Arbeit (mit Datum) sammeln und so rückblickend Fortschritte erkennen;
   - Lerntagebücher, in denen die Auseinandersetzung mit bestimmten Aufgaben in Form von Entwürfen, Zeichnungen und Texten prozessual dokumentiert wird;
   - Selbstzeugnisse, in denen die Schüler ihre Leistungen selbst einschätzen und so die Bewertung durch die Lehrperson ergänzen.

Das hier skizzierte Konzept einer pädagogischen Leistungskultur einschließlich des dargelegten unterrichtsbegleitenden Evaluationsmodells hat bereits in Ansätzen Eingang in die Neukonzeption der Richtlinien und Lehrpläne gefunden – so auch in den zur Erprobung vorliegenden Lehrplan Deutsch in Nordrhein-Westfalen (2003), auf den ich mich in diesem Beitrag beziehen möchte. Er basiert auf einem veränderten Lern- und Unterrichtsverständnis, welches durch verschiedenste Wissenschaftsdisziplinen und Diskurse unterstützt wird: Die Annahmen des Konstruktivismus, Ergebnisse der modernen Hirnforschung (so beispielsweise die

Erkenntnisse von Manfred Spitzer), Befunde aus fachdidaktischer Unterrichtsforschung und lernerorientierte Schulreformmodelle (wie sie derzeit insbesondere durch den Bildungsjournalisten Reinhard Kahl Eingang in eine breite öffentliche Diskussion finden) verweisen auf Ressourcen der Kindheitsphase, die es durch aktives, selbstgesteuertes und bewusstes Lernen aufzuschließen und weiterzuentwickeln gilt. Dabei rückt die Lernerpersönlichkeit in den Mittelpunkt der Bemühungen.

Die hier skizzierten Überlegungen zu einer pädagogischen Leistungskultur scheinen mir im Kontext der Qualitätssicherung literarisch-ästhetischer Bildung im oben beschriebenen Sinne (vgl. Abschnitt 2) in der Grundschule plausibel und anwendbar. Erste Erfahrungswerte aus der Umsetzung dieses Konzeptes in die Praxis des Deutschunterrichts bestätigen diese Hypothese, wie im Folgenden zu zeigen sein wird.

4. Qualitätssicherung des Unterrichts durch prozessorientierte Evaluation

Folgende Überlegungen zum Umgang mit dem Gedicht „Frühling" von Mascha Kaléko basieren auf dem oben skizzierten neuen Lernverständnis. Sie verstehen sich als Versuch, im Rahmen eines individualisierten, auf Ganzheitlichkeit und Handlungsorientierung angelegten Literaturunterrichts *die Prozessqualität des Lernens in Form von Portfolios zu dokumentieren und gemeinsam mit den Lernern zu evaluieren*. Dabei erfolgt eine Orientierung an den für den Umgang mit diesem Text relevanten und zu diesem Zwecke „klein gearbeiteten", konkretisierten Bildungsstandards.

Der nachfolgende Entwurf fußt auf praktischen Erprobungen in meiner derzeitigen zweiten sowie in einer dritten Klasse der Kirchschule Hövelhof. Letztere wurde dankenswerterweise von meiner Kollegin Meike Walter durchgeführt, so dass schulstufenübergreifende Vergleiche möglich sind. Unser Anliegen bestand darin, handlungsorientiertes literarisches Lernen, Kompetenzorientierung und Selbstevaluation ohne den Druck eines *teaching to the test* so miteinander zu verknüpfen, dass intensive Lernprozesse im Sinne einer nachhaltigen Begegnung mit Literatur ermöglicht werden können. Der Schwerpunkt der Darstellung liegt auf der *Beschreibung der Herangehensweise* an die hier formulierte Aufgabenstellung und weniger auf der Präsentation von Unterrichtsergebnissen.

Die Konzeption einer kompetenz- und evaluationsorientierten Unterrichtseinheit vollzog sich in mehreren Schritten, welche nachfolgend näher erläutert werden:

1) Die Analyse der Textbeschaffenheit
und die Überprüfung seiner Bildungsrelevanz
2) Der Entwurf eines Methodenrepertoires
und dessen Überprüfung auf Bildungsrelevanz
3) Didaktisch-methodische Schwerpunktsetzung
und Phasierung der Unterrichtseinheit
4) Die Konzeption der Dokumentation
und der lernerorientierten Evaluation der Lernprozesse
5) Die daraus resultierende Planung der nächsten Lernschritte

Zu 1) Das Gedicht „Frühling", das die jüdische Dichterin Mascha Kaléko (1907–1975) im Exil für ihren Sohn schrieb, bildet den Auftakt der Gedichtreihe „Die vier Jahreszeiten", die 1961 neben vielen anderen Kindergedichten in Kalékos Versbuch „Der Papagei, die Mamagei und andere komische Tiere" erschienen ist. Es beschreibt sehr bildhaft, wie der Frühling daherkommt, und spricht durch eingängige Verben und Adjektive unmittelbar verschiedene Sinne an. So kann es zum genauen Sehen (holzbraune Käfer/goldene Bienen), Hören (singende Schwalben) und Riechen (duftende Veilchen) verlocken. Durch die Personifizierung des Frühlings als lyrisches Ich erhält das Gedicht Unmittelbarkeit und Nähe; gleichzeitig knüpft es an die distanzarme Naturerfahrung kleiner Kinder an. Bedingt durch diese Textcharakteristiken stehen die Chancen gut, mit Kalékos Gedicht „lebendige Vorstellungen beim Lesen und Hören literarischer Texte" entwickeln zu können, wie in den KMK-Bildungsstandards gefordert (S. 11). Durch den Rätselcharakter, den das Gedicht ohne Nennung seiner Überschrift erhält (vgl. Schulz 1997, S. 25), lässt sich ein Irritationsmoment provozieren, welches die in den Bildungsstandards geforderte Entwicklung eigener Gedanken zu Texten und das Sprechen darüber mit anderen in Gang setzen kann (KMK BSD 2004, S. 12). Die Form des Gedichts ist abwechslungsreich: Kaléko verwendet in den ersten vier Zeilen den Kreuzreim (gezogen/gebrummt, geflogen/gesummt), setzt dann aber eine Zäsur, die zum Innehalten auffordert: Eine Frage steht im Raum, welche durch das expressive „Auf einmal bin ich da!" fast überschwänglich vom Tisch gefegt wird. Diese Reimform, aber auch Rhythmus und Metrum regen zum betonten, auch auswendigen Vortragen an, was ebenfalls in den Bildungsstandards gefordert wird. Der nordrhein-westfälische Lehrplan konkretisiert die KMK-Vorgabe in seinen „verbindlichen Anforderungen am Ende von Klasse 4" für das Fach Deutsch (S. 48) geringfügig, indem es heißt: „Sie (die Schülerinnen und Schüler) gestalten sprechend und darstellend Texte und wenden Techniken des Auswendiglernens an."

Die Entdeckung des Reimschemas als Besonderheit der Textstruktur findet hingegen keinen expliziten Bezugspunkt innerhalb der Bildungsstandards. Die oberflächlich formulierte Forderung, „Erzähltexte, lyrische und szenische Texte kennen und unterscheiden zu können", muss zu diesem Zweck ausdifferenziert werden. Auch der nordrhein-westfälische Lehrplan bleibt hier erstaunlich unkonkret, wenn er fordert: Die Schülerinnen und Schüler „kennen und verwenden bestimmte Fachbegriffe beim Umgang mit Texten (siehe Übersicht „Verbindliche Fachbegriffe")" (S. 49). In dieser Übersicht finden sich lediglich die Begriffe Gedicht, Strophe und Reim. Kalékos Frühlingsgedicht fordert geradezu zu einer intensiven Untersuchung der sprachlichen Mittel heraus: Das enge Zusammenspiel von treffenden Adjektiven, Verben und Substantiven (der holzbraune Käfer, der gebrummt kommt; die singende Schwalbe, die gezogen kommt) ergibt jeweils etwas Frühlingstypisches, hat aber gleichzeitig Synonymfunktion: So könnte die singende Schwalbe auch durch einen rufenden Kuckuck ersetzt werden, ohne den Sinn des Gedichtes zu verfälschen. Im Bereich einer solchen Arbeit an lyrischen Texten lassen sowohl die KMK-Standards als auch der Lehrplan Deutsch NRW konkrete Vorgaben vermissen.

In der Analyse des Frühlingsgedichtes zeigten sich eindeutig dessen Bildungspotenzial zur Umsetzung der von der KMK aufgestellten und in den neuen Lehrplan NRW aufgenommenen Bildungsstandards.

Bei der Konkretisierung der KMK- sowie der Lehrplanvorgaben ist eine zusätzliche Orientierung an spezifischen, fachwissenschaftlichen Standards hilfreich, in diesem Fall an konsensfähigen Kriterien zur Förderung der Lesekompetenz sowie der sog. Poetischen Kompetenz. Hurrelmann hat fünf Merkmale von Lesekompetenz herausgearbeitet, deren Entwicklung durch schulisch vermittelte Lernprozesse unterstützt werden muss. Dazu zählen die kognitiven Fähigkeiten der Bildung kohärenter mentaler Textrepräsentationen unter Einschluss von Vorwissen, die motivationalen und emotionalen Fähigkeiten zur Stützung dieses Prozesses, die Fähigkeiten zu seiner Reflexion und die Fähigkeiten zu Anschlusskommunikationen mit anderen während und nach dem Rezeptionsprozess (vgl. Hurrelmann 2002, S. 285 f.). In die „Poetische Kompetenz" fließt insbesondere die Fähigkeit und Bereitschaft des symbolischen Lesens ein, was eine entsprechende Wahrnehmungsförderung umfasst (vgl. Abraham 2006). Die Tabelle auf Seite 40 f. verdeutlicht stichwortartig die Bezüge zu den hier angesprochenen Kompetenzbereichen.

Zu 2) und 3): Neben der Überprüfung des Textes im Hinblick auf dessen Bildungsrelevanz gilt es auch die *Wege* „abzuklopfen", über welche diese Standards erreicht und evaluiert werden können. Anstelle einer ausführlichen Darlegung eines Methodenrepertoires im Umgang mit dem Frühlingsgedicht von Kaléko und dem Nachweis seines Bezugs zu den Bildungsstandards sei hier ebenfalls auf Tabelle 1 verwiesen. In einem weiteren Schritt erfolgt dann die didaktisch-methodische Schwerpunktsetzung, welche sich in der konkreten Abfolge einzelner Lernsequenzen im Verlauf der Unterrichtseinheit widerspiegelt.

Didaktisch-methodische Schwerpunkte in den beiden durchgeführten Unterrichtseinheiten waren:

Die Förderung ästhetischen Empfindens
- durch Schaffen eines emotionalen und motivationalen Kontextes zum Thema Frühling im Rahmen eines ästhetischen Lernens „mit allen Sinnen";
- durch Erzeugen eines eigenen Wörter-Reservoirs zum Frühling;
- durch Auseinandersetzung mit der Sprach-, Form- und Symbolgestalt des Gedichts;
- durch Vergleich mit anderen Frühlingsgedichten;
- durch produktives Erzeugen eigener lyrischer Texte;
- durch Anschlusskommunikation.

Die Förderung des mündlichen Sprachhandelns
- durch Schaffen von Gelegenheiten zum Lesen, Vorlesen und betonten Vortragen des Gedichts;
- durch Berücksichtigung von Kriterien für eine gelingende Textpräsentation.

Zu 4) Quer dazu ging es auf der Metaebene darum, die Schüler zu befähigen, sich ihren Lernprozess bewusst zu machen, ihn zu beobachten und zu bewerten. Zur *Dokumentation* der Annäherung an den lyrischen Text legten die Schüler ein Dossier oder Portfolio an, in dem alle Texte, Bilder usw. gesammelt wurden. Für die Kinder wurde dafür die anschauliche Bezeichnung „Dichtermappe" eingeführt. Als Anregung zur *Reflexion* des eigenen Lernens erhielten die Schüler nach Beendigung einer thematisch zusammenhängenden Lernsequenz einen als „Denkpause" bezeichneten Impuls. Hier galt es, die individuellen Erfahrungen und Empfindungen schriftlich festzuhalten. So lautete etwa die Aufforderung im Anschluss an die Erstbegegnung mit dem Frühlingsgedicht:

> Denkpause: Heute hast du ein Gedicht ohne Überschrift kennengelernt. Es war wie ein Rätsel. Was hast du gedacht, als du es zum ersten Mal gehört hast? Was möchtest du noch erzählen?

Im Nachgang zur Untersuchung sowie der Eigenkreation zusammengesetzter Adjektive wurden die Schüler zu folgender Denkpause angeregt:

> Denkpause: Heute haben wir „schöne Frühlingswörter" erfunden. Wir haben wie Mascha Kaléko immer ein Nomen und ein Adjektiv zusammengesetzt, zum Beispiel Tulpe und rot zu tulpenrot. Welches deiner zusammengesetzten Wörter findest du am besten? Was möchtest du noch erzählen?

Die der jeweiligen „Denkpause" angefügte Begleitfrage: „Was möchtest du noch erzählen?" versteht sich als Differenzierungsangebot für die Kinder, die ihre Lernprozesse ausführlicher dokumentieren möchten.

Darüber hinaus erhielten die Lernenden regelmäßig Gelegenheit, den erreichten Lernstand durch Selbsteinschätzung in Form eines kurzen *Lernberichts* zu evaluieren. Die Form des Lernberichts orientierte sich an den aus den USA und Kanada bekannt gewordenen matrixartigen Rubrics (vgl. Müller 2005). Die Schüler erhielten kleine Kärtchen mit „Ich kann …"- und „Ich weiß schon …"-Sätzen, welche sich inhaltlich auf die zu erreichenden Bildungsstandards bezogen. Daneben fanden sich Antwortkategorien zum Ankreuzen in der Dreierskalierung „gut" – „mittel" – „nicht so gut", welche kindgemäß als Smilies vorgegeben wurden.

Die Kärtchen ließen sich in eine große Lernberichts-Tabelle einkleben, sodass sich sukzessive ein Gesamtüberblick über den individuellen Lernstand entwickelte (siehe Abb. 2 auf Seite f.).

Zu 5): Jeder Lernbericht enthält die gezielte Frage nach einem Bereich, auf den sich der betreffende Schüler in der weiteren Übung konzentrieren möchte. Zur Unterstützung des weiteren Lernfortschrittes sowie der Planung der nächsten Schritte erhielt er einen schriftlich formulierten oder mündlich gegebenen Lerntipp der Lehrerin oder der Mitschüler. Mit diesem Vorgehen wurde versucht, ein wichtiges Anliegen der Selbsteinschätzung zu realisieren: Die Kinder bekommen nicht von außen Defizite in bestimmten Bereichen aufgezeigt, sondern entscheiden sich auf der Basis der Selbstreflexion für Gebiete, auf denen sie sich verbessern möchten. Ziel ist dabei die Sensibilisierung für das eigene Lernen, die bewusste Wahrnehmung der persönlichen Stärken und Schwächen sowie der individuellen Interessen und Neigungen und damit die Optimierung der Steuerung des eigenen Lernprozesses (vgl. Thiele 2002, S. 12).

5. Schlussbetrachtung

Mit dem hier skizzierten Unterrichtsmodell zum Frühlingsgedicht von Kaléko sollte exemplarisch gezeigt werden, wie eine Kompetenzorientierung in Kombination mit einer lernerorientierten Evaluation realisiert werden kann. Wesentliches Anliegen war es, prozessorientierte Qualitätssicherung in den Unterricht zu integrieren und die Lernenden in höchstmöglichem Maße daran zu beteiligen. Damit sollten Möglichkeiten der pädagogischen, lernprozessbegleitenden Qualitätssicherung aufgezeigt werden, welche meines Erachtens neben den vielleicht unvermeidlichen punktuellen normierten Vergleichstests eindeutig die wichtigere Komponente bildet. Neu ist in diesem Modell nicht die Orientierung an den Bildungsstandards, sondern vielmehr der *Umgang* mit denselben: So bleiben sie nicht länger als Planungs- und Bewertungsmaßstab für die Lehrkraft im Hintergrund, sondern werden als Grundlage der Entwicklung eines gemeinsamen Qualitätsverständnisses für die Schüler transparent. Damit erhalten die Lernenden weit mehr Verantwortung für ihren Lernprozess als dies in herkömmlichen Unterrichtskonzepten der Fall ist. Die Erfahrungen in der Umsetzung des Kaléko-Gedichtes zeigten, dass die Kinder sich ernst genommen fühlten und die ungewohnte Rolle genossen, für sich selbst beurteilender und planender „Lehrer" (und Lerner) zu sein. Die Beobachtungen eröffneten die Perspektive darauf, dass Kompetenz- und Evaluationsorientierung nicht zwingend zu einem belastenden Erwartungsdruck führen müssen; vielmehr können sie fruchtbar gemacht werden für eine intensive, individuelle und ganzheitliche Form literarischen Lernens.

Ihren Lernprozess haben die Schüler sehr unterschiedlich dokumentiert; die Dokumentation in Form der „Denkpausen" reichte vom Einwortsatz bis hin zur detaillierten Beschreibung der Empfindungen und Lernwege. Spannend dürfte für die Kinder der rückblickende Vergleich der Einträge in der so genannten „Dichtermappe" werden: So ist vorgesehen, sie in Kürze mit dem Gedicht „Der Sommer" aus der gleichen Gedichtreihe zu konfrontieren und auch hier – dem Spiralprinzip folgend – mit „Denkpausen" und Lernberichten zu arbeiten. So können die Schüler etwa ihre Ersteindrücke bei der Rezeption der Frühlingsmusik von Vivaldi mit denen beim Hören von Vivaldis „Sommer" vergleichen. Spätestens im Herbst oder Winter, wenn die Begegnung mit den beiden nächsten Gedichten der Reihe erfolgt, werden viele Kinder merken, dass sie zum Beispiel im Aufspüren jahreszeitentypischer Wörter sicherer und versierter geworden sind. Sie haben Gelegenheit, ihre eigenen Textproduktionen über ein Jahr hinweg vergleichend zu betrachten und ihren Lernzuwachs zu beobachten. Von großer Bedeutung sind dabei *Lerngespräche* zwischen der Lehrerin und dem Kind sowie der Lernenden untereinander.

Durch die Intensität des gemeinsamen Lernprozesses kann die Lehrerin eine weitaus detailliertere Innenperspektive auf die tatsächlichen Abläufe literarischer Aneignungsprozesse gewinnen, als dies in herkömmlichen Unterrichtsverfahren der Fall war oder durch kontextlose, persönlich unbedeutende Aufgabenstellungen aus VERA- oder PISA-Tests erreicht werden könnte. Wo Kinder ihre Lernprozesse dokumentieren und reflektieren, besteht die Chance, die sensiblen Momente des Rezeptionsprozesses, welche lange Zeit gleich einer *black box* als unergründbar galten, unmittelbar „hautnah" und zeitnah mitzuerleben. Damit „liefert" der Unterricht Material, Impulse und neue Untersuchungsperspektiven für die empirische Unterrichtsforschung.

Sicherlich wird man nicht jede Unterrichtseinheit mit einer Dokumentation und Selbstevaluation durch die Schüler, wie es hier gezeigt wurde, verbinden. Dagegen spricht zuerst der damit verbundene hohe zeitliche Aufwand. Insbesondere das individualisierte Rückmeldesystem in Form von Lerntipps und Lerngesprächen ist sehr zeitintensiv (vgl. auch Brunner/Schmidinger 2000, S. 15). Darüber hinaus gilt es, das Motivationsproblem im Blick zu behalten: Vermutlich wollen nur wenige Schüler dauernd schriftlich reflektieren und ihre Gedanken mitteilen. Gerade im Umgang mit Lyrik erscheint es mir wichtig, diese im Sinne Andresens auch „einfach" sein lassen zu dürfen, nicht zu untersuchen, sondern schlicht auf sich wirken zu lassen, eine stille Beziehung zu ihr einzugehen, vielleicht abzuschreiben und zu verschenken (vgl. 1992, S. 26). Sinnvoller scheint es daher, „Denkpausen" und Lernberichte an ausgewählten Beispielen zu erarbeiten in der Hoffnung, dass die Schüler – dadurch angeregt – auch in anderen Bereichen selbstreflexive (Denk-)Arbeit leisten werden.

Die Kompetenzorientierung und das im Konzept einer pädagogischen Leistungskultur verankerte neue Lernverständnis erfordern eine weitere *Professionalisierung* des Lehrerberufs. Zum neuen Anforderungsprofil zählen insbesondere

- das aktive Verfolgen, besser noch die aktive Mitgestaltung der fachwissenschaftlichen und fachdidaktischen Diskussion um Bildungsstandards;
- die Kompetenz, Bildungsstandards für Lernende transparent zu machen;
- die Kompetenz, Lernprozesse intuitiv wahrzunehmen, gezielt zu beobachten und kriteriengeleitet zu bewerten;
- die Fähigkeit, diese drei Prozesse sauber voneinander zu trennen;
- Diagnose- und Förderkompetenz;
- die Fähigkeit, Lernende dialogisch in die Planung, Durchführung und Bewertung von Lernleistungen einzubeziehen und dadurch auch Hierarchiebeziehungen neu zu definieren;
- die Entwicklung einer konstruktiven Rückmeldekultur.

Bleibt zu hoffen, dass Lehrerinnen und Lehrer mit der Umsetzung dieser neuen Ansprüche nicht alleingelassen werden, sondern – wie in anderen Ländern üblich – durch Aus- und Fortbildung sowie verbesserte Rahmenbedingungen bildungspolitische Unterstützung erfahren.

Literatur

Abraham, Ulf: *Lesekompetenz, Literarische Kompetenz, Poetische Kompetenz: Fachdidaktische Aufgaben in einer Medienkultur.* In: Heidi Rösch (Hg.): Kompetenzen im Deutschunterricht. Frankfurt a. M.: Peter Lang 2005, S. 13–26.

Andresen, Ute: *Versteh mich nicht so schnell. Gedichte lesen mit Kindern.* Weinheim/Berlin: Quadriga 1992.

Bartnitzky, Horst/Speck-Hamdan, Angelika (Hg.): *Leistungen der Kinder wahrnehmen – würdigen – fördern.* Frankfurt a. M.: Grundschulverband 2004 (Beiträge zur Reform der Grundschule, Bd. 118).

Burkard, Christoph/Eikenbusch, Gerhard: *Praxishandbuch Evaluation in der Grundschule.* Berlin: Cornelsen Scriptor 2004.

Brunner, Ilse/Schmidinger, Elfriede: *Gerecht beurteilen. Portfolio: die Alternative für die Grundschulpraxis.* Linz: Veritas 2004.

Fix, Martin: *Kompetenzerwerb im Bereich „Texte schreiben".* In: Heidi Rösch (Hg.): Kompetenzen im Deutschunterricht. Frankfurt a. M.: Peter Lang 2005, S. 111–124.

Gelberg, Hans Joachim (Hg.): *Überall und neben dir. Gedichte für Kinder.* Weinheim/Basel: Beltz 1986.

Ministerium für Schule, Jugend und Kinder des Landes NRW: *Richtlinien und Lehrpläne zur Erprobung für die Grundschule in Nordrhein Westfalen.* Frechen: Ritterbach 2003.
Hurrelmann, Bettina: *Prototypische Merkmale der Lesekompetenz.* In: Norbert Groeben/Bettina Hurrelmann (Hg.): Lesekompetenz. Bedingungen, Dimensionen, Funktionen. Weinheim: Juventa 2002, S. 275–285.
Moers, Edelgard: *Kinder und Literatur. Chancen einer ganzheitlichen Begegnung in der Grundschule.* Oberhausen: Athena 2001.
Müller, Andreas: *Von der Logik des Gelingens. Mit Rubrics und Komnpetenzrastern selbstwirksam lernen.* In: Grundschule 37/2005, H. 3, S. 12–15.
Schulz, Gudrun: *Umgang mit Gedichten.* Berlin: Cornelsen Scriptor 1997 (Lehrer-Bücherei: Grundschule).
Sekretariat der Ständigen Konferenz der Kultusminister der Länder in der Bundesrepublik Deutschland (Hg.): *Bildungsstandards im Fach Deutsch für den Primarbereich. Beschluss vom 15. 10. 2004.* München: Wolters Kluwer 2005. Im Internet unter: www.kmk.org/schul/Bildungsstandards/Grundschule_Deutsch_BS_307KMK.pdf.
Spinner, Kaspar H. (Hg.): *SynÄsthetische Bildung in der Grundschule. Eine Handreichung für den Unterricht.* Donauwörth: Auer 2002.
Steitz-Kallenbach, Jörg: *Die ich rief, die Geister ... Anmerkungen zur Psychodynamik von Spielprozessen im Unterricht.* In: Kaspar H. Spinner (Hg.): Imaginative und emotionale Lernprozesse im Deutschunterricht. Frankfurt a. M. u. a.: Lang 1995, S. 29–54.
Thiele, Angela: *Die Entdeckung der Lernerpersönlichkeit. Selbsteinschätzung im Mathematikunterricht.* In: Grundschule 11/2002, S. 11–14.

Abb. 1: Projekt Frühlingsgedichte: Übersicht über Lernsequenzen, Dokumentations- und Evaluationsangebote

Lernsequenz	Kurze Erläuterung der Vorgehensweise	Bezug zu den KMK-Standards	Bezug zu den verbindlichen Anforderungen des LP Deutsch NRW	Bezug zu Merkmalen der Lesekompetenz/der poetischen Kompetenz
I Freie Erstbegegnung mit dem Text	Das Gedicht „Frühling" von Mascha Kaléko hängt als „Gedicht des Monats" mehrere Tage lang an der Pinnwand – ohne Überschrift.			
II Angeleitete Erstbegegnung	L präsentiert das Gedicht als Rätsel, S vermuten, „wer da seine Ankunft ankündigt". S entwickeln in Partnerarbeit Überschriften für das Gedicht und diskutieren diese.	Entwicklung lebendiger Vorstellungen beim Hören und Lesen; Entwicklung eigener Gedanken zu Texten; Sprechen darüber mit Anderen	Umgang mit Texten und Medien: über Texte nachdenken, innere Vorstellungsbilder entwickeln	
„Denkpause": Heute hast du ein Gedicht ohne Überschrift kennen gelernt. Es war wie ein Rätsel. Was hast du gedacht, als du es zum ersten Mal gehört hast?		Die eigene Leseerfahrung beschreiben.		Anleitung zur Selbstreflexion

			symbolisches „Lesen"; Anbahnung eines Verständnisses für ein kulturelles Gedächtnis; Vorbegriffliche Förderung der Imaginationsfähigkeit; emotionale Dimension: Rezeptionssituationen genießen; Anschlusskommunikation
III Aktivierung innerer Vorstellungsbilder zum Frühling; Aufbau eines emotionalen Kontextes als Grundlage für die ästhetische Wahrnehmung	Unterrichtsgang in die Natur: Frühling mit allen Sinnen wahrnehmen Rezeption des Stückes: „Frühling" aus Vivaldis „Vier Jahreszeiten"; paralleles Malen Präsentation der Bilder und Bericht über die Vorstellungsbilder im Kopf in Kleingruppenarbeit Anlegen einer strukturierten Wörtersammlung zum Frühling		
„Denkpause": Heute haben wir draußen Sachen gesucht, die uns verraten: Der Frühling ist da! Außerdem haben wir Düfte und Geräusche gesucht. Mit welchem Sinn hast du den Frühling am besten bemerkt (Sehsinn, Riechsinn, Tastsinn, Hörsinn, Geschmack)?			
Lernbericht: Ich kann mir ein Gedicht oder ein Musikstück ruhig anhören. Wenn ich ein Frühlingsgedicht höre, kommen mir Bilder in den Kopf. Wenn ich Vivaldis Frühlingsmusik höre, kommen mir Bilder in den Kopf. Ich traue mich, anderen Kindern von meinen Bildern im Kopf zu erzählen.			

IV Gedichte vortragen	S tragen das Gedicht in Kleingruppen vor und probieren verschiedene Betonungen aus; S erarbeiten gemeinsam Kriterien für einen interessanten Gedichtvortrag; S lernen das Gedicht auswendig, präsentieren es und geben Lerntipps in Anlehnung an den Kriterienkatalog	Gedichte (auch auswendig) vortragen	Mündliches Sprachhandeln: Beachtung von Gestik, Mimik und Stimmführung und deren textadäquater Einsatz; Texte sprechend und darstellend gestalten und Techniken des Auswendiglernens anwenden
„Denkpause": Wie habe ich das Gedicht von Mascha Kaléko auswendig gelernt?			
Lernbericht: Ich kann das Frühlingsgedicht von Mascha Kaléko laut und deutlich vorlesen. Ich kann das Kaléko-Gedicht auswendig vortragen. Ich kenne einige Tricks, wie man Gedichte gut auswendig lernen kann. Ich kann das Gedicht mit interessanter Betonung vortragen.			

V Gedicht auf prägnante Stilmerkmale hin untersuchen	S spüren das Reimschema auf
S arbeiten Adjektive und Verben heraus
S setzen Verben in Bewegung und Klang um (auch als Ratespiel)
S identifizieren „schöne Wörter" und entwickeln solche selbst
S erfahren die Wirkung des Satzbaus durch Umstellproben	lyrische Texte kennen und unterscheiden
handelnd mit Texten umgehen	Umgang mit Texten und Medien: Kenntnis von Merkmalen von Textstrukturen
Kennen und Verwenden der Fachbegriffe Gedicht, Strophe und Reim;
Sprache reflektieren: Umstellproben, Klangproben	Kognitive Dimension: Kohärenzherstellung, Textsortenkenntnis
Literarisch-ästhetische Kompetenz: Sprachästhetische Sensibilisierung
„Denkpause": Heute haben wir „schöne Frühlingswörter" erfunden. Wir haben immer ein Nomen und ein Adjektiv zusammengesetzt, zum Beispiel Tulpe und rot zu tulpenrot. Welches deiner zusammengesetzten Wörter findest du am besten?			Sprache reflektieren: experimentieren mit sprachlichen Mitteln, Arbeit am Wort: Methoden des Veränderns	
Lernbericht:
Ich kann Reimwörter finden.
Ich kann Adjektive, Verben und Nomen finden.
Ich kann die Verben aus Kalékos Gedicht nachspielen.
Ich kann Nomen (Namenwörter) und Adjektive (Wiewörter) so zusammensetzen, dass schöne Frühlingswörter entstehen (z. B. holzbraun, veilchenlila)				

VI Gedicht verändern/selbst Gedichte schreiben	S schärfen den Blick für den Inhalt: Der Frühling wird von „unten" (Veilchen am Boden) nach „oben" (Bienen in der Luft) beschrieben. S ergänzen anschließend ihre Frühlingswörter-Tabelle. S ersetzen signifikante Wörter des Gedichts durch eigene Frühlingswörter und kreative Wortneuschöpfungen. S verfassen reimlose Frühlingsgedichte mithilfe einer bestimmten Anzahl von Wörtern aus der Tabelle. S beraten in Schreibkonferenzen über die entstandenen Gedichte. S präsentieren die überarbeiteten Gedichte in Form einer Wandzeitung.	handelnd mit Texten umgehen Sensibilität und Verständnis für Gedanken und Gefühle zeigen	schriftliches Sprachhandeln; Texte mit poetischem Charakter verfassen sich über Texte beraten und Texte überarbeiten	symbolisches Lesen Kohärenzbildung Erkennen der Autorenintention Verbindung von Textinformationen und eigenem Vorwissen zu einem mentalen Modell; Förderung der Kulturellen Praxis: mit Symbolisierungsmöglichkeiten spielen
„Denkpause": So war es, als ich selbst Dichter war ….				
Lernbericht: Ich kann ein Gedicht verändern, indem ich einige bedeutungsvolle Wörter durch andere Wörter ersetze. Ich kann mit vorgegebenen Wörtern selbst ein Frühlingsgedicht erfinden.				

		Texte begründet auswählen	Umgang mit Texten und Medien:	kognitive Dimension: über intertextuelle
		Kenntnis von Autoren und Werken der Kinderliteratur	Kenntnis von Merkmalen von Textstrukturen	Kontexte nachdenken; emotionale Dimension: Texte bedürfnisbezogen auswählen, positive Gefühlserlebnisse mit der Lektüre verbinden, Lesesituation genießen
VII Vergleich mit Paratexten	S wählen aus einem Angebot weitere Frühlingsgedichte aus (Heine, Mörike, Nöstlinger). S vergleichen Gedichte in Kleingruppen, schreiben ein kleines Gedichtbändchen (Muttertagsgeschenk). S lesen Informationstext über Kaléko. S verschaffen sich mithilfe des Versbuches „Papagei, Mamagei …" Überblick über das kinderliterarische Werk der Dichterin.			
„Denkpause": Mein Lieblingsgedicht				
	Lernbericht: Ich kann verschiedene Frühlingsgedichte miteinander vergleichen und Gemeinsamkeiten und Unterschiede herausfinden. Ich weiß, wer Mascha Kaléko war und was sie außer dem Frühlingsgedicht noch geschrieben hat.			

Zwei Monate später:					
I Erstbegegnung mit dem Gedicht „Sommer" von Mascha Kaléko	L präsentiert das Gedicht als Fortsetzung der Reihe. S assoziieren spontan. S suchen Überschrift für die Gedichtreihe.				
II Aktivierung innerer Vorstellungsbilder zum Sommer Aufbau eines emotionalen Kontextes als Grundlage für die ästhetische Wahrnehmung	Unterrichtsgang in die Natur: Sommer mit allen Sinnen wahrnehmen; Rezeption des Stückes: „Sommer" aus Vivaldis „Vier Jahreszeiten"; paralleles Malen Präsentation der Bilder und Bericht über die Vorstellungsbilder im Kopf in Kleingruppenarbeit Anlegen einer strukturierten Wörtersammlung zum Sommer				
„Denkpause": Blättere in deiner Dichtermappe zurück. Vergleiche dein Sommer-Bild, das du zu Vivaldi gemalt hast, mit deinem Frühlings-Bild aus dem April. (...)					

Abb. 2: Mein Lernbericht zum Projekt „Frühlingsgedichte" Name: _____

	☺	😐	☹
Ich kann schon ... (Kreuze an!)			
Ich kann mir ein Gedicht oder ein Musikstück ruhig anhören.			
Wenn ich ein Frühlingsgedicht höre, kommen mir Bilder in den Kopf.			
Wenn ich Vivaldis Frühlingsmusik höre, kommen mir Bilder in den Kopf.			
Ich traue mich, anderen Kindern von meinen Bildern im Kopf zu erzählen.			
In diesen Bereichen möchte ich mich noch verbessern: _____ _____			
Mein Lerntipp für dich:			
Ich kann das Frühlingsgedicht von Mascha Kaléko laut und deutlich vorlesen.			

Ich kann das Frühlingsgedicht von Mascha Kaléko auswendig vortragen.			
Ich kann das Gedicht mit interessanter Betonung vortragen.			
In diesen Bereichen möchte ich mich noch verbessern: _____ _____			
Mein Lerntipp für dich:			
Ich kann Reimwörter finden.			
Ich kann Nomen (Namenwörter) und Adjektive (Wiewörter) so zusammensetzen, dass schöne Frühlingswörter entstehen (z. B. holzbraun, veilchenlila).			
Ich kann ein Gedicht verändern, indem ich einige bedeutungsvolle Wörter durch andere Wörter ersetze.			
Ich kann aus vorgegebenen Wörtern selbst ein Frühlingsgedicht erfinden.			
Ich kann verschiedene Frühlingsgedichte miteinander vergleichen und Gemeinsamkeiten und Unterschiede herausfinden.			

Ich weiß schon ...

Ich weiß schon ein paar Tricks, wie man Gedichte gut auswendig lernen kann.

Ich weiß, wer Mascha Kaléko war und was sie außer dem Frühlingsgedicht noch geschrieben hat.

In diesen Bereichen möchte ich mich noch verbessern:

Mein Lerntipp für dich:

Wenn nicht nur das Dekodieren, sondern auch das Verstehen literarischer Texte in der Grundschule entwickelt werden soll, kommt es sowohl auf globale Kohärenzbildung im textlinguistischen als auch auf Sinnzuweisung im hermeneutischen Sinn an. Die folgenden Überlegungen beziehen sich schwerpunktmäßig auf den letzteren Bereich. Hierzu werden am Beispiel eines Kästner-Gedichtes Lernstandards und Aufgabenstellungen entwickelt.

JULIANE KÖSTER

Von der Lebenswelt zur Literatur

Zu Erich Kästner „Fauler Zauber" (4. Schuljahr)

1. Globalverstehen als Voraussetzung literarischen Verstehens

Literarisches Lernen in der Grundschule ist an themenzentriertes, fächerverbindendes Arbeiten geknüpft. Das heißt, bestimmten Themenkomplexen werden – altersentsprechend – geeignete literarische Texte zugeordnet (Büker 2002, S. 130). Themen wie „Tageszeiten", „Jahreszeiten", „Freizeit", „Vorhang auf" sind dafür in besonderer Weise geeignet. Der Vorteil dieser thematischen Orientierung besteht darin, dass die Kinder in wichtigen Bereichen Weltmodelle aufbauen können. Weltmodelle sind komplexe Wissenseinheiten im Langzeitgedächtnis, die „Informationen über Bereiche unserer Umwelt auf eine organisierte Weise abspeichern" (Schwarz 2004, S. 223). Weltmodelle wiederum sind die Voraussetzung für die Bildung von Textweltmodellen, die ihrerseits die im Text dargestellten Sachverhalte mental repräsentieren (vgl. Schnotz/Dutke 2004, S. 73 f.). Textweltmodelle sind umso leichter zu konstruieren, je ähnlicher sie den Weltmodellen sind, auf die sich die Textinformation beziehen lässt. Literarische Texte sind allerdings durch die *Differenz* von Weltmodell und Textweltmodell bestimmt. Textlinguistisch gesprochen handelt es sich dabei aber immer um die Etablierung globaler Kohärenz als Sicherung des inhaltlichen Zusammenhangs. Literarisches Verstehen ist darüber hinaus auf „Sinnauslegung" bzw. „Interpretation" gerichtet (vgl. Schwarz-Friesel

Fauler Zauber

1   Der Zauberkünstler Mamelock
       hebt seinen goldnen Zauberstock.
       „Ich brauche", spricht er dumpf, „zwei Knaben,
       die ziemlich viel Courage haben."

5   Da steigen aus dem Publikum
       schnell Fritz und Franz aufs Podium.
       Er hüllt sie in ein schwarzes Tuch
       und liest aus seinem Zauberbuch.
       Er schwingt den Stock ein paar Sekunden.
10   Er hebt das Tuch – sie sind verschwunden!

       Des Publikums Verblüffung wächst.
       Wo hat er sie nur hingehext?
       Sie sind nicht fort, wie mancher denkt.
       Er hat die beiden bloß – versenkt!

15   Fritz sagt zu Franz: „Siehst du die Leiter?"
       Sie klettern abwärts und gehn weiter.
       Der Zauberkünstler läßt sich Zeit,
       nimmt dann sein Tuch und wirft es breit.
       Er schwingt sein Zepter auf und nieder –

20   Doch kommen Fritz und Franz nicht wieder!
       Der Zaubrer fällt vor Schrecken um.
       Ganz ähnlich geht's dem Publikum.

       Nur Fritz und Franz sind voller Freude.
       Sie schleichen sich aus dem Gebäude.
25   Und Mamelock sucht sie noch heute.

Erich Kästner

2005, S. 65 f.). Es zielt auf die *Spezifik* des Textweltmodells in Differenz zum Weltmodell, auf die durch „Literarisierung" provozierte „Überschreitung bestimmter lebensweltlicher Erfahrungen" (Saupe 2005, S. 262).

Wenn nicht nur das Decodieren, sondern auch das Verstehen literarischer Texte in der Grundschule entwickelt werden soll, dann kommt sowohl der globalen Kohärenzbildung (Baurmann 2006, S. 242; 248) als auch der Sinnerkennung bzw. -zuweisung eine prominente Rolle zu. Deshalb akzentuieren die folgenden Überlegungen vor allem diesen Bereich des Textverstehens. Um entsprechende Lernstandards zu realisieren, gilt es, 1. Texte anzubieten, die globale Kohärenzbildung und Interpretation tatsächlich erfordern, und 2. vielfältige Aufgaben zu entwickeln und zu evaluieren, die diese Leseanforderung erfüllen lassen.

2. Erich Kästners „Fauler Zauber" als Erkenntnisgegenstand

2.1. Textbeschaffenheit

Kästners Gedicht ist in doppelter Hinsicht exemplarisch: Es steht sowohl für ein Plotmodell, das in Differenz zu einer Art „Standard-Plot" (Skript einer Zaubervorführung in der Lebenswelt) generiert werden muss, und für eine Plotstruktur, die durch Rahmen, Komplikation und Auflösung bestimmt ist.

Der Plot ist leicht zu ermitteln, wenn das entsprechende lebensweltliche Modell vorhanden ist. Folglich hängt die Bestimmung der Textschwierigkeit vom lebensweltlichen Wissen der Leser und damit von der Komponente *Lesermerkmale* ab. Bezogen auf die *Leseraktivität* „Konstruktion eines Textweltmodells" in Abgrenzung zum „Weltmodell" ist dieses Weltwissen notwendige Voraussetzung.

2.2. Der Verstehensanspruch des literarischen Textes

Grundsätzlich verlangt dieses Gedicht – wie jeder literarische Text – die Konstruktion eines möglichst reichhaltigen und differenzierten Textweltmodells. Konkret geht es dabei zunächst um die mentale Repräsentation eines Zauberkunststücks, das sich vom lebensweltlichen Skript[1] einer Zaubervorführung in einem wesentlichen Punkt unterscheidet. Aus der *Wahrnehmung dieser Differenz* resultiert das Vergnügen der Leser. Sie besteht darin, dass die beiden Jungen eigene Wege gehen und damit die Erwartung sowohl des Zauberers als auch des Publikums unterlaufen. Denn indem sie der Forderung des Zauberers „schnell" nachkommen, gehen sie im

Sinn des lebensweltlichen Skripts „Zauberkunststück" eine Art Vereinbarung mit dem Zauberer und dem Publikum ein. Sie erklären sich unausgesprochen bereit, sich den Künsten des Zauberers zu überlassen. Darin besteht die erwartete „Courage". Dass die Courage der Jungen sich aber gerade in deren Eigenwillen zeigt und sich damit gegen den Zauberer wendet, macht den Witz der Geschichte aus.

Darüber hinaus geht es darum, den Sinn dieser Differenz zu ermitteln, sie zu „interpretieren", gegebenenfalls daraus eine „Moral" abzuleiten und diese Resultate in das Textweltmodell zu integrieren. Die *Interpretation* als weiterer Schritt bestände dann darin, das Gedicht als Sieg der Kinder über die Erwachsenen, als Untergrabung der Befehlsgewalt zu lesen. Die Macht des Zauberers wird unterlaufen, die Herrschaft „oben" auf dem Podium von „unten" demontiert.

Da die „Paktverletzung" im Text nicht sanktioniert wird, stellt sich der Text implizit auf die Seite der Kinder und gibt ihnen recht. Die Freude der Kinder (über den gelungenen Streich) bleibt unwidersprochen und ist deutliches Indiz für die mit dem Plot verbundene *textinterne Bewertung*.

Was literarische Kompetenz betrifft, so ist sie in besonderem Maß erforderlich, wenn die Interpretation des Textes als Bloßstellung eines „Herrschers" und seines Publikums *textbezogen vertreten* werden soll. Befragt man den Text, so ergeben sich folgende Befunde: Der Zauberer kann Ansprüche erheben („ich brauche") und diese Ansprüche werden von den Jungen „schnell" erfüllt. Der Zauberstock als Verlängerung seines Arms wird zum Ausdruck besonderer Macht. Im Fortgang der Geschichte wird er zum „Zepter", einem königlichen Herrschaftszeichen; dem entspricht auch seine goldene Farbe – ohne dass der Stock wirklich aus Gold wäre. In Opposition zum Zauberer, der lediglich seinen Arm bewegt, sich aber nicht vom Platz rührt (am Ende „fällt [er] vor Schrecken um"), sind die Jungen als mobil, flink und aufmerksam dargestellt. Während der Zauberer sich auf dem Podium in überlegener räumlicher Position befindet, sind die Jungen unten im Publikum platziert, werden nach kurzem Aufstieg versenkt und bewegen sich dann noch weiter abwärts, um nach draußen zu gelangen. Weiterführend ist dabei die Frage, ob es primär um die Bloßstellung und Entmachtung des Zauberers geht oder um den Ausbruch der Jungen aus dessen Bannkreis. Die Wirksamkeit der Jungen besteht zum einen darin, den Zauberer zum Umfallen zu bringen, indem sie seine Macht untergraben, und zum anderen darin, selbst nach draußen zu gelangen. Sie schaffen das, indem sie ihre Position „unten" nutzen, dort aufmerksam sind und aktiv werden, das heißt noch weiter absteigen, um das Weite zu suchen.

Wer gewillt ist, daraus eine „Moral" zu gewinnen, um für das Leben zu lernen, dem bieten sich zwei Varianten: 1. Herrscher brauchen Beherrschte. Entziehen sich diese, brechen die Herrscher zusammen. 2. Angesichts der Alternative „Mitmachen oder Aussteigen" gilt es, unerwartete Gelegenheiten zum Aussteigen wahrzunehmen. Anders formuliert: Courage haben zeigt sich nicht im Mitmachen, sondern im Aussteigen. Zeigt „Courage", und zwar auf andere Weise, als die Herrschaft denkt.

3. Literarisches Verstehen am Ende der Grundschulzeit

3.1. Lernstandards für Zehnjährige
Geht man davon aus, dass Kästners Text stark durch das lebensweltliche Skript „Zauberkunststück" bestimmt ist und dass die spezifische Differenz zur Lebenswelt im – auch symbolisch verstehbaren – Verhalten der Jungen zum Ausdruck kommt, dann hätten die für Zehnjährige zu modellierenden Lernstandards vor allem folgende vier Bereiche des Textverstehens zu berücksichtigen:
(1) die Lokalisierung von Textinformation,
(2) die Etablierung globaler Kohärenz,
(3) die Ermittlung intratextueller Bewertung,
(4) die Erkennung von Sinn als (interessegeleiteter) Interpretation.

3.2. Aufgaben, die die Standards konkretisieren
Wir haben Schülerinnen und Schüler der Jahrgänge drei, vier und fünf eine Reihe von Aufgaben gestellt, die sich sowohl auf die Erhebung der Rahmendaten (Lokalisierung von Textinformation) als auch auf die drei hier genannten Verstehensleistungen beziehen. Ermittelt wurde, wie weit diese Kompetenzen bei Zehnjährigen entwickelt sind, wenn sie durch Aufgaben angeleitet werden.

3.2.1. *Textinformation lokalisieren*
Am Anspruch des Globalverstehens gemessen erscheint die Erhebung der Rahmendaten des Plots einfach und kann – den Befragungsergebnissen zufolge – bei dieser Altersgruppe vorausgesetzt werden. Die Leser müssen bestimmte *Informationen lokalisieren*. Der Schwierigkeitsgrad ist gering, denn es ist weder spezielles Vorwissen erforderlich, noch werden komplexe geistige Operationen verlangt. Alle gesuchten Informationen werden explizit genannt. Gewisse Schwierigkeiten können allerdings aus Suchbegriffen resultieren, wenn man zum Beispiel nach „Requisiten" oder „Ge-

genspielern" fragt. Das heißt, auch Lokalisierungsaufgaben setzen Wissen voraus – selbst wenn es trivial ist. Folgender Fragenkatalog ist sowohl für die Lern- als auch für die Leistungssituation geeignet:

Ihr sollt das Gedicht „Fauler Zauber" als Theaterstück aufführen:
1. Wie viele Spieler braucht ihr?
2. Welche Personen spielen mit?
3. Wo spie nde braucht ihr?

Dabei wirft Frage 3 „Wo spielt die Szene?" mehr Probleme auf als die anderen Fragen, denn es gibt mehrere – und unterschiedlich anspruchsvolle – richtige Antworten. „Podium" ist zwar explizit im Text genannt, trifft aber nicht dessen Gesamtheit. Angesichts der Instruktion erscheint die Antwort aber plausibel. Richtig sind aber auch Antworten wie Theater und Zirkus, die auf der Aktivierung von Weltwissen beruhen und das Publikum mit einbeziehen.

3.2.2. Globale Kohärenz etablieren

Deutlich höheren Schwierigkeitsgrad haben Aufgaben, die *globale Kohärenzbildung* bzw. deren Überprüfung zum Ziel haben. Hier bezieht sich die Verstehensanforderung auf ein Situationsmodell der im Text dargestellten Zaubervorführung (vgl. Schnotz-Dutke 2004, S. 76 f.). Im Zentrum dieses Textweltmodells steht das vom Weltmodell abweichende Verhalten der Kinder: dass sie nicht tun, was von ihnen erwartet wird und wozu sie sich im Sinn des Skripts – unausgesprochen – selbst verpflichtet haben. Hier ist spezielles Weltwissen vorausgesetzt, nämlich ein *Skript vom Standardverlauf einer Zaubervorführung in der Lebenswelt*.

Folgende Aufgaben wurden genutzt, um diesen Teilbereich des Textverstehens zu testen:

1. Male ein Bild, das den Schauplatz zeigt. Nutze die Rückseite des Blattes.
2. Welche zwei Gegenstände sind für diese Geschichte die allerwichtigsten?
3. Was ist anders als in einer wirklichen Zaubervorstellung?
4. Die meisten Kinder finden dieses Gedicht lustig. Erkläre warum.

Der Auftrag, ein Bild vom Schauplatz zu zeichnen, *kann* Globalverstehen zum Ausdruck bringen, muss es aber nicht tun. Zahlreiche Schüler haben die Leiter funktionsgerecht visualisiert, sodass von einem adäquaten Textweltmodell hinsichtlich des speziellen Charakters dieser Zaubervorführung ausgegangen werden kann. Allerdings ist die Aufgabe auch dann korrekt gelöst, wenn die Leiter nicht berücksichtigt wurde – oder von der Bühne nach oben führt.

Demgegenüber ist die Aufgabe 2 ein valider Anzeiger für Globalverstehen. Es zeigt sich in der Nennung von „Tuch" und „Leiter". Das schwarze Tuch verknüpft Textwelt und Lebenswelt, die Leiter ist Anzeiger für die Differenz zwischen beiden Welten. Die Antworten „Zauberstock", „Zauberbuch", „Podium" sind unzutreffend.

Auch bei Aufgabe 3 ist das Spektrum der Antworten übersichtlich, die die Differenz zum Weltmodell ausweisen. Es muss deutlich erkennbar sein, dass die Abweichung im Verhalten der Jungen bzw. im Scheitern des Zauberers besteht. Die meistgenannte Antwort war: „Die Tricks gehen hier schief, in einer ‚richtigen' Zaubershow nicht!"

Anders verhält es sich mit Aufgabe 4. Sie ist ergebnisoffen. Es gibt Antworten, die auf die Differenz zur Lebenswelt zielen („Wegbleiben der Kinder"; „Nichtfunktionieren des Tricks"), Antworten, die die Komik betonen („Umfallen des Zauberers"), und schließlich einige Antworten, die Ansätze von Interpretation bieten: „Erwachsener steht am Ende dumm da"; „Kinder verhalten sich nicht nach den Regeln". Alle zitierten Antworten reagieren sinnvoll auf die gestellte Frage. Aber nicht alle Antworten beruhen auf der Sicherung des inhaltlichen Zusammenhangs. Das gilt zum Beispiel für die Antwort: „Die Geschichte ist lustig, weil der Zauberer umfällt." Da die Aufgabe nicht notwendig globale Kohärenzbildung ausweist, ist sie für deren Überprüfung auch wenig geeignet.

3.2.3. Intratextuelle Bewertung ermitteln
Der Verstehensanspruch des Textes schließt ein, dass die dem Text *implizite Bewertung* des Vorgangs wahrgenommen und formuliert wird. Die Leser sollten – wie oben dargelegt – registrieren, dass der Text die Kinder unterstützt und damit implizit Partei ergreift, sich in einem Wertgefüge positioniert.

Wie sehen Aufgaben aus, die ausweisen, ob verstanden wurde, dass der Text den Kindern Recht gibt, dass er die Sache der Kinder unterstützt? Hier ist folgende Aufgabe angeboten worden:

> Mit wem hat der Sprecher mehr Sympathie? Mit Mamelock oder mit den beiden Jungen? Begründe deine Entscheidung.

3.2.4. Sinn erkennen – interpretieren
Die Bildungsstandards für die Primarstufe sparen den Bereich des literarischen Interpretierens weitgehend aus. Allenfalls weist der Standard „bei

der Beschäftigung mit literarischen Texten Sensibilität und Verständnis für Gedanken und Gefühle und zwischenmenschliche Beziehungen zeigen" (Bildungsstandards Deutsch Primarstufe, S. 15) in diese Richtung.

Wir wollten herausfinden, ob Zehnjährige in der Lage sind, in diesem Gedicht nicht nur die Darstellung einer sehr speziellen Zaubervorführung zu sehen, sondern auch unter Anleitung eine Transferleistung zu erbringen, indem sie eine *symbolische Lesart* entwickeln oder akzeptieren (z. B. Machtkampf zwischen Kindern und Erwachsenen). Dafür wurde folgendes Item eingesetzt:

Mit welchen der folgenden Personen hat Mamelock viele Gemeinsamkeiten?

Mamelock hat viele Gemeinsamkeiten mit
○ einem Clown
○ einem Zirkusdirektor
○ einem Akrobaten (Turnkünstler)
○ einem Tierbändiger

Erkläre deine Entscheidung:

Es wurden fünf Lösungsvarianten registriert:
- Aussparung der Aufgabe: Hier ist nicht zu entscheiden, aus welchem Grund die Aufgabe nicht bearbeitet wurde. Auffallend ist allerdings, dass mehr Neun- als Zehnjährige diese Aufgabe nicht bearbeitet haben (3 von 48);
- keine Ähnlichkeiten: Es waren vor allem neunjährige Probanden, die den Zauberer als unvergleichbar qualifizierten, die keine Ähnlichkeiten mit einer der genannten Rollen feststellen konnten (6 von 48);
- Ähnlichkeiten mit einem Clown: Wurden Ähnlichkeiten festgestellt, so bezogen sie sich am häufigsten auf den Clown: „Er will sie verarschen"; „ist lustig"; „macht sich lustig"; „will zeigen, wie gut er etwas kann"; „er macht sich zum Clown, denn niemand kann wirklich zaubern"; „ist lustig, macht tolle Dinge, zaubert"; „lacht"; „merkwürdig"; „ist komisch"; „ist unabsichtlich komisch"; „macht sich zum Affen"; „fällt um". Diese Option stellt die Unterhaltungsfunktion in den Vordergrund. Das heißt zugleich, dass die zentrale Bedeutung des Textes, die Verhandlung der Machtfrage, noch nicht verstanden ist;
- Ähnlichkeiten mit einem Zirkusdirektor: Wer das Machtmotiv verstanden hatte, entschied sich für Ähnlichkeiten mit einem Zirkusdirektor. Für die Ähnlichkeit mit dem Zirkusdirektor wurden folgende Be-

gründungen genannt: „ist streng"; „steht im Mittelpunkt"; „ist mächtig; steht im Mittelpunkt"; „hat das Spektakel angeführt"; „organisiert"; „sagt Nummern an"; „ist der wichtigste im Zirkus"; „will Publikum faszinieren"; „will beeindrucken";
- Ähnlichkeiten mit einem Tierbändiger hat nur ein einziger Schüler gewählt und damit begründet, dass der Zauberer sein Tuch bändige;
- Ähnlichkeiten mit einem Akrobaten hat niemand festgestellt.

Will man darüber hinaus Schüler in der Lernsituation dazu bringen, die *Interpretation durch Textbefunde argumentativ zu stützen*, dann wäre das Angebot von Thesen sinnvoll, die mithilfe des Textes vertreten werden müssen. Zum Beispiel: „In diesem Gedicht geht es um Macht. Woran zeigt sich die Macht des Zauberers? Gibt es im Gedicht Hinweise darauf, dass die Kinder Macht haben?"

Entsprechend ließe sich auch mit der Raumordnung verfahren. Am Anfang könnte ein Gespräch über den Schauplatz stehen: Was ist ein Podium? Wozu braucht man eine Leiter? Die Opposition „oben" vs. „unten" kommt so zwangsläufig zur Sprache. Anhand von Visualisierungen, die die Kinder hergestellt haben, ließe sich zuordnen, was sich oben abspielt und was unten, welcher Bereich welchen Akteuren gehört. Zu fragen wäre beispielsweise, was der räumliche Abstand zwischen den Kindern und dem Zauberer bedeutet. Für Kleingruppenarbeit geeignet wäre die folgende Aufgabe: „Das Gedicht könnte auch ‚Oben und unten' heißen. Sucht entsprechende Textstellen und erklärt, warum dieser Titel passt." Will man die Interpretation auf die Rolle des Publikums richten, dann bietet sich folgende Aufgabe an: „Im Gedicht wird das Publikum als dumm dargestellt. Variante 1: Stimmst du zu? Begründe deine Entscheidung. Variante 2: Suche im Text Hinweise auf diese Behauptung."

3.3. Literaturdidaktischer Forschungsbedarf
Die Auswertung der Schülerbögen zeigt deutlich, dass nur ein Drittel der Befragten (16 von 48) eine „symbolische" Lesart des Gedichts in Erwägung zieht. Die gängige Erklärung dieses Befunds stützt sich auf die Entwicklung der allgemeinen kognitiven Strukturen und sieht in solchen verallgemeinernden Verstehensanforderungen eine Überforderung dieser Altersgruppe (vgl. Spinner 1993, S. 57–60).

Eine lernpsychologische Erklärung wird demgegenüber auch die schuladministrativen Vorgaben und Lernarrangements problematisieren. Denn anders als die Standards für den Sekundarbereich unterscheiden die Grundschulstandards nicht zwischen literarischen Texten einerseits und Sach- und Gebrauchstexten andererseits. Das erscheint sinnvoll, wenn man davon ausgeht, dass es eine *basale Textverstehenskompetenz* gibt, die auch für das Verstehen literarischer Texte bedeutsam ist (vgl. Barth 2004, S. 12; Schwarz-Friesel 2005, S. 73). Zugleich wird dadurch jedoch die Annahme befördert, dass Grundschülern kein transferierendes Lesen zuzumuten sei. Im Unterricht zeigte sich: Die Mehrheit der Zehnjährigen war in der Lage, die Requisiten des Zauberers als Zeichen der Macht („symbolisch") zu deuten. Dafür wurden Zuordnungsaufgaben genutzt, die die Verknüpfung der Requisiten und des Figurenverhaltens mit bestimmten Begriffen (Stärke – Schwäche, Macht – Ohnmacht, Selbstbestimmung – Abhängigkeit) in einem umfangreicheren Auswahlangebot verlangen. Entsprechend verhält es sich mit der Deutung der höheren räumlichen Positionierung des Zauberers. Es gibt also Übertragungsleistungen, die spezifische Verknüpfungen mit symbolischem Weltwissen bzw. mit „Interpretationswissen" voraussetzen und von Zehnjährigen durchaus realisiert werden können.

Dieser Befund wird durch Untersuchungen unterstützt, wie sie Elsbeth Stern für die mathematischen und naturwissenschaftlichen Verstehensleistungen von Grundschülern durchgeführt hat. Sowohl die Anleitung durch intelligente Aufgaben als auch Lernumgebungen zur Umstrukturierung von Vorwissen zeigen im Hinblick auf Abstraktionsleistungen günstige Effekte (Stern 2005, S. 3; 7; 16).

Betrachtet man das symbolische Verstehen als Zielgröße literarischen Lernens, dann ist diese Fähigkeit ausdrücklich und von früh an zu schulen, und zwar im Kontext von Aufgaben, die deren sukzessiven Aufbau befördern. In diesem Zusammenhang ergibt sich Forschungsbedarf auch in Bezug auf die Wissensabhängigkeit dieser anspruchsvollen Leistungen, genauer: in Bezug auf die Beschaffenheit des notwendigen Wissens (vgl. Schnotz/Dutke 2004, S. 86; Baurmann 2006, S. 242).

4. Die Modellierung literarischer Kompetenz

Bildungsstandards sollen in Kompetenzmodelle integrierbar sein. Folglich stellt sich die Frage nach der Modellierung literarischer Kompetenz. Die aktuelle literaturdidaktische Debatte unterscheidet zwei Konzepte. Das erste modelliert literarische Kompetenz in Differenz zur Lesekompetenz, das heißt unabhängig von medialer Schriftlichkeit (Garbe 1997; Abraham 2005). Das zweite folgt textlinguistischen und lesepsychologischen Ansätzen, die von einem umfassenden Modell von Lesekompetenz ausgehen, das eine (unabhängige) Teilkompetenz „literarisches/symbolisches

Interpretieren" enthält (Artelt/Schlagmüller 2004, S. 188; Schwarz-Friesel 2005, S. 73 f.).

Für beide Konzepte gibt es gute Gründe. Im vorliegenden Beitrag wird jedoch das zweite Konzept privilegiert, weil es – und das ist entscheidend – beim vorgestellten Text primär um globale Kohärenzbildung und deren Bedeutung für das literarische Interpretieren geht. Die Etablierung globaler Kohärenz ist der zentrale Bereich jeglichen Textverstehens, auch des literarischen, und die Voraussetzung allen Interpretierens. Geht man – der Linie dieses Beitrags folgend – davon aus, dass bei literarischen Texten bereits globale Kohärenzbildung auf der Differenz von Weltmodell und Textweltmodell beruht, dann wäre „literarisches Interpretieren" als eigene Teilkompetenz zu modellieren. Artelt/Schlagmüller (2004, S. 179) haben gezeigt, dass der kompetente Umgang mit literarischen Texten spezifische Anforderungen an die Leser stellt, die sich nicht nur von den Anforderungen unterscheiden, die Bilder und Diagramme an die Leser stellen, sondern auch von den Anforderungen literarischer Texte. Schnotz/Dutke (2004, S. 76) haben diesen Unterschied im Hinblick sowohl auf das Text- als auch auf das Bildverstehen in einem kognitionspsychologisch basierten Modell dargestellt. Ob und worin sich die Konstruktion mentaler Repräsentationen beim Verstehen literarischer und expositorischer Texte unterscheidet, wäre ebenso zu ermitteln wie die Besonderheit im Verstehensanspruch literarischer Texte. Thomas Zabka nennt in diesem Band zwei zentrale Merkmale literarischer Texte, nämlich systematische Indirektheit und systematische Mehrdeutigkeit, die von den Lesern 1. zu erwarten und 2. kognitiv zu bewältigen seien.

Darüber hinaus spielt domänenspezifisches Sach-, Sprach-, Welt- und Textwissen eine entscheidende Rolle, und dieses Wissen ist – wie Cornelia Rosebrock sehr zu recht konstatiert – lesedidaktisch nicht einmal in Ansätzen konzeptualisiert (Rosebrock 2006, S. 98).

5. Konsequenzen für die Weiterentwicklung der Bildungsstandards Deutsch (Primarstufe)

Analysiert man die Bildungsstandards Deutsch für den Primarbereich im Hinblick auf Standards, die das literarische Verstehen betreffen, dann finden sich Formulierungen, die sowohl globale Kohärenzbildung als auch Interpretation im Blick haben mögen, aber dennoch unscharf bleiben. Denn Mikrostandards wie „lebendige Vorstellungen beim Lesen und Hören literarischer Texte entwickeln", „Texte mit eigenen Worten wiedergeben" und „zentrale Aussagen eines Textes erfassen und wiedergeben" (BSPB, S. 15) müssen nicht notwendig den Aufbau eines Textweltmodells bewirken – selbst wenn sie diese Absicht implizieren. Auch der Mikrostandard „bei der Beschäftigung mit literarischen Texten Sensibilität und Verständnis für Gedanken und Gefühle und zwischenmenschliche Beziehungen zeigen" mag auf Sinnerkennung angelegt sein, aber ob und in welchem Grad sie daraus resultiert, ist unbestimmt.

Als Konsequenz aus diesem Befund empfehlen sich zwei Makrostandards im Bereich „Texte erschließen".

(1) Ein Gesamtverständnis des Textes entwickeln
Dieser Standard bezieht sich auf globale Kohärenzbildung und wäre etwa folgendermaßen auszudifferenzieren:
– Texte und Lebenswelt vergleichen,
– ein mentales Textweltmodell konstruieren, das den Text repräsentiert,
– Überschriften zu Texten bilden, die das Wesentliche des Textes, seine zentrale Bedeutung zum Ausdruck bringen.

(2) Literarische Texte interpretieren
Hier handelt es sich um eine neu zu etablierende Teildimension von Lesekompetenz. Folgende sinnvolle Mikrostandards ließen sich hier zuordnen:
– Figuren und ihren Handlungen übertragene Bedeutung zuweisen,
– Die Semantik/den Symbolwert von Tageszeiten, Jahreszeiten, Orten, Gegenständen etc. kennen und angeleitet nutzen,
– drei Varianten von Schlüssen (gutes Ende, böses Ende, unentschiedenes Ende) in literarischen Texten kennen und für die textinterne Bewertung des Erzählten nutzen,
– Sympathielenkung als Form textinterner Bewertung wahrnehmen.

Eng damit verbunden ist die eminente Bedeutung des Vorwissens. Es kommt also darauf an, dass die Kinder konzeptuelles Wissen erwerben. Das sind nicht nur Weltmodelle, sondern auch Konzepte von „Kind" und „Erwachsener", von „Alt" und „Jung", von „Stärke" und „Schwäche", von „Spiel" und „Ernst" etc. Solches Wissen ist sowohl für die Etablierung globaler Kohärenz als auch für die literarische Sinnerkennung in Form symbolischer Interpretation erforderlich.

6. Der nicht normierbare Rest

Natürlich hat der schulische Literaturunterricht ein breiteres Spektrum an Intentionen als die hier vorgestellten. Denn nur wenige erweisen sich als durch Aufgaben normierbar, nämlich Intentionen im Bereich der Ermittlung und kognitiven Verarbeitung von Textinformation. Was sich dem normierenden Zugriff entzieht, gehört entweder in den Bereich des Nicht-Falsifizierbaren oder in den Bereich des Unverfügbaren.

Der Bereich des Nicht-Falsifizierbaren ist gekennzeichnet durch ein hohes Maß an Subjektivität. Das betrifft das Feld der Assoziationen, Einfälle und letztlich auch der Vorstellungsbildung. Wenn Vorstellungsbildung assoziativ organisiert ist (Abraham 1999, S. 20), dann ließen sich zu deren Überprüfung auch Assoziationsaufgaben einsetzen. Da es sich aber um hoch subjektive Elaborationen handelt, kann kaum ein Lösungsangebot als unangemessen zurückgewiesen werden. Etwas anders verhält es sich mit der Aufgabe, ein Bild vom Schauplatz zu zeichnen. Die Lösungen können zwar anzeigen, ob die Leser ein Modell des dargestellten Raumes entwickelt haben und wie es aussieht, sie müssen es aber nicht tun. Folglich ist diese Aufgabe für die Lernsituation sinnvoll und orientierend, als Testaufgabe aber keineswegs valide.

Im Bereich des „Unverfügbaren" geht es um Empfindungen, Einstellungen, Werthaltungen, die unter individuellem inneren Vorbehalt stehen. Ihre äußeren Anzeichen können zwar erbracht werden, sind aber kein verlässliches Indiz für den Erwerb oder das Vorhandensein der intendierten inneren Ausrichtung. Das bedeutet konkret: Leser entwickeln zwar eine „Faszination für die Magie der Worte" (Garbe 1997, S. 47), sie eignet sich aber nicht als Standard; Entsprechendes gilt für die Entwicklung von Empathie. Perspektivenwechsel und das Einnehmen einer fremden Perspektive sind demgegenüber als Standard geeignet. Zwischen Abhängigkeit und Selbstbestimmung, zwischen Stärke und Schwäche unterscheiden zu können ist standardisierbar. In Abhängigkeit zu bleiben oder Selbstbestimmung zu suchen, Schwäche zu mindern, Stärke anzustreben sind jedoch keine überprüfbaren Lernstandards. Denn darüber zu befinden ist Reservat des Individuellen. Selbstbestimmte Menschen kann schulischer Unterricht nicht gewährleisten, wohl aber Anregungen, es zu werden und Unterstützung bei diesem schweren Prozess.

Auch Effekte wie zum Beispiel das „Vergnügen", das aus dem Verstehen dieses Textes resultiert, entziehen sich der Überprüfung. Den meisten jungen Lesern gefällt dieses Gedicht, sie finden es lustig. Aber nicht alle tun das. Eine solche Wirkung ist angenehm und erfreulich. Sie ist vielen

Lesern zu wünschen. Literaturunterricht hat darauf hinzuarbeiten, garantieren kann er sie jedoch nicht.

Anmerkung
[1] Skripts sind „Schemata" im Langzeitgedächtnis, „die standardisierte Handlungsabfolgen repräsentieren" (Schwarz 2004, S. 223).

Literatur
Abraham, Ulf: *Vorstellungs-Bildung und Deutschunterricht.* In: Praxis Deutsch 154 (1999), S. 14–22.
Abraham, Ulf: *Lesekompetenz, literarische Kompetenz, poetische Kompetenz. Fachdidaktische Aufgaben in einer Medienkultur.* In: Heidi Rösch (Hg.): Kompetenzen im Deutschunterricht. Frankfurt u. a.: Peter Lang 2005, S. 13–26.
Artelt, Cordula/Schlagmüller, Matthias: *Der Umgang mit literarischen Texten als Teilkompetenz im Lesen? Dimensionsanalysen und Ländervergleiche.* In: Ulrich Schiefele, Cordula Artelt, Wolfgang Schneider, Petra Stanat (Hg.): Struktur, Entwicklung und Förderung von Lesekompetenz. Vertiefende Analysen im Rahmen von PISA 2000. Wiesbaden: Verlag für Sozialwissenschaften 2004, S. 169–196, S. 175–177.
Barth, Juliane: *Leseförderung – Notwendigkeiten, Möglichkeiten und Grenzen.* In: Berliner Handreichungen zur Bibliothekswissenschaft. Heft 118. Berlin: Institut für Bibliothekswissenschaften der Humboldt-Universität zu Berlin2004.
Baurmann, Jürgen: *Texte verstehen im Deutschunterricht.* In: Hardarik Blühdorn/Eva Breindl/Ulrich H. Waßner (Hg.): Text – Verstehen. Grammatik und darüber hinaus. Berlin/New York: de Gruyter 2006, S. 239–253.
Bildungsstandards im Fach Deutsch für den Primarbereich (Jahrgangsstufe 4). Beschluss der Kultusministerkonferenz vom 15. 10. 2004. Zugänglich via Internet: http://www.kmk.org/schul/Bildungsstandards/Grundschule_Deutsch_BS_307KMK.pdf.
Büker, Petra: *Literarisches Lernen in der Primar- und Orientierungsstufe.* In: Klaus-Michael Bogdal/Hermann Korte (Hg.): Grundzüge der Literaturdidaktik. München: dtv 2002, S. 120–133.
Garbe, Christine: *Einsame Lektüren oder Kommunikation.* In: Thomas Eicher [Hg.]: Zwischen Leseanimation und literarischer Sozialisation. Konzepte der Lese(r)förderung. Oberhausen 1997, S. 37–54.
Gölitzer, Susanne: *Lesesozialisation.* In: Günter Lange/Swantje Weinhold (Hg.): Grundlagen der Deutschdidaktik. Baltmannsweiler: Schneider 2005, S. 202–225.
Kästner, Erich: *Fauler Zauber.* In: Erich Kästner: Das Schwein beim Friseur. Berlin 1962.
Rosebrock, Cornelia/Nix, Daniel: *Forschungsüberblick: Leseflüssigkeit (Fluency) in der amerikanischen Leseforschung und -didaktik.* In: Didaktik Deutsch 2006, H. 20, S. 90–111.
Scherner, Maximilian/Ziegler, Arne: *Zum Geleit.* In: Maximilian Scherner/Arne Ziegler (Hg.): Angewandte Textlinguistik. Perspektiven für den Deutsch- und Fremdsprachenunterricht. Tübingen: Narr 2005, S. 1–3.
Schnotz, Wolfgang/Dutke, Stephan: *Kognitionspsychologische Grundlagen der Lesekompetenz: Mehrebenenverarbeitung anhand multipler Informationsquellen.* In: Ulrich Schiefele/Cordula Artelt/Wolfgang Schneider/Petra Stanat (Hg.): Struktur, Entwicklung und Förderung von Lesekompetenz. Vertiefende Analysen im Rahmen von PISA 2000. Wiesbaden: Verlag für Sozialwissenschaften 2004 , S. 61–99.

Saupe, Anja: *Epische Texte und ihre Didaktik*. In: Günter Lange/Swantje Weinhold (Hg.): Grundlagen der Deutschdidaktik. Baltmannsweiler: Schneider 2005, S. 248–272.

Schwarz, Monika/Chur, Jeannette: *Semantik. Ein Arbeitsbuch*. Tübingen: Narr, 4., aktualisierte Auflage 2004.

Schwarz-Friesel, Monika: *Kohärenz versus Textsinn: Didaktische Facetten einer linguistischen Theorie der textuellen Kontinuität*. In: Maximilian Scherner/Arne Ziegler (Hg.): Angewandte Textlinguistik. Perspektiven für den Deutsch- und Fremdsprachenunterricht. Tübingen: Narr 2005, S. 63–75.

Spinner, Kaspar H.: *Entwicklung des literarischen Verstehens*. In: Ortwin Beisbart u. a. (Hg.): Leseförderung und Leseerziehung. Donauwörth: Auer 1993, S. 55–64.

Stern, Elsbeth: *Von der Natur zur Kultur: Die Entwicklung mathematischer und naturwissenschaftlicher Kompetenzen im Kindesalter*. Zugänglich via Internet: http://visor.unibe.ch/kolloquium/docs/stern_bern.pdf. Zugriff am 16. 3. 2006.

Der Beitrag zeigt an einem kleinen Beispiel, wie zwischen unterschiedlichen Aufgabentypen (Evaluations-, Benotungs-, Diagnose- und Lernaufgaben) differenziert und so der Gefahr einer unhinterfragten Übertragung von Testaufgaben in Lernsituationen entgegengesteuert werden kann.

KASPAR H. SPINNER

Literarisches Schreiben zu einem Text

Zu Franz Hohler „Das Huhn auf der Funkausstellung" (5./6. Schuljahr)

1. Prämissen

Mit den Bildungsstandards soll, so die Intention der Kultusministerkonferenz, ein Paradigmenwechsel im Sinn von *outcome*-Orientierung eingeleitet werden. Was heißt das konkret für die Arbeit im Unterricht? Worin besteht der Unterschied zum traditionellen Vorgehen, das sich an den im Lehrplan ausgewiesenen Zielen ausrichtet? Wenn man beobachtet, was derzeit zum Beispiel an Unterrichtsmaterialien unter Berufung auf die Bildungsstandards publiziert wird, hat man Schwierigkeiten, den intendierten Paradigmenwechsel zu entdecken (manchmal gewinnt man sogar den Eindruck, es entwickle sich genau das Gegenteil von dem, was eigentlich bildungspolitisch beabsichtigt und didaktisch erwünscht ist). Ich nenne deshalb zunächst die Prämissen, die durch die Konzeption der Bildungsstandards für die Unterrichtsplanung gegeben sind. Wenn ich das in einer etwas pointierten Weise tue, soll das als Anstoß zur Diskussion dienen, die ich auch für mich selbst nicht für abgeschlossen halte.

Im Unterschied zu den traditionellen Lehrplänen formulieren die Bildungsstandards, was am Ende eines mehrjährigen Lernprozesses erreicht sein soll (Ende 4. Schuljahr, Ende 9. Schuljahr, Ende 10. Schuljahr, Abitur). Es ist also nicht im Sinne der Bildungsstandards, irgendeine Standardformulierung herauszugreifen und zu sagen: Dazu mache ich jetzt eine Unterrichtseinheit im 6. Schuljahr. Das wäre eine Verkehrung der *out-*

Franz Hohler: Das Huhn auf der Funkausstellung

Das Huhn wollte schon lange zur Funkausstellung, weil es sich für Technik interessierte. Seine große Leidenschaft waren Fernbedienungsgeräte. „Du pickst mit dem Schnabel drauf, und schon hast du die Welt im Hühnerhof", pflegte es zu sagen. Die andern Hühner lachten es aus, aber als es im Transistorradio seines Meisters hörte, die diesjährige Funkausstellung sei eröffnet, beschloss es, hinzugehen, flatterte über den Maschenzaun und machte sich auf den Weg.

Es fuhr mit der S-Bahn zum Messegelände. Dort folgte es einfach den Menschenmassen, und schon war es in der Funkausstellung, die es im Schatten einer Schulklasse unbemerkt betrat. Was gab es da nicht alles zu sehen! Nachrichtensatelliten waren hier ebenso ausgestellt wie Radios, Videos, Fernseher und Lautsprecher, überall standen Musiker oder Sängerinnen mit einem Mikrofon in der Hand, und was sie spielten, wurde auf Bildschirmen übertragen, die zum Teil so groß waren wie ein Hühnerstall. Beeindruckt lief das Huhn durch alle Hallen, ging Treppen hoch und hinunter und guckte sich überall um, aber so viel es sich auch umschaute, nirgends sah es ein Fernbedienungsgerät.

Dafür merkte es plötzlich, dass es unbedingt etwas Bestimmtes tun musste. Zuerst versuchte das Huhn, es noch eine Weile zurückzuhalten, dann konnte es plötzlich nicht mehr anders, rannte in eine Nische, wo ein paar Tische standen, versteckte sich unter einem der Tische und legte ein Ei.

An den Tischen aber fand gerade eine Fernsehdiskussion statt, in der sich verschiedene Männer darüber unterhielten, ob Funk und Fernsehen noch eine Zukunft hätten, und wenn ja, welche. Als der Moderator sah, was passiert war, nahm er das Ei und sagte: „Schaut mal, da hat ein Huhn ein Ei gelegt!" Die Leute konnten das fast nicht glauben. Das Huhn aber dachte: „So eine Gelegenheit kommt nicht wieder!" und hüpfte stolz auf den Tisch, um sich zu zeigen.

Es gab einen großen Auflauf. Sofort waren die Fotografen da, und es wollten so viele Menschen das Huhn sehen, dass die Fernsehdiskussion abgebrochen werden musste, und an diesem Tag sprachen die Leute auf der Funkausstellung nicht mehr vom neuen Breitformatfernsehen oder von Bildern, die man auf einer Compact Disc speichern konnte, sondern einzig und allein davon, dass ein Huhn ein Ei gelegt hatte.

„Seht ihr", sagte das Huhn am nächsten Morgen zu den andern Hühnern, als es die Bilder von sich und seinem Ei in der Zeitung sah, „wenn die Welt nicht in den Hühnerhof kommt, muss eben der Hühnerhof in die Welt."

Danach pickte es mit dem Schnabel auf das Fernbedienungsgerät, das es geschenkt bekommen hatte, und zur Musik, die jetzt durch den ganzen Hühnerhof dröhnte, tanzten alle Hühner fröhlich gackernd Rock 'n' Roll.

(aus: Franz Hohler: Der Riese und die Erdbeerkonfitüre. Ravensburg 1993, S. 16 f.)

come-Orientierung in die traditionelle *input*-Orientierung. Vielmehr muss überlegt werden, wie man zum Beispiel im 6. Schuljahr arbeiten muss, damit dann im Sinn des kumulativen Lernens am Ende des 9. Schuljahres die Bildungsstandards erreicht sind. Dieses langfristige Denken ist die neue Herausforderung für die Lehrkräfte.

„Bildungsstandards standardisieren nicht die schulischen Lehr- und Lernprozesse." So steht es in den Erläuterungen der Kultusministerkonferenz zu den Bildungsstandards (KMK 2005, S. 11). Bildungsstandards sollen also einen Freiraum für verschiedene Lernwege schaffen, die allerdings zu den festgelegten Basisqualifikationen führen sollen. Damit soll unter anderem eine „Unterrichtskultur, die auf unterschiedliche Schülervoraussetzungen eingeht", gefördert werden (ebd.).

Die Bildungsstandards sind kompetenzorientiert, es geht also um Dispositionen, die die Schülerinnen und Schüler in konkreten Situationen zur Bewältigung von Anforderungen einsetzen können. Ein bloßes Vermitteln von Wissen wird der Kompetenzorientierung nicht gerecht, wenn die Anwendbarkeit in konkreten Situationen nicht gesichert ist. Bei der Planung von Literaturunterricht genügt es deshalb nicht, einfach zu überlegen, wie man im Unterricht zu einer stimmigen Interpretation des Textes gelangt. Vielmehr muss der Blick auf die Kompetenzen gerichtet werden, die die Schülerinnen und Schüler am gegebenen Beispiel erwerben sollen und die sie dann in anderen Situationen (also bei der Arbeit mit anderen Texten) anwenden können.

Im Unterschied zur Lernzieltheorie der siebziger Jahre sollen für die Bildungsstandards Kompetenzstufen definiert werden. Diese müssen empirisch abgesichert sein, eine Aufgabe, die dem Institut für Qualitätsentwicklung im Bildungswesen (IQB) gestellt ist. Vorläufig hat man sich bei den Bildungsstandards auf die Definition sog. Anforderungsbereiche beschränkt, die aus praktischer Schulerfahrung und vorhandenen Tests gewonnen worden sind (S. 17). Unklar ist, ob Anforderungsbereiche bzw. Kompetenzstufen eher auf willkürlichen Grenzziehungen in einem Kontinuum beruhen (das ist im Wesentlichen bei PISA so) oder ob wirklich theoretisch begründete, abgrenzbare Charakterisierungen möglich sind (so hat man bei DESI versucht, die Stufen theoretisch abzuleiten).

Bildungsstandards sind vorrangig ein Instrument, mit dem die Leistungsfähigkeit des Schulsystems überprüft werden kann (PISA ist in diesem Sinn eine Studie, die die Leistungsfähigkeit des Schulsystems feststellen soll). Aufgabenbeispiele zu den Bildungsstandards können verschiedene Funktionen erfüllen: Sie können dem Bildungsmonitoring bzw.

der Evaluation dienen (erreicht ein Land oder eine Schule den gesetzten *outcome*), sie können für die Benotung einzelner Schüler konstruiert werden, sie können der Lerndiagnose (welche Schwierigkeiten hat der Schüler, woran liegt es, dass er etwas kann oder nicht kann) oder dem Lernen dienen. Evaluations-, Benotungs-, Diagnose- und Lernaufgaben dürfen nicht unreflektiert gleichgesetzt werden. An einem aktuellen Beispiel sei das gezeigt: In Bayern werden Jahrgangsstufentests am Anfang des Schuljahres geschrieben. Das ist im Sinne des Bildungsmonitorings sinnvoll, unter anderem weil der Lehrer einen Anhaltspunkt hat, worauf er im angelaufenen Schuljahr achten soll. Wenn aber, wie das im Gymnasium der Fall ist, das Ergebnis des Tests auch für die Zeugnisnote verwendet werden darf, ist das ein Missbrauch des Instruments. Denn erstens sind die Aufgaben nicht für die individuelle Leistungsfeststellung konzipiert und zweitens soll ein Zeugnis Auskunft darüber geben, was ein Schüler im Verlauf eines Halbjahres (oder eines Jahres) gelernt hat.

Im folgenden Beispiel werde ich auf den Unterschied zwischen den verschiedenen Aufgabentypen genauer eingehen. Durchgeführt habe ich den Unterricht im Sinne einer Lernaufgabe.

2. Literarisches Schreiben als Beispiel

Als Beispiel wähle ich einen Aufgabentyp, der in den letzten Jahren zunehmend im Unterricht an Bedeutung gewonnen hat, der aber für Leistungsbewertung noch als problematisch gilt. Es handelt sich um das Weiterschreiben einer Geschichte, also um kreatives Schreiben zu einem Text. Das Aufgabenbeispiel ist im Grenzbereich zwischen Literatur- und Schreibunterricht angesiedelt. Entsprechend dem Thema des vorliegenden Bandes interessieren im Folgenden vor allem die literatur- und nicht die schreibdidaktischen Kompetenzen, die dabei eine Rolle spielen (deshalb werden Fragen der Rechtschreibung, der grammatischen Richtigkeit, der Lexik nicht berücksichtigt).

Bezogen auf die Bildungsstandards geht es um den Bereich „Literarische Texte verstehen und nutzen", und zwar um die folgenden Standards, die sich sowohl in den Bildungsstandards für den Hauptschul- als auch in denjenigen für den Mittleren Schulabschluss finden:
- „wesentliche Elemente eines Textes erfassen: Figuren, Raum- und Zeitdarstellung, Konfliktverlauf"
- „produktive Methoden anwenden: z. B. […] weiterschreiben […]"
  (= Teil einer Standardformulierung)

Für ein Aufgabenbeispiel in der 5./6. Klasse ist – entsprechend der genannten Prämissen – zu überlegen, inwiefern auf dieser Altersstufe darauf vorbereitet werden kann, dass die angeführten Standards dann am Ende des 9./10. Schuljahres erreicht werden können. Es ist also der weitere Lernprozess zu antizipieren. Folgende Argumentation ist hier möglich: Die Formulierung „erfassen" in dem zitierten Standard („wesentliche Elemente eines Textes erfassen") kann sich sowohl auf mehr intuitives als auch auf explizites Verstehen und begriffliches Benennen beziehen. Diese Unschärfe ist im Hinblick auf literarisches Lernen durchaus funktional; dieses umfasst ja beides (wenn man mit Spannung einen Krimi liest und versteht, dann ist das meist ein eher intuitives Erfassen, das nicht unbedingt bedeutet, dass dem Leser zum Beispiel auch eine explizite Personencharakterisierung gelingen würde). Für die Entwicklung des literarischen Verstehens ist es sinnvoll, wenn das explizite Lernen auf impliziter Erfahrung aufbaut (eigentlich gilt das für jedes Lernen, aber im Literaturunterricht ist es besonders wichtig; zum impliziten Lernen vgl. Buchner 1993). Das heißt konkret, dass Schülerinnen und Schüler etwa mit narrativen Strukturen vertraut sein sollen, bevor man diese analytisch erarbeitet (ich verwende im Folgenden den Begriff der narrativen Struktur, der bezogen auf erzählende Texte die Aussagen des Standards zusammenfasst). Die meisten Kinder haben schon bei der Einschulung Erfahrung mit Narrativität gemacht, zum Beispiel durch das Anhören von Kassetten oder CDs oder weil ihnen vorgelesen worden ist. In der Schule ist dieser implizite Wissensstand weiter zu stützen, und zwar nicht nur durch die rezeptive Beschäftigung mit Geschichten, sondern auch durch das eigene Schreiben. Wenn dieses auf literarische Texte bezogen ist (Weiterschreiben, Umschreiben, Paralleltexte verfassen und ähnliches), dann wird imitierend die Vertrautheit mit narrativen Strukturen verstärkt. Ausdrücklich gehe ich davon aus, dass solche produktiven Verfahren nicht auf eine vorherige Analyse folgen müssen. In diesem Sinn besteht die Aufgabe in der folgenden Unterrichtseinheit zunächst einfach darin, dass ein Erzähltext, der bis zur Mitte ausgegeben worden ist, weitergeschrieben werden soll. Das begrifflich-analytische Erfassen wesentlicher Elemente des Textes ist hier noch nicht primäres Ziel – das muss ja nicht sein, weil die Bildungsstandards erst für das 9./10. Schuljahr formuliert sind. Erste Schritte der Textbeobachtung werden im Anschluss an das eigene Schreiben angeregt. Da die Anwendung produktiver Methoden und dabei ausdrücklich auch das Weiterschreiben als literaturdidaktischer Standard festgelegt sind, ergibt sich auch ein direkter Bezug zu der im Folgenden realisierten Aufgabe.

3. Wahl des Textes

Es ist keineswegs garantiert, dass das Weiterschreiben immer die Fähigkeit fördert, wesentliche Elemente narrativer Textstruktur zu erfassen. Oft ist es so, dass denjenigen Kindern, die mit Narrativität bereits gut vertraut sind, eine spannende Geschichte gelingt, während andere nur stichwortartig oder beschreibend oder berichtend schreiben und damit etwas machen, was für den Erwerb literarischer Kompetenz kaum etwas bringt. Es muss also überlegt werden, ob es Texte und produktive Aufgaben gibt, die tatsächlich einen Lernzuwachs versprechen und nicht einfach ein Wiederholen des schon Gekonnten oder des Nichtkönnens bewirken. Im 5./6. Schuljahr wird es dabei vor allem noch um elementare narrative Strukturen gehen, also um eindeutige, klar strukturierte „Konfliktverläufe" und „Figuren"konstellationen (in Anführungszeichen die Begriffe aus den Standards). Die Aufgabenstellung muss so gestaltet sein, dass sie die Aufmerksamkeit auf solche Strukturen fokussiert. Dafür ist Franz Hohlers „Das Huhn auf der Funkausstellung" geeignet.

Bei diesem Text ist geradezu prototypisch eine Grundstruktur von narrativen Texten realisiert: Die Komplikation (ich beziehe mich auf das Narrationsmodell, das vom Muster „Komplikation – Auflösung" ausgeht) entsteht dadurch, dass zwei gegensätzliche, ja: nicht miteinander vereinbare Welten aufeinander stoßen; die Hauptfigur begibt sich in eine andere, unvertraute Welt und wird durch diese herausgefordert. Das ist hier die Welt der Tiere, des Kreatürlich-Natürlichen, auf der einen und die technische Welt auf der anderen Seite. Dieses Aufeinanderstoßen kulminiert in der Mitte der Geschichte; dem Huhn widerfährt auf höchst unpassende Weise in der technischen Welt etwas, was zu seiner Herkunftswelt gehört. Die Fokussierung auf diese narrative Schlüsselstelle bildet den Ausgangspunkt für das Unterrichtsmodell.

4. Lernaufgabe und Arbeitsergebnisse

Den Schülerinnen und Schülern wird der Text bis zu dem genannten Kulminationspunkt, also bis „und legte ein Ei" ausgegeben. Sie sollen eine Fortsetzung der Geschichte schreiben. Im Sinn der narrativen Logik geht es darum, dass der Kontrast der beiden Welten, der sich an dieser Stelle in zwei Dingsymbolen konkretisiert, nämlich dem Fernbedienungsgerät und dem Ei, als (spannende oder witzig-einfallsreiche) Komplikation weitergeführt und zu einer Lösung gebracht wird. Die durch den Text angebotene

Fokussierung, die durch das Innehalten an der genannten Stelle, das heißt beim Wort „Ei", unterstützt wird, kommt der noch konkret-operationalen Denkweise von Zehn- bis Zwölfjährigen entgegen; es geschieht etwas auf der Handlungsebene (und nicht nur auf der Bewusstseinsebene von Figuren) und die Komplikation ist anhand von zwei klar herausgestellten Dingsymbolen greifbar. Mit dieser didaktischen Argumentation wird der Bezug auf die zu erreichenden Bildungsstandards mit den altersspezifischen Lernvoraussetzungen vermittelt; die einzelne Stunde kann so in ein Entwicklungsmodell literarischer Kompetenz eingeordnet werden.

Die Lernaufgabe unterstützt, bezogen auf den Erwerb narrativer Strukturen, implizites Lernen. Das Schema Komplikation – Auflösung oder der Begriff des Dingsymbols oder der Zusammenprall zweier kontroverser Welten als komplikationsauslösendes Moment werden nicht analytisch im Unterricht besprochen. Es geht darum, dass die Schülerinnen und Schüler die Textanregung aufgreifen und dass sie sich in Verbindung mit ihrem Vorwissen (ihren Erfahrungen mit Geschichten) anregen lassen, narrative Strukturen umzusetzen, und so mit ihnen vertrauter werden.

Anhand von Schülerbeispielen aus einer 5. Realschulklasse zeige ich, dass das Weitererzählen im Sinne eines Aufgreifens des narrativen Angebots unterschiedlich gelingt. Ich richte den Blick vor allem auf das Verarbeiten der Leitmotive, die sich im Fernbedienungsgerät und dem Ei konkretisieren. Die Arbeitszeit betrug 20 Minuten, die Texte sind in originaler (Erst-)Fassung abgedruckt.

Das erste Schülerbeispiel ist zwar sprachlich sorgfältig formuliert und narrativ recht geschickt gestaltet mit einer neu eingeführten Helferfigur, direkter Rede und abrundendem Schluss. Aber das Motiv des Eis wird nicht weitergeführt und damit die vom Text angebotene Komplikation verschenkt:

Beispiel 1
Ein Kind endeckte das Huhn und holte es unter dem Tisch heraus. Dann fragte das Kind warum es unter dem Tisch sitzt? Da sagte das Huhn ganz traurig, das es eine Fernbedienung sucht und das es noch keins gefunden hat. Das Kind sagte: „Aber es gibt hier doch so viele Fernbedienungen." Das Kind brachte das Huhn zu den Fernbedienungen. Da freute sich das Huhn so sehr und bedankte sich bei dem Kind noch ganz Herzlich. Das Kind ging wieder zu seiner Klasse zurück. Das Huhn winkte dem Kind noch und lächelte. Nachher ging das Huhn wieder Heim zu seinen Freunden. Als es daheim war fragte die anderen ganz erstaunt wie es war bei der Funkausstellung. Das Huhn sagte: „Es war super ein Kind hat mir dabei geholfen die Fernbedienung zu finden." Das Huhn war von jetzt an ganz glücklich.

Im zweiten Beispiel werden beide Motive aufgegriffen, allerdings nur additiv miteinander verknüpft; der Fokus liegt zuerst auf dem Fernbedienungsgerät, dann auf dem Ei. Die doppelte psychische Inanspruchnahme des Huhns – Interesse für ein Fernbedienungsgerät und Sorge um das Ei – wird zwar deutlich und für den Spannungsaufbau fruchtbar gemacht, aber das Fernbedienungsgerät spielt, nachdem sich das Huhn auf sein Ei besonnen hat, keine Rolle mehr. Dafür wird eine zusätzliche Komplikation eingebaut: Eine Frau tritt beinahe auf das Ei. Dadurch gewinnt der Text an Dynamik:

Beispiel 2
Doch gerade in diesem Moment wurde ausgerufen: „Im 2. Stock werden jetzt Fernbedienungsgeräte ausgestellt." Das Huhn vergas das Ei und macht sich auf den Weg in den 2. Stock. Doch da waren so fiele Menschen das, das Huhn beinahe zusammen getreten wurde. „Oh", dachte das Huhn mein Ei, ich habe es ganz vergessen! In windeseile sauste das Huhn hinunter unter den Tisch aber das Ei war weg! Das Huhn schaute nach rechts, nichts es schaute nach links nichts, oder doch es lag genau in der Menschenmenge. Und da kam plötzlich eine Frau die wollte das Ei zusammen trappen doch das Huhn sauste auf das Ei zu pakte es und lief mit ihm fort die Frau erschrag als plötzlich ein Huhn, auftauchte und schrie. Das Huhn sauste dafon zurück in den Hühnerhof. Was war das nur für ein Erlebnis. Dem Ei ging es gottseidank gut!

Die Verfasserin des dritten Beispiels hat eine Idee entwickelt, wie Ei und Fernbedienungsgerät miteinander verknüpft werden können; die Lösung der Komplikation ist allerdings recht unwahrscheinlich:

Beispiel 3
Als das Huhn das Ei gelegt hatte kam ihm eine Idee. Es schnappte sich das Ei und flatterte gemütlich zu einem der Bedienungen und sagte frech: „Sie da, ich habe in dem komischen Gebäude hier noch nirgendswo ein Fernbedienungsgerät gefunden! Haben sie sowas überhaupt?" Die Frau meinte: „Natürlich haben wir so etwas. Nur, es ist sehr ein teueres Gerät." „Macht nichts nichts ist für mich zu teuer", erklärte das Huhn ihr aufmunternd „ich habe nämlich vor 3½ Minuten ein schönes großes Ei gelegt!" Aufregend wirbelte die Bedienung herum. „Wir tauschen ganz einfach." Nach dem Wechsel ging das erfreut nach Hause. Zu hause probiere es die Fernbedienungsgerät sofort aus.

Mit den beiden Dingsymbolen des Fernbedienungsgerätes und des Eis habe ich zwei äußerliche Elemente, in denen sich der Grundkonflikt in der Geschichte konkretisiert, in den Blick genommen. Es geht in Geschichten aber auch um das innere Geschehen; das ist selbst dann der Fall, wenn dieses nicht ausdrücklich thematisiert wird. Das Märchen zum Beispiel ist handlungsorientiert und flächenhaft, aber Kinder erleben das Schicksal der Hauptfigur auch als emotionale Entwicklung mit. In den Fortsetzungen zur Hohler-Geschichte wird deutlich, dass die Kinder ein Gespür für innere Entwicklung haben. Im ersten Beispiel ist der Wechsel von „traurig" zu „glücklich" herausgearbeitet, unterstützt durch die Einführung einer Helferfigur (Kind) und durch Ortswechsel (unter dem Tisch als Ort des Traurigseins – bei den Fernbedienungen als Ort der Wunscherfüllung – Rückkehr nach Hause). Beim zweiten Beispiel geht es mehr um Angst (um das Ei) und Erleichterung, der dritte Text gestaltet ein selbstbewusstes, etwas freches Huhn. Dass die Schülerinnen und Schüler die Innenperspektive in ihren Texten berücksichtigen, wird von Hohlers Geschichte dadurch unterstützt, dass eine klare Figurenperspektive mit entsprechendem Identifikationsangebot realisiert ist. Das bewirkt, dass die Kinder mehr als nur die äußere Handlung wahrnehmen und entsprechend beim Schreiben auch Gefühle und Gedanken der Hauptfigur berücksichtigen. Damit wird der Umgang mit dem Verhältnis von Außen- und Innenperspektive als zentralem Teilaspekt literarischen Lernens unterstützt. Im Verlauf der Schuljahre geht es darum, immer mehr auch ambivalente, widersprüchliche Gefühlslagen und komplexe Interaktionen zwischen Figuren auf psychologischer Ebene nachvollziehen zu können.

Bei der Durchführung des Unterrichtsversuchs wollte ich zusätzlich zum vorgestellten impliziten Lernprozess den Aspekt der inneren Handlung ansatzweise ins Bewusstsein heben. Das Vorlesen der Fortsetzungen verband ich mit der Frage, wie in den jeweiligen Texten Spannung erzeugt worden sei. Bei einem Beispiel verwies eine Schülerin darauf, dass man auch etwas darüber erfahre, was das Huhn denke. Das nahm ich als Anlass, die Schülerinnen und Schüler aufzufordern, in ihrem Text nachzusehen, ob sie auch Gedanken oder Gefühle des Huhns wiedergegeben hätten. Obschon das in mehreren Texten der Fall war, meldete sich zunächst niemand; nur der Hinweis, dass ich beim Vorlesen ja solche Stellen gehört habe, führte dann allmählich zur beabsichtigten Beobachtung und Entdeckung an eigenen Texten. Das ist ein Beispiel dafür, dass Schülerinnen und Schüler oft etwas auf der Grundlage impliziten Wissens realisieren, was sie sich nicht bewusst machen können und wozu ihnen auch beschreibende und analysierende Begrifflichkeit fehlt. Für Lernsituationen gehört der Schritt vom impliziten zum expliziten Wissen aus kognitionspsychologischer Sicht zu den wichtigsten Lernprozessen. Das Erkennen von unbewusst realisierten Vorgehensweisen – zum Beispiel der Verwendung von

Gedankenwiedergabe – kann durch das Bewusstmachen zu einer Strategie (und damit zu einer Kompetenz) werden, die dann in Zukunft gezielt eingesetzt werden kann, und als Instrumentarium für die Analyse und Interpretation von Texten fruchtbar werden.

5. Weitere Lernaspekte

An den Schülertexten lassen sich noch weitere Aspekte beobachten, die im Unterricht ebenfalls angesprochen werden könnten. So ist es etwa auffällig, dass die meisten Schülerinnen und Schüler das Huhn wieder nach Hause gehen lassen. Sie realisieren damit ein prototypisches Erzählmerkmal, nämlich Auszug und Rückkehr des Helden.

Für einen gelungenen Text sind selbstverständlich auch Kriterien wichtig wie Anschaulichkeit, Originalität, angemessener Stil, grammatische und orthografische Richtigkeit. Es macht den hohen Anspruch an Deutschunterricht aus, dass die Lernsituationen in dieser Weise komplex sind. Für die Gewinnung von explizitem Wissen ist allerdings jeweils eine Fokussierung auf bestimmte, ausgewählte Aspekte sinnvoll, auch wenn implizit eine wesentlich komplexere Leistung realisiert wird.

In der Lernsituation ist es ferner durchaus angebracht, sich ergebende Gelegenheiten für bestimmte Aspekte zu ergreifen; so gibt es im zweiten Schülerbeispiel eine Stelle, die stilistisch sehr schön zeigt, wie man in der Mikrostruktur Spannung erzeugen kann: „Das Huhn schaute nach rechts, nichts es schaute nach links nichts, oder doch es lag genau in der Menschenmenge." Der Satz, an die Tafel geschrieben, kann Überlegungen anregen, warum eine solche Formulierung narrativ gelungen ist (es geht um Perspektive, um Hineinversetzen in die Situation, um sinntragende Wiederholungsstruktur). Man wird die Textstelle wirkungsvoll vorlesen lassen und dann auch die Interpunktion so verändern, dass man schon beim ersten Lesen den Sinn richtig erfasst (z. B.: „Das Huhn schaute nach rechts – nichts; es schaut nach links – nichts. Oder doch? Es lag genau in der Menschenmenge!"). Lernaufgaben bieten so immer auch die Chance situativen Lernens – das macht einen Unterricht lebendig und zeigt, was ein allzu vorprogrammiertes Unterrichten verschenkt.

6. Lernsituation, individuelle Beurteilung und Lerndiagnose

Sprachlich-literarische Leistungen beruhen auf einem Lernprozess, der sich kontinuierlich vom Kleinkindalter an realisiert. Ob es Kindern gelingt, eine überzeugende Fortsetzung der Hohler-Geschichte zu schreiben, kann zum Beispiel davon abhängen, ob ihnen zuhause viele Geschichten vorgelesen wurden. Lern- und Überprüfungsaufgaben dürfen aber nicht so konstruiert sein, dass sie nur belegen, was Kinder von ihrer außerschulischen Sozialisation mitbringen. Von der Schule erwarten Schülerinnen und Schüler zu Recht, dass ihnen die Chance gegeben wird, Fähigkeiten zu erwerben und Leistungen zu verbessern. Das geschieht im vorgestellten Beispiel vor allem auf der Ebene des impliziten Lernens, zu einem kleineren Teil auch im Hinblick auf explizites Lernen. Bei Beurteilungssituationen ist Letzteres nun allerdings wichtiger. Schülerinnen und Schüler haben zu Recht den Anspruch, dass bei der Beurteilung jeweils die Kriterien expliziert werden können. Nur so haben sie die Chance, ihren Lernprozess auch selbst zu steuern. Das setzt explizites Lernen ebenso voraus wie Metakognition (im Sinne des Nachdenkens über das eigene geistige Tun). Wenn man also das Weiterschreiben einer Geschichte als Beurteilungsaufgabe stellt, dann muss vorher geklärt sein, worauf geachtet werden soll. Das induktive Vorgehen, das für Lernsituationen immer wieder besonders fruchtbar ist, eignet sich für die Beurteilungssituation nicht in gleichem Maße. Wenn also nach der Arbeit mit dem Hohler-Text eine entsprechende Aufgabe zu einem anderen Text für die Leistungsbeurteilung gegeben wird (also Fortsetzung zu einem anderen Text), müssen die Schülerinnen und Schüler wissen, worauf sie achten sollen. Das kann natürlich nicht nur die Gedankenwiedergabe sein, die ich im vorgestellten Unterricht explizit gemacht habe, aber es kann auch nicht alle Aspekte umfassen, die als Kriterien für Schülertextbeurteilung infrage kommen können. Eine gewisse Beschränkung auf bestimmte Aspekte ist notwendig, weil die Schülerinnen und Schüler sonst überfordert wären. Lernsituationen sind deshalb im Vergleich zu Leistungsbeurteilungssituationen sowohl komplexer (auf der Ebene des impliziten Lernens) als auch stärker fokussiert (in Bezug auf das explizit zu Erarbeitende). Das ist der Grund, warum es wünschbar ist, dass nicht jede Schreibsituation in der Schule gleich auch eine Beurteilungssituation ist (also nicht jeder Text auch benotet wird). Die Lernsituation ermöglicht mehr Komplexität und auch mehr Experimentieren – man braucht nicht gleich eine Sanktion im Sinne einer schlechten Note zu befürchten, wenn man etwas riskiert.

Kaum bewusst unterschieden werden in der Schulpraxis Beurteilungs- und Diagnosesituationen. Bei der Diagnose geht es darum herauszufinden, was der Grund für Defizite sein kann. Eine Aufgabe zur Beurteilung, bei der der Schüler oder die Schülerin möglichst Schwächen verbergen will, deckt nicht unbedingt die Schwächen auf, an denen man arbeiten sollte (zum Vergleich: Im Bewerbungsgespräch, durch das ich beurteilt werde, zähle ich nicht auf, was ich nicht kann; dem Arzt, der eine Diagnose stellen muss, sage ich, was nicht in Ordnung ist). Diagnose erfolgt weniger am Produkt, sondern muss die Prozesse einbeziehen, die zum Produkt führen. Für eine Lerndiagnose sollte man also nicht nur von einem einzigen geschriebenen Text ausgehen; aufschlussreich ist die vergleichende Betrachtung mehrerer Schreibleistungen eines Schülers oder einer Schülerin (was Lehrkräfte, die ihre Klasse gut kennen, fast automatisch auch tun) oder noch besser ein individuelles Gespräch über den Schreibprozess. Kurze schriftliche Kommentare zu Fragen wie „Was mir bei dieser Aufgabe Schwierigkeiten bereitet hat", „Welche Hilfen ich für diese Aufgabe gerne erhalten hätte" könnten ein Beitrag zur Lerndiagnose sein.

7. Testsituation als Monitoring

Von der Beurteilung im Hinblick auf die personenbezogene Notengebung und von der Lerndiagnose sind wiederum die Testaufgaben für Bildungsmonitoring zu unterscheiden. Bei ihnen ist nicht notwendig, dass den Schülerinnen und Schülern schon vorher die Beurteilungskriterien bekannt gegeben werden. Auch brauchen Tests nicht in einen konkreten Lernzusammenhang eingebunden zu sein. Deshalb ist es zum Beispiel durchaus sinnvoll, am Anfang eines Schuljahres einen Test durchzuführen, wenn man wissen möchte, wo Stärken und Schwächen einer Klasse liegen. Für die Auswertung von Tests kann es, wenn man keine Einzelbeurteilung beabsichtigt, angebracht sein, nach möglichst vielen Kriterien auszuwerten; wie bei der PISA-Studie macht es auch Sinn, wenn nicht alle Probanden den gleichen Text erhalten. Fortsetzungen zu drei Geschichten können ein Ergebnis aussagekräftiger machen im Hinblick auf Kompetenzen. Es könnte ja sein, dass eine Klasse zufällig mit einem sehr ähnlichen Text wie in der Testaufgabe schon gearbeitet hat und deshalb zufälligerweise im Vorteil ist; bei mehreren Texten, die auf die Schüler der Klasse aufgeteilt werden, wird ein solcher Effekt vermindert.

8. Zum Problem der Kompetenzstufen

Die Frage, wie Kompetenzstufen für das literarische Lernen formuliert werden sollen und können, ist in der Didaktik noch nicht gelöst. Es gibt rein formal zwei grundsätzliche Möglichkeiten: Man kann Aufgaben bestimmten Kompetenzstufen zuweisen; wenn die Aufgabe bewältigt wird, ist die entsprechende Kompetenzstufe erreicht (so ist das Verfahren bei PISA und meist auch bei Jahrgangsstufentests und Orientierungsarbeiten). Das andere Vorgehen besteht darin, dass die gleiche Aufgabe auf unterschiedlichen Kompetenzniveaus gelöst werden kann. Das entspricht der bisher praktizierten Aufsatzbeurteilung in der Schule, wo es nicht nur um gelöst/nicht gelöst geht, sondern die Notenskala von 1 bis 6 verwendet wird. Wie sich die beiden Ansätze auf die Aufgabenkonstruktion des Weiterschreibens einer Geschichte auswirken können, sei kurz angedeutet.

Wenn man die Aufgaben einer bestimmten Kompetenzstufe zuweisen will, dann variiert man am besten die Textwahl. Eine höhere Kompetenzstufe würde zum Beispiel anvisiert, wenn der vorgegebene Geschichtenanfang weniger linear erzählt wäre, wenn der die Komplikation auslösende Gegensatz unterschiedlicher Welten nicht so offensichtlich wäre, wenn statt binärer Opposition mehrere Isotopien (Bedeutungsstränge) im Text vorhanden wären, wenn die Komplikation stärker auf der innerpsychischen Ebene dargestellt wäre und wenn die Perspektiven mehrerer Figuren nachvollzogen werden müssten. In diesem Sinne können auch die Lernaufgaben im Laufe der Schuljahre in ihrem Anspruch gesteigert werden.

Wenn man Lösungen zur gleichen Aufgabe verschiedenen Kompetenzstufen zuordnen will, dann wird man Kriterien für die Schülertexte formulieren. Im Sinne der oben herausgehobenen Kategorien käme etwa infrage:
– wird keiner der zentralen Motivstränge fortgeführt, wird einer aufgegriffen, werden beide aufgegriffen,
– sind die Motivstränge voneinander getrennt, sind sie miteinander verknüpft, verstärkt die Verknüpfung die Komplikation, bestimmt sie auch die Lösung,
– evoziert der Text auch eine innere Handlung, unterliegt diese einer Entwicklung?

9. Schluss

In der Vergangenheit ist in der Literaturdidaktik und im Literaturunterricht zweifellos zu wenig darüber nachgedacht worden, wie Lernprozesse auf überprüfbare Kompetenzen hin organisiert werden können. Mit der neuen *outcome*-Orientierung besteht die umgekehrte Gefahr, dass unbefragt Aufgabenformate von Tests auf Lernaufgaben übertragen werden. Das ist nicht nur lernpsychologisch fragwürdig, sondern entspricht auch in keiner Weise den Voraussetzungen, von denen die Kultusminister bei ihrem Beschluss über die Bildungsstandards ausgegangen sind. Die obigen Ausführungen wollten an einem kleinen Beispiel zeigen, wie eine angemessene Umsetzung von Bildungsstandards aussehen kann.

Literatur

Buchner, Axel: *Implizites Lernen. Probleme und Perspektiven.* Weinheim: Psychologie-Verlag Union 1993.
Kultusministerkonferenz: *Bildungsstandards der Kultusministerkonferenz. Erläuterungen zur Konzeption und Entwicklung.* München/Neuwied: Luchterhand 2005. http://www.kmk.org/schul/Bildungsstandards/Argumentationspapier308KMK.pdf (5. 04. 2006)

Auf der Basis und in Ergänzung der Kategorien der ersten PISA-Studie wird der Versuch unternommen für das Literatur-Verstehen notwendige und spezifische Lesekompetenzen zu bestimmen: psychologische Schlussfolgerungen zu ziehen und indirekte Sinnaussagen zu verstehen und anzuwenden. Dazu werden Lernaufgaben entwickelt, die das Verständnis der Luther-Fabel fördern.

THOMAS ZABKA

Typische Operationen literarischen Verstehens

Zu Martin Luther „Vom Raben und Fuchs"
(5./6. Schuljahr)

Einen Text verstehen heißt gleichzeitig, unsere eigene Situation erhellen.
Paul Ricœur

1. Einführung

Die Aufgabenbeispiele in den KMK-Bildungsstandards lassen fast durchgängig eine didaktische Analyse der ausgewählten Texte vermissen. Diese werden als vielseitige, aber beliebige Kompetenzaufbau-Vehikel behandelt und nehmen hinter den Zielen und Aufgabenstellungen eine untergeordnete Rolle ein. In Abgrenzung dazu werde ich nicht die Luther-Fabel als ein Vehikel zur Erreichung von Bildungsstandards behandeln, sondern umgekehrt Bildungsstandards als Instrumente der didaktischen Analyse. Mithilfe von Standard-Kompetenzen lässt sich differenziert untersuchen und begründen, welches Bildungspotenzial ein Text hat und welche Aufgabenstellungen den Schülerinnen und Schülern die Aneignung des Potenzials ermöglichen. In einem nachfolgenden, hier nicht ausführbaren Schritt müssten anschlussfähige Lerngegenstände entsprechend analysiert und sequenziell angeordnet werden, sodass ein systematischer Aufbau von Kompetenzen planbar ist.

Martin Luther: Vom Raben und Fuchs

Ein Rabe hatte einen Käse gestohlen, setzte sich auf einen hohen Baum und wollte zehren. Da er aber seiner Art nach nicht schweigen kann, wenn er isst, hörte ihn ein Fuchs über dem Käse kecken und lief herbei und sprach: „O Rabe, ich habe mein Lebtag keinen schöneren Vogel gesehen von Federn und Gestalt, als du bist. Und wenn du auch so eine schöne Stimme hättest zu singen, so sollte man dich zum König krönen über alle Vögel."

Den Raben kitzelte solch ein Lob und Schmeicheln. Er fing an und wollte seinen schönen Gesang hören lassen, und als er den Schnabel auftat, entfiel ihm der Käse. Den nahm der Fuchs behände, fraß ihn und lachte des törichten Raben.

Hüt dich, wenn der Fuchs lobt den Raben.

Hüt dich vor Schmeichlern, die schinden und schaben.

---

2. Standards des Textverstehens – einschließlich des literarischen Verstehens

Als Grundlage der didaktischen Analyse fungieren nicht die KMK-Bildungsstandards, sondern die in der ersten PISA-Studie (Artelt u. a. 2001, S. 69–137) differenziert, wenn auch für das Literatur-Verstehen unvollständig formulierten Kompetenzen. Es wird in diesem Beitrag darum gehen, die bereits in der Überschrift genannten, spezifisch literarischen Verstehensoperationen als Standard-Kompetenzen zu beschreiben.

Allen neueren Kompetenzmodellen liegt die kognitionswissenschaftliche, von Hermeneutik, Semiotik und Konstruktivismus geteilte Prämisse zugrunde, dass Textverstehen keine bloße Informationsentnahme ist, sondern dass bei der Schrift-Wahrnehmung stets ein bereits vorhandenes Wissen aktiviert, mit dem Wahrgenommenen verbunden und nach Maßgabe der Wort- und Satzverknüpfungen gefiltert, differenziert und neu kombiniert wird (ausführlich Grzesik 2005, S. 165–297).

Das Niveau der *Wissensaktivierung* wird in der PISA-Studie (Artelt u. a. 2001, S. 88 ff.) danach bemessen, ob leicht verfügbares allgemeines Wissen oder aber ein Spezialwissen aktiviert wird, nach dem im Gedächtnis gesucht werden muss. Das Niveau des zu aktivierenden Wissens lässt sich nicht aufgrund der Texteigenschaften allein, sondern nur unter Berücksichtigung der individuellen Wissensvoraussetzungen bestimmen. Relativ unabhängig davon lassen sich aber Wissensbereiche angeben, die für das Verstehen relevant sind. Im Falle unserer Luther-Fabel wäre dies unter anderem ein Sachwissen über Raben, Handlungswissen über verbale Täuschungsmanöver und Textsortenwissen über die Eigenschaften von Fabeltieren.

Was die *kognitive Textverarbeitung* betrifft, so lassen sich Niveauunterschiede der erforderlichen Verstehenskompetenz gut auf die Beschaffenheit eines Textes zurückführen. Dies betrifft vier Teilkompetenzen, die sich in den Lesekompetenz-Erläuterungen der PISA-Studie unterscheiden lassen. Jeder Teilkompetenz sollen spezifisch literarische Verstehens-Kompetenzen zugeordnet werden, die im PISA-Modell nicht berücksichtigt sind.

a) *Informationsverknüpfung.* Das Niveau des erforderlichen Verstehens lässt sich bei dieser Teilkompetenz folgendermaßen erfragen: Kann das Verstehen aus der Betrachtung einer einzelnen Textstelle resultieren oder nur aus einer Verbindung von zweien oder von mehreren Textstellen? Folgen die zu verbindenden Stellen im Text unmittelbar aufeinander oder sind sie weit voneinander entfernt? Eine spezifische Kompetenz literarischen Verstehens ist die intensive, auch nach einer ersten Bestimmung des Textsinns noch fortgesetzte Suche nach weiteren möglichen semantischen Relationen zwischen vielen unterschiedlichen Textstellen.

b) *Inferenzbildung.* Entspricht jedes Element des Verstehens einem Element des Textes, oder lässt der Text Informationen aus, die der Leser durch Schlussfolgerungen oder Vermutungen ergänzen muss? Eine spezifische Kompetenz literarischen Verstehens ist der durch systematische Unbestimmtheit provozierte Aufbau komplexer, über das nötige Verstehen einer Textstelle hinausgehender Annahmen, etwa zur Psyche einer literarischen Figur. Zwei Bildungsziele des Literaturunterrichts, Imaginationsfähigkeit und Empathie, haben hier ihren Ort (vgl. Spinner 1999).

c) *Verstehen von Indirektheit.* Drücken die Textelemente das Gemeinte direkt oder in einem Modus der Indirektheit aus, also zum Beispiel durch Andeutung, Übertreibung, Vergleich, Metaphorik, Ironie oder perspektivisches Sprechen? Eine spezifische Kompetenz literarischen Verstehens ist die Erwartung und kognitive Bewältigung systematischer Indirektheit. Während beim Verstehen expositorischer Texte Indirektheit als Ausnahme erwartet und als rhetorisches Mittel in Direktheit übersetzt wird, muss beim literarischen Verstehen Indirektheit durchgängig als ein Phänomen erwartet werden, das sich häufig nicht eindeutig auflösen lässt, sondern der Reflexion und Beurteilung des gesamten Textes und seiner Kontexte bedarf.

d) *Verstehen konkurrierender Informationen.* Gibt es unter den bisher genannten Aspekten konkurrierende Möglichkeiten des Verstehens, also zum

Beispiel mehrere plausible Informationen, Verknüpfungen, Inferenzen oder Modi des Sprechens? In der PISA-Studie wird davon ausgegangen, dass in schwierigen Fällen immer eine bestimmte Lösung herbeizuführen ist. Eine spezifische Kompetenz literarischen Verstehen ist die Erwartung und kognitive Bewältigung systematischer Mehrdeutigkeit, da viele literarische Texte durch die Konkurrenz von Aussagen, Aussagenverknüpfungen und provozierten Inferenzen eine Pluralität der Verstehensmöglichkeiten eröffnen. Ein Beispiel sind nicht-auktorial dargebotene Erzählungen, die offen lassen, ob und auf welche Weise die konkurrierenden Äußerungen und Sichtweisen der Erzählfiguren sich zu Aussagen und Sichtweisen verbinden, die der Text als Ganzer vermittelt.

In den Punkten a) bis d) lassen sich jeweils Verstehensleistungen von unterschiedlichem Schwierigkeitsgrad beobachten. Je zusammengesetzter, verstreuter, lückenhafter, indirekter, mehrdeutiger eine zu verstehende Aussage ist, desto niveauvoller die Verstehensleistung.

Differenziert man die Art der *Verknüpfung von Wissensaktivierung und Textwahrnehmung*, so gelangt man zu Kompetenzbereichen, denen sich weitere Teilkompetenzen zuordnen lassen. Die Benennung der Bereiche a bis c folgt der PISA-Studie (Artelt u. a. 2001, S. 88 f.):

a) *Informationen ermitteln.* Das Wissen wird eingesetzt zur genauen Bestimmung des Textinhalts, etwa einer Einzelbedeutung, eines einfachen Zusammenhangs oder des gesamten Handlungs- oder Argumentationsverlaufs sowie deren inhärenter Logik.

b) *Textbezogenes Interpretieren.* Das Wissen wird eingesetzt zur begrifflich-konzeptionellen Bündelung und Interpretation des Textinhalts, etwa in Form von knappen Zusammenfassungen, Angaben einer Kernaussage oder Hauptintention usw. Eine spezifische Kompetenz literarischen Verstehens ist die Fähigkeit, plausible Interpretationen herzustellen unter den Text-Bedingungen extremer Verknüpfungsdichte, systematischer Unbestimmtheit, Indirektheit und Mehrdeutigkeit.

c) *Reflektieren und Bewerten.* Das Wissen wird eingesetzt zu einer über die begriffliche Bündelung und Interpretation hinausgehenden Beschreibung, Reflexion und Beurteilung einzelner Aspekte oder der Gesamtheit des Textes, wozu auch die Beschreibung und Beurteilung der Textgestaltung gehören kann. Eine spezifische Kompetenz literarischen Verstehens ist die Reflexion und Beurteilung der Textgestaltung in Bezug auf die emotionale Textverarbeitung, auf das ästhetische Gefallen und Missfallen. Hierbei erkennen Leser literarischer Texte, dass ihre emotionale Reaktion auf Texte kein Nebenphänomen, sondern konstitutives Moment literarischer Rezeption ist.

d) *Interpretieren, Reflektieren und Bewerten des aktivierten Wissens.* Es handelt sich um die in der PISA-Studie nicht benannte und erfasste Teilkompetenz, das beim Textverstehen aktivierte Wissen selbst zum Gegenstand einer Verstehensoperation zu machen, indem die verstehende Person die rekonstruierten, interpretierten und beurteilten Aussagen eines Textes dazu nutzt, ihr Wissen, ihre Meinungen und Urteile über die äußere Wirklichkeit, sich selbst und die soziale Interaktion zu durchdenken oder neu zu bestimmen. Das an einem Text Verstandene wird gezielt auf jene Wissensbestände angewendet, deren Aktivierung zuvor das Textverstehen ermöglichte. Nur auf diese Weise ist ein Lernen aus Texten möglich, welches mehr ist als ein instrumentales Erlernen von Verstehensoperationen, nämlich ein Inhaltslernen. Charakteristisch für das literarische Verstehen ist, dass diese Kompetenz aktiviert wird, um Textsinn auf komplexe Lebensentwürfe, Welt- und Selbstkonzepte anzuwenden. In der Literaturdidaktik wird dies als Beitrag des Literatur-Verstehens zur Persönlichkeitsentwicklung oder Identitätsbildung bezeichnet, worunter keine unmittelbar resultierende Einstellungs- oder Verhaltensänderung zu verstehen ist, sondern eine Reflexionsleistung. Die etablierten Phasenmodelle des Literaturunterrichts ordnen diese Kompetenz der Phase der „Aneignung" (Kreft 1977, S. 385) oder der „textüberschreitende[n] Auseinandersetzung" zu (Waldmann 1998, S. 36); die Bildungsstandards „Deutsch für den Mittleren Schulabschluss" postulieren in einer Teil-Überschrift die Kompetenz, „literarische Texte" zu „nutzen" – verzichten aber darauf, das Postulat aufzuschlüsseln und zu erläutern (S. 14).

Alle hier genannten Teilkompetenzen des Textverstehens werden im Folgenden als Standards behandelt. Die Fabel „Vom Raben und Fuchs" wird auf die Teilkompetenzen hin analysiert, die beim Textverstehen und bei der Bearbeitung der entsprechenden Aufgaben aktiviert und gefördert werden. Im Mittelpunkt stehen – dem Titel dieses Beitrags entsprechend – das Bilden von Inferenzen in Bezug auf die innere Situation der Figuren, das Verstehen der indirekt, nämlich allegorisch mitgeteilten Sinnaussage sowie die Anwendung dieser Aussage auf andere, den Kindern vertraute Lebenssituationen.

3. Zur Arbeit mit dem Text und den Aufgaben im Unterricht

Das hier vorgestellte Unterrichtsmodell stellt keine speziellen Anforderungen an Vor- und Zusatzwissen. Für den Gebrauch im Unterricht wurde die

Fabel in Orthografie, Flexion und Interpunktion behutsam modernisiert; zur Anpassung an den heutigen Sprachgebrauch wurden vier Luthersche Funktionswörter ersetzt: „als" durch „da" (Z. 2), „denn" durch „als" (Z. 4), „für" durch „vor" und „so" durch „die" (Epimythion, vgl. Aufgabe 18). Auf einem Arbeitsblatt wird der Text zunächst ohne das Ende präsentiert und vorgelesen.

Vor der Bearbeitung der auf dem Arbeitsblatt gestellten Aufgaben sollen die Wortbedeutungen von „zehren" und „behände" geklärt werden – nicht aber von „kecken", weil dazu eine Aufgabe gestellt wird. Spontane Äußerungen über den Text sollen nur gesammelt, nicht aber besprochen werden, damit ausführliche Klärungen die nachfolgenden Verstehensleistungen nicht vorwegnehmen. Nur über das Aussehen und die Stimme von Raben sollen die Schüler einander nötigenfalls informieren.

Das nachfolgend vorgestellte Aufgaben-Set ist nicht für die Diagnose, sondern für den Aufbau von Kompetenzen entworfen. Beides in eins zu leisten ist nicht möglich. Wer nach diesem Modell unterrichten will, sollte aus dem Arbeitsblatt eine Teilmenge auswählen und zuvor klären, welche Teiloperationen des Verstehens in der betreffenden Lerngruppe durch welche Aufgabe initiiert und fixiert werden sollen und welche nicht. Detaillierte Erläuterungen hierzu folgen im nächsten Abschnitt. Entscheidend ist zunächst der Hinweis: Nicht alle Aufgaben sollen in einer Lerngruppe gestellt werden, denn erstens gibt es Ziele, zu denen mehr als eine der vorgeschlagenen Aufgaben hinführen, und zweitens müssen nicht alle Ziele verfolgt werden.

Die für den Unterricht ausgewählten Aufgaben sollen keinesfalls in einem Zuge bearbeitet werden. Sinnvoll und zum Teil notwendig sind Etappen des Bearbeitens und Auswertens kleinerer Aufgabenblöcke. Die vorgeschlagenen Stopps sind im Aufgabenteil mit einer gestrichelten Linie markiert (– – –).

Einzelarbeit muss nicht die alleinige Sozialform sein. Haben die Schüler einen auf Erkenntnis zielenden Dialog zu führen gelernt, lassen sich Aufgabenblöcke zu zweit oder zu dritt bearbeiten. Sind alle dazu in der Lage, in einem Unterrichtsgespräch mitzudenken, kann auch diese Form sinnvoll sein – insbesondere bei Aufgabe 15, die sich Schritt für Schritt mit der gesamten Gruppe bearbeiten lässt. Bei dialogischer Vorgehensweise kann selbstverständlich nicht die individuelle Verstehenskompetenz getestet werden.

Bei der Auswertung der Antworten soll jeweils diskutiert werden, ob diese aus dem Text logisch folgen, ob sie mit dem Text vereinbar sind, ohne logisch daraus zu folgen, oder ob der Text ihnen widerspricht.[1]

4. Aufgaben

Martin Luther: Vom Raben und Fuchs

Ein Rabe hatte einen Käse gestohlen, setzte sich auf einen hohen Baum und wollte zehren. Da er aber seiner Art nach nicht schweigen kann, wenn er isst, hörte ihn ein Fuchs über dem Käse kecken und lief herbei und sprach: „O Rabe, ich habe mein Lebtag keinen schöneren Vogel gesehen von Federn und Gestalt, als du bist. Und wenn du auch so eine schöne Stimme hättest zu singen, so sollte man dich zum König krönen über alle Vögel."
Den Raben kitzelte solch ein Lob und Schmeicheln. Er fing an und wollte seinen schönen Gesang hören lassen, und als er den Schnabel auftat, entfiel ihm der Käse. Den nahm der Fuchs behände, fraß ihn und ...

1) Luthers Fabel ist hier unvollständig wiedergegeben. Der Fuchs tut anschließend noch etwas anderes. Wie könnte der letzte Satz weitergehen?
„Den nahm der Fuchs behände, fraß ihn und

_____

_____

2) Luther hat diese Fabel vor fast 500 Jahren geschrieben. Was bedeutet wohl das Wort „kecken" (Z. 3), das man heute nicht mehr verwendet? Schreibe ein heute gebräuchliches Wort auf und begründe, warum „kecken" deiner Meinung nach diese Bedeutung hat.

_____

_____

3) Und was meint Luther mit dem Wort „kitzeln" (Zeile 7)?

_____

_____

4) Zuletzt nimmt der Fuchs den Käse. Könnte er das nicht schon früher tun? Könnte in Zeile 3 statt „lief herbei und sprach" auch stehen: „schlich leise herbei und schnappte sich den Käse"? Kreuze an:

○ Ja, das wäre möglich.   ○ Nein, das wäre nicht möglich.

denn _____

5) Meint der Fuchs ehrlich, was er zu dem Raben sagt?
Kreuze an: ○ ja   ○ nein.
Warum sagt er es zu dem Raben? Zeichne links neben die Abbildung eine Denkblase des Fuchses und schreibe einen Satz hinein, aus dem der Grund deutlich wird!

6) Und was denkt der Rabe, als der Fuchs zu ihm gesprochen hat? Zeichne nun rechts neben die Abbildung von Aufgabe 5 eine Denkblase und schreibe hinein, was dem Raben durch den Kopf geht!

- - - - - - - -

7) Wenn man davon ausgeht, dass der Fuchs von Anfang an den Käse haben wollte, muss er sehr genau nachgedacht haben, bevor er den Raben ansprach. Was hat er sich überlegt? Schreibe seinen Gedanken auf:

„Wenn ich …" _____

_____

8) In anderen Situationen würde der Fuchs vielleicht körperliche Gewalt anwenden, um etwas zu bekommen. Was wendet er hier an?

_____

_____

9) Wenn du die Fabel noch einmal vom ersten Satz an durchgehst –
findest du, dass der Fuchs richtig gehandelt hat? Gib eine kurze Begründung!

_____

_____

(– – – – – – –)
10) Der Rabe öffnet den Schnabel, um zu singen. Warum will er das eigentlich?

_____

_____

11) Stell dir vor: Die Begegnung mit dem Fuchs hat noch nicht stattgefunden! Im Wald ist ein großer Wettbewerb geplant mit dem Titel „Die Tiere suchen den Super-Vogel". Dabei sollen Aussehen und Stimme bewertet werden. Wie schätzt der Rabe wohl seine Chancen ein?
○ Er glaubt, dass viele andere Tiere ihn wählen.
○ Er glaubt, dass nur wenige andere Tiere ihn wählen.
Kreuze eine Antwort an und schreibe, warum du dieser Meinung bist:

_____

_____

12) In Zeile 7 steht, dass der Rabe „seinen schönen Gesang hören lassen" will. Wie ist das Wort „schön" hier gemeint?
○ Gemeint ist, dass der Rabe tatsächlich schön singen kann.
○ Gemeint ist nicht, dass der Rabe tatsächlich schön singen kann, sondern ...

_____

_____

13) Wie beurteilst du das Verhalten des Raben? Gib eine kurze Begründung!

_____

_____

14) Jemand sagt über diese Fabel: „Dass der Rabe nicht auf seinen Käse aufpasst, liegt an der Meinung, die er von sich selbst hat."
○ Diese Aussage verstehe ich nicht!
○ Diese Aussage ist wahrscheinlich folgendermaßen gemeint:

_____

_____

○ Ich finde die Aussage richtig.   ○ Ich finde die Aussage falsch.

- - - - - - -

15) Nun sollst du den Verlauf der Geschichte Schritt für Schritt vom Ende her erklären. Achte darauf, dass du zu jedem Handlungsschritt immer die unmittelbare Ursache angibst. Diese Ursache setzt du dann in der nächsten Zeile an den Anfang und nennst dafür wiederum eine Ursache – und so weiter, bis du am Anfang der Geschichte angekommen bist:

a) Der Fuchs nimmt den Käse, weil der Rabe ihn fallen lässt.

b) Der Rabe lässt den Käse fallen, weil _____

c) _____

- - - - - - -

16) Mit dem Satz „Den nahm der Fuchs behände, fraß ihn und lachte des törichten Raben" ist die Fabel noch nicht zu Ende. Luther macht einen Absatz und formuliert folgenden Satz:
„Hüt dich, wenn der Fuchs lobt den Raben."
Wer wird hier mit dem Ausdruck „hüt dich" angesprochen?
○ Der Rabe in der Fabel.

○ Nicht der Rabe, sondern _____

17) Ersetze nun Luthers Satz „Hüt dich, wenn der Fuchs lobt den Raben" durch einen anderen Satz, der ebenfalls zu dieser Fabel passt. Dein Satz soll aber nicht die Namen der Tiere enthalten, sondern etwas im menschlichen Leben, z. B. im Leben eines Kindes. Das Wort „loben" muss in deinem Satz nicht vorkommen, und sogar den Ausdruck „hüt dich" darfst du ersetzen.

_____

_____

- - - - - - -

18) Auch Luther fügt noch einen Satz hinzu, der sich direkt auf das menschliche Leben bezieht. Das vollständige Ende der Fabel lautet:
„Hüt dich, wenn der Fuchs lobt den Raben.
Hüt dich vor Schmeichlern, die schinden und schaben."
Die Ausdrücke „schinden und schaben" stammen ursprünglich aus dem Fleischer-Handwerk und bedeuten das Abziehen der Haut und das Ablösen des Fleisches von den Knochen. Zu Luthers Zeit benutzte man die Ausdrücke „schinden und schaben" als Redewendung, wenn Menschen sich auf rücksichtslose Weise bereichern und dabei anderen Menschen sozusagen alles bis auf die Knochen abziehen.
Vergleiche nun Luthers letzten Satz mit den Sätzen, die deine Mitschüler und du zur vorigen Aufgabe geschrieben haben. Findest du, dass die Fabel ausschließlich auf Situationen passt, in denen ein rücksichtsloser Mensch sich durch Schmeichelei zu bereichern versucht? Oder kann man sie auch auf andere Situationen beziehen? Begründe deine Einschätzung! (Diese Aufgabe soll zu zweit, in Kleingruppen oder in der gesamten Klasse im Gespräch bearbeitet werden.)

– – – – – – – –

19) Denk dir eine Geschichte aus, die gut zu der Fabel „Vom Raben und Fuchs" passt. Sie soll in der Wirklichkeit spielen können, und es soll mindestens ein Kind darin vorkommen. Ideen könnt ihr zu zweit oder zu dritt sammeln; schreiben sollt ihr die Geschichte alleine.
Die nachfolgende Hilfe kann mündlich erfolgen oder ganz unterbleiben:
Wann ist eine Geschichte passend?
○ Die Geschichte muss zu einem der Sätze passen, die jemand bei Aufgabe 17 formuliert hat – vorausgesetzt, dass dieser Satz auch zu der Fabel passt. Es kann auch der Satz von Luther sein (siehe Aufgabe 18).
○ Die Geschichte kann außerdem zu einzelnen Handlungsschritten passen, die du in Aufgabe 15 aufgeschrieben hast.

– – – – – – – –

20) In der Fabel fällt der Rabe auf den Fuchs herein. Vielleicht geschieht in deiner Geschichte etwas Ähnliches.
Wenn ja: Warum fällt die Person auf jemanden herein?
Hätte sie das selbst irgendwie verhindern können?
Wenn nein: Was bewahrt die Person in deiner Geschichte davor, auf etwas hereinzufallen?

5. Literaturdaktische Analyse der Fabel und der vorgeschlagenen Aufgaben

Fabeln verweisen in einem speziellen Modus der Indirektheit auf einen Sinn: Sie sind allegorische Texte, die sich auf einer *Bildseite* und einer *Sachseite* verstehen lassen. Die *Bildseite* ist die erzählte Interaktion der jeweiligen Fabeltiere, die *Sachseite* ist das damit eigentlich gemeinte Menschliche. Bereits beim Verständnis der Bildseite muss man aber jenes soziale Wissen in Teilen aktivieren, das bei der Interpretation der eigentlich gemeinten Sachseite begrifflich expliziert und konstruiert wird: Zwar weisen die Fabeltiere einige tierische Eigenschaften auf, aber ihre Rede und ihr Handeln sind nur im Kontext menschlicher Interaktionsmuster verständlich. Das erleichtert den Übergang des Verstehens von der Bild- zur Sachseite, es kann aber das unmittelbare Verständnis der Bildseite problematisch machen: Man braucht ein Vorwissen über die sozialen oder moralischen Inhalte der Sinnaussage, um Reden und Handeln der Tiere zu verstehen. In unserer auf Äsop zurückgehenden Luther-Fabel ist dies ein Wissen um bestimmte Formen des strategischen Handelns in der menschlichen Interaktion sowie ein Wissen darüber, warum Menschen für solche Handlungsweisen anderer anfällig sind. Fabeln sind didaktische Texte: Sie provozieren die lernende Anwendung des verstandenen Sinns auf eben jenes Wissen, das beim Verstehen aktiviert wird.

Die nachfolgenden Aufgaben sollen folgende Verstehensleistungen fördern: das Verstehen der äußeren Handlungsschritte und des Handlungszusammenhangs (Nr. 1, 2, 4, 7, 10 und 15); das Verstehen der inneren Situation des Fuchses (Nr. 1, 5, 7, 8, 9) und des Raben (3, 10, 11, 12, 13, 14), das Verstehen der Sinnaussage (Nr. 16, 17, 18) sowie die Anwendung des verstandenen Sinns auf das aktivierte Wissen (Nr. 19, 20).

Im Folgenden werden die Aufgaben der Reihenfolge nach erläutert.

Aufgabe 1. Der Text wird nur bis Zeile 9 präsentiert. Das den Schülern vorliegende Ende lautet: „Den nahm der Fuchs behände, fraß ihn und …". Ohne die Information, dass der Fuchs den Raben auslacht, soll in Aufgabe 5 erkannt werden, dass er es von Beginn an auf den Käse abgesehen hat. Aufgabe 1 verlangt dagegen nur die Einsetzung einer Handlung oder Äußerung, die mit dem Vorangegangenen in Übereinstimmung steht. Sie bietet aber schon die Möglichkeit, das Verstehen der List zum Ausdruck zu bringen. Beide Varianten einer angemessenen Fortsetzung zeigten sich deutlich im Probeunterricht: Eine Fortsetzung lautete schlicht „… und lief davon", eine andere „… und sagte: ach Rabe, hättest du ein wenig aufgepasst, dann hättest du den Käse noch". Die Beiträge zu Aufgabe 1 sollten nicht vor der Bearbeitung von Aufgabe 5 gesammelt und besprochen werden. Auf keinen Fall sollen Aufgabe 7 und 8 vor der Bearbeitung von Aufgabe 1 gelesen werden, denn 7 und 8 enthalten implizit eine Antwort auf 1 und 5. Eine erste Auswertungsphase ist zwischen Aufgabe 6 und 7 sinnvoll; dort kann auch Luthers Fortsetzung „und lachte des törichten Raben" präsentiert werden. Im Gespräch sollte gefragt werden: „Was bedeutet töricht?" und „Warum steht hier töricht?", denn bei der Beantwortung dieser Fragen kann das Konzept „Überlistung" auf das Handeln des Fuchses bezogen werden.

Aufgabe 2. Diese Aufgabe lenkt die Aufmerksamkeit auf den zweiten Satz der Fabel und verlangt, dass die Schüler die Stelle „nicht schweigen" mit der Stelle „hörte ihn ein Fuchs über dem Käse kecken" verbinden und erkennen, dass „kecken" einen stimmlichen Laut des Raben meint, nicht etwa ein bloßes Fressgeräusch. Tritt zu dieser einfachen Kombination nahe beieinander liegender Informationen das Wissen über die Raben-Stimme hinzu, kann ein Wort wie „krächzen" eingefügt werden – so mehrfach geschehen im Probe-Unterricht. Zu einem ähnlichen Resultat kann die Aktivierung von Sprachwissen führen: zwitschern, schnattern, krächzen usw. sind Lautmalereien, woraus geschlussfolgert werden kann, dass ein „Kecken" unmelodisch ist wie ein Krächzen. Die Handlungsstrategie des Fuchses zu verstehen könnte einigen Schüler leichter fallen, wenn ihnen bewusst ist, dass der Fuchs durch den Laut der Rabenstimme herbeigelockt wird. Bei der Auswertung sollte die historische Wortbedeutung erklärt werden: „kecken" leitet sich her vom „geschrei des raben, der krähe (…) und andermm kreischenden geschrei" (Grimm 1991, Bd. 5, Sp. 15).

Aufgabe 3 verlangt – im Vorgriff auf die Aufgaben 10 ff. – die Explikation eines ersten psychologischen Verstehens in Form einer einfachen Worterklärung. Unpassend ist die tautolgische Antwort, „dass es ihm schmeichelt".

Aufgabe 4. Dass der Fuchs eine List anwenden muss, weil der Käse seinem körperlichen Zugriff entzogen ist, kann durch eine einfache Inferenz aus dem unmittelbaren Textzusammenhang erschlossen werden. Durch die Vorgabe einer falschen Möglichkeit provoziert die Aufgabe die richtige Inferenz.

Aufgabe 5 zielt auf ein Verstehen der Redeabsicht. Die Unaufrichtigkeit des Fuchses kann aus der Wortbedeutung von „Schmeichelei" oder aus der Tatsache geschlossen werden, dass er sich zuletzt behände, also rasch und geschickt, den Käse nimmt und ihn frisst, oder aber aus dem Textsortenwissen über den in der Fabel stets schlauen oder listigen Fuchs. Das Füllen der Denkblase verlangt zusätzlich eine Empathieleistung, da hier eine Vorstellung über einen Gedankeninhalt gebildet und perspektivisch formuliert werden muss – eine für das Verstehen fiktionaler Erzähltexte spezifische Operation. In der Denkblase kann irgendein Gedanke stehen, der die wahre Meinung des Fuchses über den Raben, das tatsächliche Handlungsziel oder die ersonnene Strategie des Fuchses zeigt.

Aufgabe 6 verlangt wie Aufgabe 4, dass eine Vorstellung über einen Gedankeninhalt gebildet und perspektivisch formuliert wird. Möglich ist hier die Formulierung eines positiven Gefühls im Sinne von Aufgabe 10, eines Ausdrucks von Überraschung oder eines Motivs zu singen. Im Probe-Unterricht wurde etwa geschrieben: „Solch ein Kompliment habe ich schon lange nicht mehr gehört"; „Uui, ich wusste nur, dass wir sonst nicht gerade gute Vorbilder sind"; „Dann muss ich ihm zeigen, dass ich gut singen kann, und dann werde ich zum König gekrönt."

Im Anschluss an Aufgabe 6 kann eine *erste Auswertung* erfolgen. Werden zu Aufgabe 5 und 6 kontroverse Lösungen formuliert, so sollten die Gegensätze im Gespräch nur benannt, nicht schon erörtert und geklärt werden, denn hierzu dienen die nachfolgenden Aufgaben.

Aufgabe 7 geht über Aufgabe 5 hinaus, da nun eine detaillierte Rekonstruktion der Strategie verlangt ist. Aus diesem Grund sollten die Schülerinnen und Schüler vor der Bearbeitung erfahren, wie der unterbrochene Satz bei Luther weitergeht: „und lachte des törichten Raben". Die für Aufgabe 7 zu leistende Inferenz ist intern komplex, aber doch leicht zu ziehen, weil der Gedankeninhalt dem entspricht, was tatsächlich geschieht. Ein Äquivalent stellt Aufgabe 15 dar, wo der Handlungsverlauf nicht-perspektivisch rekonstruiert wird.

Aufgabe 8 verlangt – in PISA-Terminologie – ein „textbezogenes Interpretieren", nämlich die begriffliche Bündelung der „Informationen", die in vorangegangenen Aufgaben „ermittelt" wurden. Dabei muss Sprachwissen aktiviert werden; hilfreich ist zudem die Aktivierung von Textsortenwissen über Fabeln.

Aufgabe 9 verlangt ein „Reflektieren und Bewerten" und zugleich eine neuerliche Fokussierung des Textverlaufs. Aktiviert werden soziales Wissen der Schüler und ihre moralische Urteilskraft, deren Niveau sich mit dem viel benutzen und viel gescholtenen Stufenmodell Kohlbergs beschreiben lässt (zu dessen literaturdidaktischem Nutzen vgl. Spinner 1989). Typische Antworten wären: „Der Fuchs handelt richtig, denn anders hätte er den Käse nicht bekommen können" (Kohlberg Stufe 0); „Der Fuchs handelt richtig, denn der Rabe hätte den Käse ja auch nicht stehlen dürfen" (Kohlberg Stufe 2), „Der Fuchs handelt falsch, denn man soll andere nicht täuschen und betrügen." (Stufe 3) Ein solches textbezogenes

Reflektieren und Bewerten kann in ein subjektbezogenes Reflektieren übergehen, also in die für den Literaturunterricht typische Nutzung eines Textes als Reflexionsmodell des Selbstverstehens. Hierfür kann Aufgabe 19 dergestalt umformuliert werden, dass sie das Ausdenken einer alltagsnahen Geschichte verlangt, in der ein Kind durch List um etwas gebracht wird, das es seinerseits nicht ganz rechtmäßig erworben hat. Nach der Bearbeitung von Aufgabe 9 kann eine *zweite Auswertung* erfolgen. Eine ununterbrochene Bearbeitung der Aufgaben 7 bis 14 (bzw. der für den Unterricht ausgewählten Teilmenge) hat allerdings Vorteile: Der Zusammenhang zwischen den psychologischen Inferenzen, die zu beiden Figuren gebildet werden, ist für das Sinnverstehen wichtig.

Aufgabe 10 verlangt dieselbe Operation wie Aufgabe 6, allerdings nicht in perspektivischer Figurenrede, sondern in diskursiv erklärender Rede.

Aufgabe 11 unterstützt die Bildung einer komplexen psychologischen Vorstellung, was für den Literaturunterricht und sein Ziel der Empathieförderung typisch ist. Die Vorstellung kann an das Verständnis unterschiedlicher Textstellen anknüpfen: an die Erkenntnis, dass das Lob des Fuchses unehrlich ist; an die Aussage, dass den Raben das Lob kitzelt; an die Aussage, dass er seine schöne Stimme hören lassen will. Erforderlich ist das vor der Aufgaben-Bearbeitung aktivierte oder hergestellte Wissen über Raben. Mögliche Antworten sind: „Er glaubt, dass viele andere Tiere ihn wählen, denn er findet seine Stimme ja schön"; „… dass nur wenige andere Tiere ihn wählen, denn davor hat ihn bestimmt noch niemand so gelobt"; „… dass nur wenige andere Tiere ihn wählen, weil er krächzt und nicht bunt ist".

Aufgabe 12 verlangt ein Verständnis für die Indirektheit der Aussage. Diese lässt sich entweder perspektivisch so verstehen, dass der Rabe seine Stimme für schön hält, oder aber elliptisch so, dass man lesen soll: „seine schön genannte Stimme". Voraussetzung sind das Verstehen der Unaufrichtigkeit des Fuchses und das Wissen darüber, dass die Stimme eines Raben gemeinhin nicht als schön gilt. Zwar ist derartige Indirektheit auch in mündlichen Alltagserzählungen üblich, wo etwa durch gedehnte Betonung eines perspektivisch gemeinten Wortes Uneigentlichkeit hörbar gemacht wird. In literarischen Erzählungen sind solche Formen indirekter Rede breit kultiviert, sodass es ein kleiner Beitrag zur literarischen Bildung ist, eine derartige Stelle zu fokussieren.

Aufgabe 13 verlangt eine reflektierende Beurteilung des in den vorhergehenden Aufgaben psychologisch Verstandenen. Einige im Probeunterricht formulierte Urteile lauten: „leichtgläubig", „naiv", „dumm", „unvorsichtig", „der Rabe hätte erst nachdenken müssen, ob das ein Hinterhalt ist"; „Nicht so gut. Es wäre ja nicht passiert, wenn er nicht selber so viel von sich hält"; „Tja, er will Macht haben. Nicht so gut."

Aufgabe 14 verlangt ebenfalls die reflektierende Beurteilung, allerdings steht nun eine Interpretation zur Diskussion, die ihrerseits erst einmal verstanden werden muss. Die Vorgabe des Themas „Einstellung zu sich selbst" eröffnet die Möglichkeit, die Fabel als Reflexionsmodell im Umgang der Schüler mit ihrer eigenen Persönlichkeit zu nutzen, und liefert für Aufgabe 18 einen Aspekt der produktiven Anknüpfung. Die Einstellung zu eigenen körperlichen Eigenschaften und Fähigkeiten sowie das Umgehen mit diesbezüglichen Urteilen anderer ist eine zentrale Entwicklungsaufgabe der Kindheit.

Vor der Bearbeitung von Aufgabe 15 soll eine *Auswertung* erfolgen. Für die Bearbeitung der nachfolgenden Aufgaben ist es hilfreich, das bisher gewonnene psychologische Verstehen im Gespräch zu vertiefen. Die Einzelarbeit muss an dieser Stelle ohnehin unterbrochen werden, weil Aufgabe 15 mündlich erläutert und möglicherweise im Klassengespräch durchgeführt werden muss.

Aufgabe 15 verlangt eine komplexe Form der „Informationsermittlung", nämlich eine Rekonstruktion der Handlungslogik. Dass man dabei am besten vom Resultat ausgeht, lehrt Dahms (1967, S. 520). Die reversibel rekonstruierte Kausalkette könnte so weitergehen: „Der Rabe lässt den Käse fallen, weil er den Schnabel öffnet./ Er öffnet den Schnabel, weil er singen will./ Er will singen, weil er zeigen will, dass er eine schöne Stimme hat./ Er will das zeigen, weil der Fuchs ihm gesagt hat, er sollte dann König der Vögel werden./ Der Fuchs sagt das, weil er den Käse haben will und weil er nicht auf den Baum klettern und sich anschleichen kann." Eine Schritt-für-Schritt-Bearbeitung der Aufgabe im Unterrichtsgespräch, zumindest eine gründliche Auswertung der Rekonstruktionsversuche ist erforderlich, soll der logische Anfang der Kausalkette (also der letzte Schritt der Aufgabe) deutlich erfasst werden: Das Handlungsziel des Fuchses und die Unmöglichkeit, es auf direktem Wege zu erreichen, stehen als Ausgangspunkte der Kausalkette nebeneinander. Aufgabe 15 ist auch eine Vorübung zum Schreiben analoger Geschichten (Aufgabe 19).

Falls Aufgabe 15 nicht ohnehin im Klassengespräch, sondern in einer anderen Sozialform durchgeführt wird, ist eine unmittelbar anschließende Auswertung erforderlich.

Aufgabe 16 verlangt die Wahrnehmung, dass der fragliche Satz nicht mehr zur erzählten Geschichte gehört, sich also nicht an deren Personal richtet, sondern an die Rezipienten. Einen Terminus für die Adressaten zu finden („wir", „die Leser", „Leute, denen Luther die Geschichte erzählt" oder ähnliche) ist eine Vorübung für die Anwendung des Textsinns in Aufgabe 19.

Aufgabe 17 verlangt ein anspruchsvolles „textbezogenes Interpretieren" und zugleich ein „Reflektieren", das sich nicht nur auf die interpretierte Textaussage bezieht, sondern auch schon auf jenen außertextuellen Erfahrungsbereich, aus dem das zur Interpretation aktivierte Wissen stammt. Die begrifflichen Konzepte des bisherigen Verstehens müssen erstens vom Setting der Geschichte abgelöst werden – also vom Handlungsort, den Gegenständen, dem Personal und dessen speziellen Eigenschaften. Zweitens müssen die Konzepte so zusammengefügt werden, dass sie nach wie vor zu der Geschichte passen und sich darüber hinaus auf jenen menschlichen Erfahrungsbereich beziehen, aus dem das zum Verständnis der Handlung aktivierte Wissen stammt. Entgegen der Auffassung, ein Verstehen übertragener Bedeutung sei in dieser Altersstufe nur qua Analogiebildung möglich (vgl. dagegen Zabka 2004, S. 248 ff.), neigen Schüler der 6. Klasse zu starken und knappen Generalisierungen, die an konkreten Details ansetzen. Im Probeunterricht war ein solches Detail mehrfach das in der Erfahrungswelt der Kinder allgegenwärtige Lob: „Hüt dich vor dem, der dich lobt, denn er kann auch gemein sein", „Hüt dich, denn du kannst überall falsch gelobt werden."

Aufgabe 18 zielt erstens darauf, die in Aufgabe 17 formulierten Sätze mit der Fabel und mit Luthers Selbstauslegung zu vergleichen. In dieser Hinsicht handelt es sich um einen auf Erörterung und Beurteilung ausgerichteten Auswertungsimpuls. Zweitens zielt die Aufgabe auf eine metakognitive Einsicht in das zuvor geleistete Verstehen: Erkannt werden soll zum einen, dass nicht jede der formulierten Aussagen zu der Fabel passt und treffendere und weniger treffende Aussagen formuliert wurden, zum anderen, dass es gleichwohl unterschiedliche Sinnaussagen geben kann, die gleichermaßen treffend sind. Solche Einsichten in der eigenen Normalsprache zu formulieren überfordert Sechstklässler nicht. Bei der Behandlung weiterer Fabeln kann diese Einsicht generalisiert werden – als induktive Erkenntnis einer Gattungseigenschaft. Drittens soll die Aufgabe durch die Unterscheidung treffender und weniger treffender Sinnaussagen das Finden passender Anwendungssituationen (Aufgabe 19) erleichtern.

Im Anschluss an Aufgabe 18 ist wiederum eine *Auswertung* erforderlich. Wer sich dagegen entscheidet, Aufgabe 18 zu stellen, muss den zweiten Teil von Luthers Epimythion („Hüt dich vor Schmeichlern, die schinden und schaben") eigens ergänzen und erklären.

Aufgabe 19 verlangt eine Anwendung des bisher Verstandenen auf lebensweltliche Zusammenhänge der Schüler, nämlich das literarisch-produktive Konstruieren und Erzählen einer Geschichte. Voraussetzung ist die Auswertung von Aufgabe 15 und 17, damit die beiden in der Erläuterung von Aufgabe 19 als möglich beschriebenen Vorgehensweisen deutlich werden: Das Erfinden der Geschichte kann stärker eine deduktive Exemplifikation der Sinnaussage (gemäß Aufgabe 17) oder stärker eine Bildung analoger Handlungsschritte (gemäß Aufgabe 15) sein. Gewiss ist es möglich, Aufgabe 19 ohne die Erläuterungen unmittelbar im Anschluss an Aufgabe 15 zu stellen – also ohne bereits ein generalisierendes Sinnverstehen initiiert zu haben. Die Konstruktion einer analogen Geschichte, die genau der Handlungsstruktur der Fabel entspricht, birgt freilich die Gefahr, dass die Suche nach passenden Details vom Sinn der Fabel und deren lebensweltlicher Relevanz für das konstruierende Kind wegführt. Umgekehrt birgt die narrative Exemplifikation der Lehre ohne jegliche Orientierung an einzelnen Handlungsschritten eine komplementäre Gefahr: Bei der Anwendung eines aus der Fabel abgeleiteten begrifflichen Konzepts wie zum Beispiel „List" auf eigene Erfahrungszusammenhänge können Bedeutungsnuancen der Fabel verloren gehen, obwohl sie in den von den Schülern selbst formulierten Sinnaussagen noch enthalten sind. Eine der im Probeunterricht entstandenen Geschichten hat den Plot, dass jemand ein Kind überlistet, indem er sich im Gebüsch versteckt. Die für den Fabel-Sinn entscheidende Nuance „falsches Lob" ging bei dieser Exemplifikation eines übergeneralisierenden List-Begriffs verloren. Als passende Exemplifikation können daher alle lebensweltlichen Situationen und Geschichten gelten, die einer *nicht übergeneralisierenden* Sinnaussage entsprechen. Die Orientierung an einzelnen, von den Schreibern für wichtig erachteten Handlungsschritten ist ein Mittel gegen Übergeneralisierung.

Mehrere der im Probeunterricht verfassten Geschichten deuten sexuellen Missbrauch als Handlungsziel des Schmeichlers an.

Aufgabe 20 darf bei der Bearbeitung von Aufgabe 19 noch nicht bekannt sein und kann auch mündlich als ein Auswertungsimpuls gegeben werden. Die Aufgabe verlangt eine Explikation der poetischen Anwendung auf altersspezifisches Erfahrungswissen. In der Auswertung dieser Aufgabe richtet sich die Reflexionsleistung nicht mehr allein auf die Luther-Fabel und das Gelingen der Anwendung („Passt die Geschichte zu der Fabel?"), sondern auch auf narrativ gestaltete Welt- und Selbstkonzepte der Schüler. Hervorgehoben wird hier das Nachdenken des heranwachsenden Subjekts über die eigene Persönlichkeit im Umgang mit anderen. Dies entspricht dem Auftrag des Literaturunterrichts, im Prozess der Persönlichkeitsentwicklung und Identitätsbildung geeignete Reflexionsmodelle anzubieten. Die Ablösung einer Interpretation vom interpretierten Text und ihre Anwendung auf die Erfahrungswelt der Leser ist eine für das literarische Verstehen konstitutive Kompetenz, was man allein schon daran erkennen kann, dass die uralte Textsorte Fabel systematisch auf eine solche Anwendung zielt. Diese Kompetenz ist in unserer Kultur ein Standard literarischer Bildung. Selbstverständlich kann nicht erwartet werden, dass allen Schülern zu *diesem* Text etwas für ihre Persönlichkeitsentwicklung Bedeutsames einfällt. Wohl aber ist es eine Aufgabe des Literaturunterrichts, die sequenzielle Textauswahl so zu gestalten, dass alle die Standard-Kompetenz erwerben können, literarische Texte zur Reflexion eigener Selbst- und Weltkonzepte zu nutzen.

6. Bezug zu den derzeit gültigen Bildungsstandards

Die Bildungsstandards für den Mittleren Schulabschluss im Fach Deutsch werden momentan evaluiert und überarbeitet. Viele der im Kernbereich „literarische Texte verstehen und nutzen" sowie in den drei Anforderungsbereichen formulierten Kompetenzen sind zu wenig systematisch entfaltet und kategorisiert, als dass sie bei der didaktischen Analyse der Luther-Fabel so hilfreich hätten sein können wie das – um spezifische Kompetenzen literarischen Verstehens ergänzte – Kompetenzmodell der PISA-Studie. Selbstverständlich widersprechen die KMK-Standards weder den PISA-Kategorien noch unserem Modell, sondern lassen sich letzterem zuordnen:

Standards: „Zentrale Inhalte erschließen" – „Wesentliche Elemente eines Textes erfassen: z. B. Figuren, [...] Konfliktverlauf" – „eigene Deutungen des Textes entwickeln, am Text belegen und sich mit anderen darüber verständigen" – „analytische Methoden anwenden: z. B. Texte untersuchen [...]" – „Handlungen, Verhaltensweisen und Verhaltensmotive bewerten".

Anforderungsbereich I: „das der Aufgabenstellung oder dem Material zugrunde liegende Thema erfassen" – „den Text- bzw. Materialinhalt geordnet wiedergeben" – „die eigenen Kenntnisse mit dem Thema, dem Hauptgedanken, der Problemstellung verbinden".

Anforderungsbereich II: „die Hauptgedanken eines Textes und seine Argumentation differenziert erfassen" – „Bezüge in Texten bzw. Materialien erkennen, um Aussagen zu erfassen."

Anforderungsbereich III: „Die Aussagen eines Textes, eine Problemstellung in weitere Zusammenhänge einordnen" – „eigene Textproduktion originell und kreativ gestalten" – „einen eigenen Standpunkt begründet darstellen" – „dem Thema, der Gestaltung gemäße oder auch kontrastierende Darstellungsformen entwickeln" – „begründete Vermutungen formulieren" – „selbstständige Schlussfolgerungen entwickeln" – „kritische Bewertungen vornehmen" – „begründete Urteile formulieren".

7. Abschließende Überlegungen

Resümee: Auch wenn die Fabel „Vom Raben und Fuchs" äußerst knapp und nüchtern erzählt ist, gibt sie doch Anlass zu einer Reihe psychologisch-inferenzieller Verstehensoperationen. Wie jede Fabel verlangt sie ein Verstehen systematischer Indirektheit. Wie jede Fabel provoziert sie die Anwendung des Sinns auf unterschiedliche Lebensbereiche und ermöglicht eine Reflexion und Erweiterung jenes für die Persönlichkeitsentwicklung relevanten Wissens, welches die Schüler beim Verständnis der Fabel aktivieren. Mit dem Gattungsmerkmal der vielseitigen Anwendbarkeit ist eine systematische Mehrdeutigkeit verbunden, die zu verstehen eine weitere hier berücksichtigte Leistung ist. Luthers Fabel gibt Anlass, diese spezifisch literarischen Verstehens- und Reflexionskompetenzen zu schulen.

Die folgenden Gesichtspunkte konnten nicht eigens erörtert werden, sollen aber wenigstens Erwähnung finden.

Integration der Sequenz in die Unterrichtsreihe und ins Curriculum: Zwei Einbettungen sind sinnvoll: a) die thematische Einbettung in eine Unterrichtsreihe mit dem Titel „soziales Verhalten – unsoziales Verhalten". Weitere Texte zum strategischen und listigen Umgang von Menschen oder Fabeltieren miteinander werden gelesen. Leitendes curriculares Prinzip der Reihenbildung ist der Bezug auf die moralische Entwicklung und die Persönlichkeitsbildung. b) die textsortenspezifische Einbettung in eine Reihe mit dem Titel „Fabeln, Gleichnisse, Allegorien". Weitere Fabeln, Gleichnisse und allegorische Gedichte werden gelesen; sie können thematisch auf den Bereich „Versinnbildlichung des Sozialen" beschränkt sein. Leitendes curriculares Prinzip ist hierbei der Bezug auf die literarische Bildung im Sinne des Textsortenwissens und der metakognitiven Einsicht in Verstehensprozesse (vgl. den Kommentar zu Aufgabe 18).

Kompetenzstufen: Ich plädiere dafür, nicht einzelne Teilfähigkeiten bestimmten Stufen zuzuordnen, sondern für alle Teilfähigkeiten des Textverstehens das Prinzip festzulegen: Je komplexer der Gegenstand und die mit einer Aufgabe verbundenen Verstehensleistungen sind, desto höher ist das erwartete Kompetenzniveau. Eine Einstufung der Luther-Fabel als

Solitär ist hier nicht möglich; vielmehr müssten Einstufungs-Prinzipien für Klasse 5 und 6 an einer Reihe unterschiedlich komplexer Texte entwickelt und empirisch getestet werden.

Angestrebte Ziele, die sich nicht standardisieren bzw. evaluieren lassen: Gerade wegen ihrer großen Allgemeinheit sind die hier beschriebenen Kompetenzen literarischen Verstehens ausnahmslos standardisierbar. Sie lassen sich auf höchst unterschiedliche Weise konkretisieren und individualisieren. Darin liegt die genuine Aufgabe von Bildungsstandards: Sie sollen gewährleisten, dass verschiedenartige Bildungsprozesse, die in unserer sozial und kulturell differenzierten Gesellschaft erfolgen, nebeneinander Bestand haben und zu qualitativ gleichwertigen Resultaten führen können. Die Aufgabe eines differenzierenden Unterrichts liegt darin, unterschiedlichen Schülern unterschiedliche Lernangebote für den Erwerb vergleichbarer und darin standardisierbarer Kompetenzen zu machen. Die Annahme, jeder Schüler müsse bei jedem Text und bei jeder Aufgabe dazu in der Lage sein, konstante Kompetenzen unter Beweis zu stellen, fällt hinter elementare pädagogische Einsichten zurück.

Formen der Evaluation: Standards des Verstehens literarischer Texte, die sich nicht in Vergleichstests überprüfen lassen, müssen mit qualitativen, die individuellen Voraussetzungen der Lerner berücksichtigenden Verfahren überprüft werden. In pädagogischen Beurteilungen bemühen sich Lehrerinnen und Lehrer seit jeher darum, genau dies zu tun. Warum sollte das ausgerechnet in einer Situation nicht mehr möglich und sinnvoll sein, in der die Bildungsstandards intersubjektiv verbindliche Maßstäbe für die pädagogische Beurteilung von Leistungen bereitstellen?

Anmerkung

[1] Ein Aufgaben-Set, das der hier vorgelegten Endfassung vorausging, wurde probeweise in einer 6. Oldenburger Realschulklasse von Sabine Januschek unterrichtet. Ihre Vorschläge und Anmerkungen haben sehr zur Entwicklung beigetragen, wofür ich an dieser Stelle danke. Wer nach dem Modell unterrichten will, kann es von meiner Homepage als Word-Datei herunterladen und die Arbeitsaufträge je nach Bedarf abwandeln: http://www.staff.uni-oldenburg.de/thomas.zabka

Literatur

Artelt, Cordula, u. a.: *Lesekompetenz: Testkonzeption und Ergebnisse*. In: Jürgen Baumert u. a. (Hg.): PISA 2000. Basiskompetenzen von Schülerinnen und Schülern im internationalen Vergleich. Opladen: Leske und Budrich 2001, S. 69–137.

Bildungsstandards im Fach Deutsch für den Mittleren Schulabschluss. Beschluss der Kultusministerkonferenz vom 4. 12. 2003. www.kmk.org/schul/Bildungsstandards/Deutsch_MSA_BS_04-12-03.pdf

Dahms, Günter: *Von der Nacherzählung zur Inhaltsangabe.* In: Pädagogische Provinz 21/1967, S. 513–528.
Grimm, Jacob/Grimm, Wilhelm: *Deutsches Wörterbuch.* München: dtv 1991.
Grzesik, Jürgen: *Texte verstehen lernen. Neurobiologie und Psychologie der Entwicklung von Lesekompetenzen durch den Erwerb von textverstehenden Operationen.* Münster u. a.: Waxmann 2005.
Kreft, Jürgen: *Grundprobleme der Literaturdidaktik.* Heidelberg: Quelle&Meyer 1977.
Luther, Martin: *Fabeln und Sprichwörter.* Darmstadt ²1995.
Spinner, Kaspar H.: *Literaturunterricht und moralische Entwicklung.* In: Praxis Deutsch 95/1989, S. 12–19.
Spinner, Kaspar H.: *Zielsetzungen des Literaturunterrichts.* In: Bodo Franzmann (Hg.): Handbuch Lesen. München: Saur 1999, S. 597–601.
Waldmann, Günter: *Produktiver Umgang mit Literatur im Unterricht.* 4. Aufl. Baltmannsweiler: Schneider 2004.
Zabka, Thomas: *Zur Entwicklung der ästhetischen Rationalität.* In: Bodo Lecke (Hg.): Bestandsaufnahme Deutschunterricht 2000: Ästhetische Erziehung, moralische Bildung, kritische Aufklärung? Frankfurt a. M.: Lang 2004, S. 247–262.

Wie tragfähig die in Bildungsstandards und Kernlehrplänen aufgelisteten Kompetenzen für die Arbeit an einem Jugendbuch sind, wird im folgenden Beitrag untersucht. Im Mittelpunkt steht dabei die Entwicklung einer Unterrichtssequenz mit Aufgaben und Kompetenzzuweisungen. Abschließend werden Möglichkeiten und Grenzen der Standardisierbarkeit des Literaturunterrichts diskutiert.

PETRA JOSTING

Kompetenzorientierung im Kernlehrplan der Realschule

Zu Karlijn Stoffels „Mojsche und Rejsele" (7./8. Schuljahr)

1. Bildungsstandards, Kompetenzen und Kernlehrpläne

Grundlage für die Unterrichtseinheit mit „Mojsche und Rejsele" von Karlijn Stoffels bildet der „Kernlehrplan für die Realschule in Nordrhein-Westfalen: Deutsch"[1]. Der deutliche Bezug dieses Kernlehrplans zu den allgemeinen „Bildungsstandards der Kultusministerkonferenz" und insbesondere zu den „Bildungsstandards im Fach Deutsch für den Mittleren Schulabschluss" ist unverkennbar. Auch der Kernlehrplan für die Realschule geht von vier Kompetenz- bzw. Lernbereichen aus, denen 108 Standards zugeordnet sind, die am Ende der Sekundarstufe I erworben sein sollen (vgl. Kernlehrplan 2004, Kap. 2). Auf der Basis dieser Standards werden für die vier Kompetenzbereiche spezifische Kompetenzerwartungen am Ende der Jahrgangsstufen 6, 8 und 10 formuliert, denen verbindliche Inhalte, Textsorten, Verfahren und Ähnliches zugewiesen sind, beispielhaft einige Auswahlmöglichkeiten wie auch Vorgaben über Schwerpunktsetzungen (vgl. Kap. 3).

Wie in den Vorbemerkungen nachzulesen, ist der Kernlehrplan „auf wesentliche Kenntnisse und Fähigkeiten und die mit ihnen verbundenen Inhalte und Themen" reduziert, sodass den Schulen genügend „Freiräume zur Vertiefung und Erweiterung" in Form schuleigener Lehrpläne

Karlijn Stoffels: Mojsche und Rejsele (Auszug)

„Doktor!", ruft sie aufgeregt. Sie läuft auf ihn zu und bleibt dicht vor ihm stehen. Es fehlt nur noch, dass sie ihm einen Kuss gibt.

Was für ein seltsames Mädchen. Ich habe mich aufgestellt und kann sie jetzt in aller Ruhe betrachten, denn die beiden achten nicht auf mich.

„Es ist so schade, dass Sie nicht dabei waren!", plappert sie.

Ihr braunes Gesicht strahlt. Sie sieht nicht wie eine arme Stadtwaise aus, eher wie ein Bauernmädchen. Sie ist groß und kräftig und hat schon Figur. Sie ist mindestens dreizehn.

Sie hat ein braun-blau kariertes Kleid an, mit einem Ledergürtel, wie Pfadfinder sie tragen. Wie kommt sie nur auf die Idee! Und es baumelt ein Taschenmesser daran, an einem Metallring. Sie schiebt eine Hand in die große Tasche ihres Kleides und holt ein Glastöpfchen heraus.

„Für Sie!", sagt sie. „Himbeeren. Vom Bauernhof. Und viele Grüße von Jan."

Der Doktor nimmt Rejsele das Glas aus der Hand und Rejsele schüttelt ihren Zopf nach vorn. Allmächtiger, was für ein langer Zopf! Damit wollen sie einen nur herausfordern. Sie tragen Zöpfe oder eine Tolle auf der Seite, mit einer Schleife darin, oder einen Pferdeschwanz, und man kann nichts anderes tun, als daran zu ziehen, ob man will oder nicht. Und dann fangen sie an zu kreischen oder zu weinen und man muss nachsitzen oder bekommt Hiebe mit dem Stock. Dabei legen sie es doch darauf an. Ein Junge trägt ja auch keine Zöpfe. Na ja, abgesehen von manchen Juden, aber das sind kurze Zöpfchen. Übrigens, Jungen neckt man nicht. Die ärgert man oder schlägt sie zusammen.

Dieser Jan ist bestimmt ihr Freund.

Sie muss schon seit Jahrhunderten hier leben, wenn man ihr die Haare abgeschnitten hat, als sie ankam. Und jedes Jahr, seit sie hier wohnt, ist ihr Zopf ein Stück gewachsen. Ein Zopf als Kalender. (Teil 1)

Ich habe mich auf den einzigen Stuhl gesetzt und äffe sie leise nach: „Viele Grüße von Jan, Doktor, und wie schade, dass Sie nicht dabei waren."

Sie hören mich ja doch nicht. Rejsele erzählt vom Lagerfeuer, das sie mit den Pionieren auf dem Bauernhof gemacht haben, und dass sie gesungen und sogar Volkstänze aus Erez-Israel*4 gelernt haben.

„Die Hora*, Doktor, die kennen Sie doch bestimmt, nicht wahr? Haben Sie auch getanzt, als Sie in Erez-Israel waren? Und den jemenitischen Schritt, kennen sie den?"

Sie wird es ihm doch nicht vormachen. Tatsächlich, sie hebt ihr Kleid mit beiden Händen etwas höher und macht ein paar Schritte. Vorwärts, rückwärts.

Das Blut steigt mir in den Kopf und ich schleiche zur Tür. Ich habe mir das Waisenhaus schon schlimm vorgestellt, aber das hier ist eine Irrenanstalt. Fast wünsche ich mir, dass Onkel Isaak noch am Leben wäre. (Teil 2)

Rejsele bleibt stehen. Sie schlägt eine Hand vor den Mund, die andere streckt sie nach mir aus.

„Ich bin Rejsele", sagt sie. Sie wartet.

„Das weiß ich", sage ich.
„Und du?"
„Gebt mir ruhig eine Nummer."
Sie verzieht keine Miene. Der Doktor lacht wieder. Gott, was hat der Mann immer für einen Spaß.
„Eine Nummer hast du schon", sagt er.

„Das muss sein, wegen der Verwaltung. Willst du, dass wir dich mit deiner Nummer rufen? Wir können gern eine Ausnahme für dich machen."
„Mojsche Schuster", sage ich. Ihre Hand lasse ich, wo sie ist. In der Luft, ausgestreckt. (Teil 3)

(aus: Karlijn Stoffels: Mojsche und Rejsele. Weinheim 2000, S. 17–20)

---

und damit zur Profilbildung zur Verfügung stehen (S. 9). Im Vergleich mit dem alten Lehrplan (vgl. Richtlinien und Lehrpläne für die Realschule in Nordrhein-Westfalen: Deutsch 1993) kennzeichnet den Kernlehrplan eine wohltuende Entrümpelung. Gleichzeitig sind eine Reihe sinnvoller Erweiterungen feststellbar (vgl. Arbeitsgruppe KELP o. J., S. 4). Bis auf weiteres in Kraft bleiben die alten Richtlinien mit ihren Ausführungen zum Bildungs- und Erziehungsauftrag, zum Lehren und Lernen in der Realschule wie auch zu Schwerpunkten der Arbeit in den einzelnen Jahrgangsstufen (vgl. Kernlehrplan 2004, S. 11). Auf diese Weise wird u. a. dem vielfach erhobenen Vorwurf an die Bildungsstandards der KMK Rechnung getragen, sie vernachlässigten die Formulierung allgemeiner Bildungsziele. Wie tragfähig die im Kernlehrplan aufgelisteten Kompetenzen für den Literaturunterricht respektive für die Arbeit mit dem Jugendbuch „Mojsche und Rejsele" sind, wird im Folgenden untersucht. Ich beginne mit einer Sachanalyse (2) sowie Didaktischen Überlegungen zu einer Unterrichtsreihe (3) und stelle dann eine Unterrichtssequenz mit Aufgaben und Kompetenzzuweisungen vor (4), um abschließend Möglichkeiten und Grenzen der Standardisierbarkeit des Literaturunterrichts (5) aufzuzeigen.

2. „Mojsche und Rejsele": ein Jugendbuch zum Thema Adoleszenz und Drittes Reich

Mit „Mojsche und Rejsele" hat die 1947 geborene niederländische Schriftstellerin Karlijn Stoffels im Jahre 1996 ihr erstes Jugendbuch vorgelegt[2], das sich in Deutschland in der Übersetzung von Mirjam Pressler erfolgreich verkauft und auf die Auswahlliste für den Deutschen Jugendliteraturpreis kam. 1998 erschien die erste deutsche Übersetzung, die Taschenbuchausgabe (198 Seiten) wurde inzwischen mehrfach aufgelegt,

Hörspielbearbeitungen folgten 2000 und 2006; bemerkenswert ist außerdem die Aufnahme in die „Junge Bibliothek" der Süddeutschen Zeitung. Unter gattungsspezifischen Gesichtspunkten gehört der Roman zum einen in die Rubrik der zeitgenössischen Kinder- und Jugendliteratur, die sich maßgeblich mit der Epoche des Nationalsozialismus beschäftigt (vgl. Lange 1998). Zum anderen handelt es sich um einen Adoleszenzroman (vgl. Kaulen 1999, S. 327), der den Prozess der Identitäts- und Sinnsuche schildert, mit einem Protagonisten, der ein eigenes Wertesystem entwickelt und erste sexuelle Erfahrungen sammelt.

Protagonist und Ich-Erzähler in „Mojsche und Rejsele" ist Mojsche Schuster. Die nur wenige Seiten umfassende Rahmenhandlung spielt im Jahre 1995 in Tel Aviv. Von einem Radioreporter wird Mojsche gebeten, als Zeitzeuge an einer Sendung über Dr. Janusz Korczak und sein jüdisches Waisenhaus in Warschau teilzunehmen. Doch er lehnt zunächst ab, weil er an diese Zeit nicht erinnert werden will. Erst als er wenige Stunden später im Radio das Lied „Rejsele" hört, ändert er seine Meinung. Das Lied weckt nicht nur schmerzvolle Erinnerungen, sondern lässt diese auch wieder zu, was die Rahmenhandlung selbst allerdings noch nicht zu erkennen gibt: die Erinnerung an Rejsele, das Mädchen aus dem Waisenhaus, in das er sich verliebt hatte. So entschließt er sich doch zur Teilnahme an der Radiosendung und trifft dort zu seiner Überraschung seine große Jugendliebe wieder.

Die Binnenhandlung spielt in den Jahren 1939 bis 1941. Mojsche ist dreizehn Jahre alt, als er im Sommer 1939 in das Waisenhaus von Dr. Korczak kommt. Er hat Schwierigkeiten, sich dort einzuleben und an die Erziehungsmethoden zu gewöhnen, die maßgeblich von der Utopie einer friedlichen und klassenlosen Gesellschaft bestimmt sind. Probleme bereiten ihm außerdem seine Gefühle für die gleichaltrige Rejsele, die Korczak mit allen Kräften bei der Erziehung der jüngeren Kinder unterstützt. Offensichtlich hat Mojsche sich in Rejsele verliebt, doch weiß er mit seinen Gefühlen nicht umzugehen und entwickelt eine Art Hassliebe. Als das Waisenhaus nach der deutschen Besatzung in das Warschauer Ghetto umziehen muss, verlässt er Dr. Korczak und seine Schützlinge und schließt sich einer polnischen Widerstandsgruppe an. Sein Weg führt ihn unter anderem nach Krakau, wo er unter gefährlichen Umständen für Rejsele den Text ihres Lieblingsliedes „Rejsele" besorgt. Da er dafür länger braucht als geplant, verpasst er seine Rückfahrmöglichkeit und landet vorübergehend bei einem Bauern, wo er sich als Pole ausgibt. Nachdem die Tochter des Bauern ihn verführt und dabei seine jüdische Herkunft erfahren hat, flieht er Hals über Kopf und gelangt mithilfe von Partisanen zurück nach Warschau. Noch zweimal führen ihn seine Kurierdienste für die Widerstandsgruppe ins Ghetto zu Rejsele. Während er ihr beim ersten Gang nur den Text übergibt und wieder einmal seine wahren Gefühle nicht artikulieren kann, kommt es beim zweiten Besuch zu einer innigen Begegnung, und er bittet sie sogar erneut mitzukommen. Doch Rejsele mit ihrem stark ausgeprägten Verantwortungsbewusstsein lehnt ab, obwohl sie weiß, dass bald alle ins Vernichtungslager abtransportiert werden. Für mehr als fünfzig Jahre trennen sich ihre Wege, bis sie sich 1995 bei der Sendung über Dr. Korczak wiedertreffen.

Trotz des glücklichen Endes ist Stoffels Jugendroman kein Rührstück. Das Wiedersehen nimmt „der Trauer und dem Schrecken nichts" (Heidkamp 1998), wovon das Buch erzählt. Mit der poesievollen und spannenden Einbindung einer Liebesgeschichte und Adoleszenzerfahrungen in einen Roman, der sich den Themen *Holocaust* und *Widerstand* widmet, hat Stoffels ein Buch geschrieben, das sich von vielen anderen Büchern zum Themenkomplex *Drittes Reich* positiv abhebt. Es informiert nicht nur über eine bestimmte Epoche, sondern genügt gleichzeitig literarästhetischen Gesichtspunkten und damit den Ansprüchen literarischer Bildung, wozu insbesondere die bleibende Distanz des Ich-Erzählers und seine trockenen Kommentare beitragen. Zudem ist es frei von Philosemitismus und Stereotypen – zwei Merkmale, die die deutsche Kinder- und Jugendbuchproduktion zum Thema *Holocaust* Jahrzehnte lang bestimmten, um eine Art Wiedergutmachung auf literarischer Ebene zu leisten.

3. Didaktische Überlegungen zur Unterrichtsreihe in der Klasse 7/8 der Realschule

„Mojsche und Rejsele" eignet sich für eine Unterrichtsreihe ab Klasse 7/8. Der Schwerpunkt sollte auf die Adoleszenzproblematik gelegt werden, was natürlich die Auseinandersetzung mit dem *Dritten Reich* aus der Perspektive des Heranwachsenden Mojsche impliziert. Die Fokussierung auf die Liebesgeschichte zwischen Mojsche und Rejsele bietet sich in der mittleren Jahrgangsstufe der Sekundarstufe I vor allem deshalb an, weil Verliebtsein und Erste Liebe – gepaart mit dem eigenen Unvermögen, sich seine Gefühle einzugestehen und sie dem oder der anderen mitzuteilen –, in dieser Alterskohorte entwicklungsbedingt wesentlich virulenter als Problem auftreten als bei älteren Jugendlichen. Dem abnehmenden Interesse an schulischem und privatem Lesen in der Pubertät kommt der Roman von Stoffels also insofern entgegen, als er die komplexen Probleme des Erwachsenwerdens thematisiert und einen direkten Bezug zur Lebenswirklichkeit der Lernenden hat.

Für die detaillierte Planung der Gesamtreihe sind altersspezifische Tendenzen der Entwicklung literarischen Verstehens, das stets ein individueller Aneignungsprozess ist, und entsprechend differenzierte Wege zur Erschließung des Textes zu berücksichtigen (vgl. Schubert-Felmy 2006, S. 98 ff.). Im Mittelpunkt steht der Buchtext, der vor Beginn der Reihe von allen gelesen sein sollte. Die Lerngruppe wird vor Aufnahme der Reihe in die Arbeit mit dem Portfolio eingeführt (vgl. Wintersteiner 2002a). Portfolios habe viele Vorzüge, auch wenn der Umgang mit ihnen aufseiten der Lehrperson Mehrarbeit bedeuten kann: Sie halten nicht nur den Lernprozess fest und bieten Lehrpersonen die Möglichkeit, differenziert auf individuelle Lernfortschritte bzw. Kompetenzzuwächse sowie die individuelle Leistung präzise einzugehen. Vor allem helfen sie den Schülern und Schülerinnen, verstärkt selbstgesteuert zu lernen, „die Aufmerksamkeit auf den eigenen Lernprozess" zu lenken, „diesen zu strukturieren und zu verbessern" (Wintersteiner 2002b, S. 4).

Folgende Themenschwerpunkte[3] bieten sich an:
1. Einstieg: Die Verweigerung Mojsches
   – Vergleich der Eingangsszenen in Hörspiel und Buch
2. Die Geschichte einer Liebesbeziehung vor dem Hintergrund des Holocaust
   – Mojsches Zuneigung für Rejsele
   – Mojsches Trennung von Rejsele angesichts der politischen Situation
   – spätere Begegnungen
3. Charakterisierungen der Hauptpersonen
   – Rejsele in der Mutter- und Hausfrauenrolle
   – Mojsche zwischen stillem Begehren und politischem Widerstand
4. Das Leben im Waisenhaus
   – Lebensbedingungen
   – Jüdisches Fest- und Brauchtum
   – Dr. Korczak und seine Erziehungsvorstellungen

4. Konkretisierung der Unterrichtssequenz: Die Geschichte einer Liebesbeziehung vor dem Hintergrund des Holocaust

Die Sequenz „Die Geschichte einer Liebesbeziehung vor dem Hintergrund des Holocaust" folgt auf die Einstiegsphase in die Unterrichtsreihe, für die alle Schülerinnen und Schüler den Text gelesen und dazu drei Arbeitsaufträge erhalten: 1. Gestalte ein Titelblatt für dein Portfolio mit Bild und Schrift in der Größe DIN-A4 (handschriftlich oder am Computer). 2. Halte während des Lesens und/oder nach der Lektüre des ganzen Buches in Stichworten Informationen zu Mojsche und Rejsele fest (Äußeres, Wesen, Verhalten der Personen). 3) Notiere, was dir an der Geschichte gefallen oder auch nicht gefallen hat. Begründe deine Meinung!

Die Schülerinnen und Schüler haben zu Beginn der Einstiegsphase, in der es um die Verweigerung Mojsches geht, also schon ein erstes Textverständnis entwickelt. Sie können auf ihre Notizen im Portfolio zurückgreifen, eventuell Textstellen vorlesen und ihre Meinungen austauschen. Mojsche Schuster will sich offenbar nicht erinnern, weil die Erinnerungen an die Kriegszeit in Polen und insbesondere an seine große Liebe Rejsele, von der er annimmt, dass sie im Vernichtungslager ermordet wurde, zu schmerzvoll sind. Die Liebesgeschichte zwischen den beiden Jugendlichen wird zu Beginn zwar schon thematisiert, doch der genaue Verlauf der Beziehung und die Verhaltensweisen der beiden in den einzelnen Begegnungen sind erst Gegenstand der Sequenz „Geschichte einer Liebesbeziehung vor dem Hintergrund des Holocaust". Im Hinblick auf die Frage nach der Standardisierbarkeit habe ich die Textpassage ausgewählt, in der sich Mojsche und Rejsele das erste Mal begegnen (S. 17 unten bis S. 20 Mitte, siehe den Abdruck hier auf S. 103–104).

4.1. Einstieg
Um die ausgewählte Szene in den Handlungszusammenhang einzuordnen, empfiehlt sich als Einstieg die Hausaufgabe „Lies den Beginn des Kapitels II (S. 12 bis S. 17 unten „… vor die Augen") und arbeite stichwortartig heraus, in welcher Situation und Stimmung sich Mojsche beim Eintritt ins Waisenhaus und besonders während der Untersuchung durch Dr. Korczak befindet." Die über weite Strecken aus der Ich-Perspektive verfasste Passage verdeutlicht Mojsches völlig neue Lebenssituation, der er skeptisch und ernst, aber auch etwas ängstlich gegenübersteht. Nach außen jedoch vermittelt er den Eindruck, stark und selbstbewusst zu sein.

Geschildert wird der Tag, an dem er mit einer schweren Tasche beladen im Waisenhaus einzieht. Hier muss er wohnen, nachdem sein Onkel Isaak plötzlich gestorben ist, bei dem er nach dem Tod seiner Eltern gelebt hatte. Das Dienstmädchen des Onkels wollte ihn bis zur Aufnahme begleiten, doch hat er das entschieden abgelehnt, schließlich fühlt er sich erwachsen. Seine negative Grundstimmung auf dem Weg zum Waisenhaus wird durch verschiedene Erlebnisse und Eindrücke noch verstärkt.

Beim Ausstieg aus der Straßenbahn beschimpft man ihn als Judenjungen, obschon er äußerlich in keiner Weise den Stereotypen entspricht. Sein neues Zuhause liegt in einem heruntergekommenen Viertel, in dem sich Prostituierte und orthodoxe Juden aufhalten, die in seinem bisherigen Leben keine Rolle gespielt haben. Seine erste, wortlose Begegnung im Waisenhaus macht er mit einer großen, kräftigen Frau, von der er sich bedroht fühlt. Und auch das erste Zusammentreffen mit Dr. Korczak kann seine Stimmung nicht verbessern, denn das ständige Grinsen dieses Mannes geht ihm auf die Nerven. Zunächst verhält sich Mojsche dem Arzt gegenüber sehr überheblich, da er ihn für den Hausmeister hält. Er reicht ihm nicht nur seine Tasche zum Tragen, sondern gibt sich auch rebellisch, als Dr. Korczak ihm die Haare schneiden will und ihn bittet, sich vor dem Wiegen auszuziehen. Regelrecht eingeschüchtert ist Mojsche dagegen, nachdem ihm im Laufe des Gesprächs klar wird, dass er Dr. Korczak vor sich hat. Sofort wird er höflich, schließlich ganz still und lässt auch das Schneiden der Haare über sich ergehen. Während er splitternackt auf der Waage stehe, klopft es plötzlich an der Tür. Peinlich berührt versucht er, sich schnell anzuziehen, bevor das Mädchen, dessen Namen Dr. Korczak gerufen hat, im Raum steht.

Die hier in groben Zügen dargestellte Situation und Stimmung von Mojsche bringen die Schülerinnen und Schüler zu Beginn der Sequenz „Die Geschichte einer Liebesbeziehung vor dem Hintergrund des Holocaust" detailliert und mit Textbelegen in Form des Unterrichtsgesprächs ein, sodass die Möglichkeit besteht, unterschiedliche Sichtweisen zu diskutieren und zu klären. Im Hinblick auf die Kompetenzförderung geht es maßgeblich um die Kompetenzen „Aussagen erklären und konkretisieren, Stichwörter formulieren […] Textabschnitte zusammenzufassen" (Kernlehrplan 2004, S. 31). Auf dieser Basis erfolgt nun die Auseinandersetzung mit der ausgewählten Passage in drei Schritten.

4.2. Textpräsentation Teil 1

Zentral für den ersten Teil der ausgewählten Textpassage ist die Frage, wie Mojsche, der sich gerade in einer Umbruchsituation befindet und aufgrund der vielen negativen Erfahrungen dieses Tages in einer schlechten Verfassung ist, Rejsele wahrnimmt und beurteilt. Zur Sicherung des Textinhalts geben die Schüler und Schülerinnen nach dem Lesen zunächst den Inhalt mit eigenen Worten wieder und äußern dazu ihre Meinung. Im Anschluss daran unterstreichen sie jene Textstellen, die Rejsele beschreiben und die deutlich machen, dass es Mojsches Sicht auf das Mädchen ist. Im Zuge der inhaltlichen Erschließung liegt der Aufgabenschwerpunkt auf den „Lesetechniken und -strategien", wobei es insbesondere um die Kompetenzen geht, „verschiedene Informationen entnehmen und zueinander in Beziehung setzen" sowie „Schlussfolgerungen ziehen" (Kernlehrplan 2004, S. 31).

Herauszuarbeiten ist, dass Mojsche das Mädchen „in aller Ruhe betrachten" kann, da sie ihn noch nicht wahrgenommen hat. Rejsele ist ganz im Gegensatz zu Mojsche aufgekratzt und gut gelaunt, da sie soeben von einem Ausflug zurückgekehrt ist. Begeistert erzählt sie Dr. Korczak, zu dem sie offenbar ein inniges Verhältnis hat, von diesem Erlebnis. In Mojsches Augen wirkt sie fraulich, er traut ihr sogar einen Freund zu und macht mit diesen Reflexionen deutlich, dass er sich um das Thema Freundschaft zwischen Jungen und Mädchen bereits Gedanken macht. Doch das fremde Mädchen empfindet er als „seltsam". Dabei irritiert ihn weniger die bäuerliche Erscheinung als vielmehr die Aufmachung eines Pfadfinders. Mit Erstaunen und einem gewissen Entsetzen nimmt er auch ihre Frisur wahr, die ihn veranlasst, über die Haartracht anderer Mädchen nachzudenken und darüber, wie Jungen sich normalerweise Mädchen gegenüber verhalten. Trotz des seltsamen Äußeren ist Rejsele für Mojsche ein Mädchen wie viele andere, für das er sich interessiert, aber mit dem er nicht so recht umzugehen weiß.

Zur Überprüfung des Textverstehens und der Frage, wie Mojsche Rejsele wahrnimmt und beurteilt, erhalten die Schülerinnen und Schüler einen Multiple Choice-Test, den alle ohne Zuhilfenahme der Lektüre allein bearbeiten (siehe rechte Seite). Zunächst in Vierergruppen und später im Klassenverband wird mit Einsicht in die Textvorlage darüber diskutiert, welche Antwort jeweils die richtige ist.

4.3. Textpräsentation Teil 2

Mojsche richtet in dieser Szene weiterhin seine gesamte Aufmerksamkeit gebannt auf Rejsele. Zum einen ist sie eine seiner zukünftigen Mitbewohnerinnen, die ihm in ihrem Monolog mit Dr. Korczak einen Einblick in die Freizeitgestaltung des Waisenhauses vermittelt, von dem er überhaupt noch nichts weiß. Zum anderen ist sie ein Mädchen, das er alters- bzw. entwicklungsbedingt wie alle Mädchen mit Scheu betrachtet und unmöglich findet. Als sie dann noch ihren Rock anhebt und zu tanzen beginnt, empfindet er das Verhalten als so ungehörig und die Situation als so peinlich, dass er sich erhebt und unbemerkt den Raum verlassen will.

Die Schülerinnen und Schüler erhalten zu dieser Textpassage ein Arbeitsblatt, dessen Aufgaben auf die Förderung folgender Kompetenzen abzielen: einen Text „sinnerfassend lesen", „Aussagen erklären", „Textaus-

Multiple Choice-Test: Rejsele aus der Sicht von Mojsche

1) Rejsele betritt das Zimmer von Dr. Korczak
   - ☐ aufgeregt   ☐ gut gelaunt   ☐ aufgekratzt

2) Sie
   - ☐ bleibt ein paar Schritte vor Dr. Korczak stehen
   - ☐ bleibt dicht vor Dr. Korczak stehen
   - ☐ bleibt in der Tür stehen

3) Auf Mojsche wirkt sie
   - ☐ eigenartig   ☐ merkwürdig   ☐ seltsam

4) Sie sieht aus wie
   - ☐ eine arme Stadtwaise
   - ☐ ein Bauernmädchen
   - ☐ ein armes Bauernmädchen

5) Sie ist
   - ☐ groß und kräftig und hat schon Figur
   - ☐ groß und hat schon Figur
   - ☐ groß und hat schon viel Figur

6) Ihr Kleid ist
   - ☐ braun-blau gestreift
   - ☐ braun-blau kariert
   - ☐ braun-grün kariert

7) An ihrem Ledergürtel baumelt
   - ☐ ein Stock an einer Schnur
   - ☐ ein Taschenmesser an einem Metallring
   - ☐ ein Taschenmesser an einem Haken

8) Die Himbeeren in ihrer Kleidtasche befinden sich in
   - ☐ einem kleinen Glas
   - ☐ einem Glastöpfchen
   - ☐ einem grünen Glastöpfchen

9) Ihren langen Zopf schüttelt sie
   - ☐ nach vorn   ☐ nach hinten   ☐ zur Seite

10) Mojsche denkt:
    - ☐ Allmächtiger, welch ein Zopf!
    - ☐ Allmächtiger, was für ein langer Zopf!
    - ☐ Mensch, was für ein langer Zopf!

sagen mit eigenem Wissen in Beziehung setzen" (Kernlehrplan 2004, S. 31), einen literarischen Text „in szenischem Spiel erschließen" und dabei „nonverbale Ausdrucksformen einsetzen" (ebd., S. 25) sowie „Medien zur Informationsentnahme nutzen" (ebd., S. 32).

Arbeitsblatt: Lest den Text leise und erledigt dann in Dreiergruppen folgende Aufgaben:
1) Was erscheint euch auffällig?
2) Sucht nach Erklärungen, warum Mojsche so peinlich berührt ist und das Waisenhaus mit einer Irrenanstalt vergleicht!
3) Erprobt ein Standbild, bei dem ihr besonders auf die Mimik und Haltung von Mojsche achtet!
4) Informiert euch mit Hilfe der Worterklärungen am Ende des Buches und unter Zuhilfenahme des Internets, was man unter „Erez-Israel", „Hora" und dem „jemenitischen Schritt" versteht!

4.4. Textpräsentation Teil 3

Nun hat auch Rejsele Mojsche bemerkt. Sie ist sich bewusst, dass er die ganze Zeit über zugesehen und zugehört hat, wirkt erschrocken, hat sich aber sofort in der Gewalt, denn ohne zu zögern stellt sie sich vor und fragt auch Mojsche nach seinem Namen. Der aber reagiert unfreundlich, fast frech, und nennt Rejsele erst seinen Namen, nachdem Dr. Korczak interveniert hat; Rejseles ausgestreckte Hand ignoriert er. In der Auseinandersetzung mit dieser Szene werden die Schülerinnen und Schüler zunächst aufgefordert, die ersten vier Zeilen laut vorzulesen. Sie müssen also „sprechgestaltende Mittel bewusst einsetzen" (vgl. Kernlehrplan 2004, S. 25) und begründen anschließend, was sie mit bestimmten Betonungen zum Ausdruck bringen wollen. Danach werden die verschiedenen Darbietungen bewertet, was die Frage impliziert, welche Art der Präsentation unangemessen ist. Die Beschäftigung mit der ersten Begegnung schließt mit der Aufgabe: „Versetze dich in Rejsele und schreibe auf, was ihr nach der Begegnung mit Mojsche durch den Kopf geht!", womit ein Bezug zum Aufgabenschwerpunkt „Produktionsorientiertes Schreiben" hergestellt wird, der dem „Experimentieren mit Texten und Medien" dient (vgl. S. 30).

5. Möglichkeiten und Grenzen der Evaluation von Kompetenzen

Die Frage nach der Reichweite der Evaluation von Kompetenzen konzentriert sich im Folgenden auf die Aufgaben zu der in drei Abschnitte aufgeteilten Textpassage. Bei der Aufgabenstellung wurde Wert darauf gelegt, überwiegend mit dem bekannten und bewährten Aufgabenspektrum des Deutschunterrichts zu arbeiten und die Frage, inwieweit an bestimmte Aufgaben gekoppelte Kompetenzen überprüfbar sind, zunächst außen vor zu lassen.

Der in Kapitel 4.2. eingesetzte Multiple-Choice-Test hilft den Schülerinnen und Schülern, sich die gelesene Szene noch einmal genau zu vergegenwärtigen, sie zu imaginieren. Darüber hinaus können sie in den anschließenden Diskussionen mit einem erneuten Blick auf den Text, das heißt durch textnahes Lesen (vgl. Paefgen 1998), die vorgegebenen Antworten prüfen und belegen, welche jeweils die richtige ist. Mit diesem Verfahren sind die anvisierten Kompetenzen nicht nur für die Lehrperson eindeutig überprüfbar (verschiedene Informationen entnehmen, sie zueinander in Beziehung setzen und Schlussfolgerungen ziehen), sondern auch für die Lernenden selbst. Vermutlich wirkt sich ein solches Verfahren positiv auf die Lernmotivation aus. Allerdings wird man es im Rahmen der gesamten Lektüre nur wenige Male einsetzen können, will man bei den Lernenden nicht den Eindruck aufkommen lassen, beim Umgang mit literarischen Texten gehe es primär um die Abfrage von Fakten.

Die ersten drei Fragen des Arbeitsblattes (Kap. 4.3.) lassen viel Raum zur Interpretation, sodass die erworbenen oder ausgebauten Kompetenzen an den Antworten nur bedingt überprüfbar sind. Immer zielen sie auf das nicht gänzlich objektivierbare Textverstehen. Verschiedene Interpretation sind denkbar, bezieht man etwa Frage 1 auf den ersten Satz der Textpassage. Es fällt auf, dass Mojsche Rejsele nachäfft. Aber warum macht er das? Fühlt er sich aufgrund der vorausgegangenen Erfahrung – nackt gewogen worden zu sein und nun kurz geschorene Haare zu haben – einfach nur unwohl und lässt deshalb seinen Frust heraus? Ist für ihn wegen seiner negativen Grundstimmung die aufgekratzte und Heiterkeit verbreitende Rejsele eine reine Provokation? Findet er sie nur unmöglich, weil sie ein Mädchen ist oder weil er selbst sich nie so verhalten würde? Treffen möglicherweise alle Erklärungen zu oder eine hier noch nicht genannte?

Wesentlich eindeutiger lässt sich hingegen klären, dass Mojsche am Ende der Textpassage so peinlich berührt ist (s. Frage 2), weil Rejsele den Rock hoch gehoben und damit seine Schamgrenze überschritten hat. Und sicherlich können die Schülerinnen und Schüler eine solche Szene mit eigenem Wissen in Beziehung setzen und nachvollziehen. Weshalb aber vergleicht Mojsche das Waisenhaus mit einem Irrenhaus? Nur weil Rejsele den Rock hebt und tanzt? Oder ist er mit den zahlreichen neuen Erfahrungen und Eindrücken dieses Tages nun endgültig überfordert, hat

Rejseles Auftritt einfach nur seinen Geduldsfaden überspannt? Ebenfalls schwer zu beurteilen ist, mit welchem Standbild sich die Lernenden den Textausschnitt angemessen erschließen (Frage 3). Nehmen wir wieder den Schluss der Passage, so sind die Möglichkeiten begrenzt, Mojsches Schleichen zur Tür darzustellen. Vermutlich werden in der Mehrzahl eine nach vorn gebeugte Körperhaltung und hoch gezogene Schultern gewählt. Wie aber ist es um seinen Gesichtsausruck bestellt? Ein offener Mund und hoch gezogene Augenbrauen, die zeigen, dass er Angst hat, beim Hinausschleichen bemerkt zu werden? Oder schleicht er mit gesenktem Blick in Richtung Tür? Auch in diesem Fall sind wieder viele Möglichkeiten denkbar, weil der Text Leerstellen enthält. Lediglich die Beantwortung der Frage 4 vom Arbeitsblatt (Information aus Glossar und Internet hinzuziehen) ist eindeutig als richtig oder falsch zu klassifizieren.

Der Einsatz sprechgestaltender Mittel in Kapitel 4.4. umfasst neben Artikulation, Modulation, Tempo und Intonation auch Gestik und Mimik. Da die Schülerinnen und Schüler zu diesem Zeitpunkt aufgrund der Erzählperspektive einen relativ umfassenden Einblick in die Psyche von Mojsche gewonnen haben, werden sie ihn in Gestik, Mimik und Intonation als eine Person darstellen, die genervt und unfreundlich auftritt. Interpretationsspielraum ist kaum gegeben. Nicht viel anders sieht es im Falle von Rejsele aus, deren Verhalten den Leserinnen und Lesern zwar überwiegend aus der Sicht Mojsches geschildert wird, die sich aber auch in der Figurenrede mehrfach zu Wort meldet und dabei einen zugewandten, freundlichen und selbstbewussten Eindruck hinterlässt. Somit ist davon auszugehen, dass sie sich im ersten Wortwechsel mit Mojsche ähnlich verhält, wofür auch die Tatsache spricht, dass sie trotz der Verwunderung, plötzlich eine fremde Person im Zimmer zu erblicken, sofort die Hand ausstreckt und keinen Moment zögert, sich vorzustellen. Die Frage nach den adäquaten sprechgestalterischen Mitteln ist also im Hinblick auf Rejsele ebenfalls relativ eindeutig zu beantworten, und da die Lernenden die eigene Darstellungsweise begründen, ist der bewusste Einsatz der Mittel überprüfbar.

Evaluiert werden können bedingt die mit der produktionsorientierten Aufgabe in Verbindung stehenden Kompetenzen. Was genau Rejsele durch den Kopf geht, ist zu diesem Zeitpunkt zwar in weiten Teilen Spekulation, da sie als Figur noch zu unbekannt und nur wenig erschlossen ist. Jedoch haben die Schülerinnen und Schüler aufgrund der Gesamtlektüre des Romans vor Beginn der Unterrichtsreihe schon eine Vorstellung von dem Mädchen entwickelt. Eine völlig ablehnende Haltung Mojsche gegenüber verträgt sich auf keinen Fall mit ihrer Geste, die Hand auszustrecken. Es ist zum Beispiel zu erwarten, dass Rejsele Mitleid mit dem „Neuen" hat und ihr eigenes Verhalten als unpassend empfindet. Kriterien wie Kohärenz, sprachlich-stilistische Mittel, Originalität und die Intensität der Imagination sind bei der Bewertung der produktiven Leistung maßgeblich (vgl. Spinner 2006, S. 189). Der Kernlehrplan verzichtet auf die Angabe solcher oder ähnlicher Kriterien. Die zu überprüfende Kompetenz für produktionsorientiertes Schreiben lautet schlicht und vage, die Lernenden „experimentieren mit Texten und Medien" (Kernlehrplan 2004, S. 30). Welche Form des Experimentierens aber ist angemessen, was stellt diesbezüglich einen Mindeststandard dar, welche Abstufungen von Kompetenzen sind denkbar?

Die unterrichtspraktischen Überlegungen haben gezeigt, dass eine Reihe von Kompetenzen zu evaluieren sind, was aber nichts Neues ist, denn schon in der Vergangenheit des Deutschunterrichts waren Lernerfolg und Lernzuwachs überprüfbar. Zugleich zeigte sich, dass viele Kompetenzen nicht evaluierbar sind, weil wir es mit literarischem Verstehen zu tun haben, das sich – anders als Verstehen im naturwissenschaftlichen Unterricht – bekanntermaßen teilweise der Überprüfbarkeit entzieht. Evaluation stößt im Literaturunterricht immer wieder auf Grenzen: Textnahes Lesen können wir überprüfen, Kreativität oder auch ästhetische Genussfähigkeit nur bedingt. Aber bei der gegenwärtigen Diskussion um Standardisierung geht es ja um mehr als Evaluation, was begrüßenswert ist. Es geht um die Chance einer realen Qualitätsentwicklung im deutschen Schulsystem, indem ein Mindestmaß an Vergleichbarkeit sichergestellt wird – ein Mindestmaß wohlgemerkt, denn wo Messung nicht möglich ist, kann auch nicht verglichen werden.

Anmerkungen

[1] Nachfolgend nur zitiert als Kernlehrplan.
[2] Hinweise zu weiteren Jugendbüchern sind der Homepage von Karlijn Stoffels zu entnehmen: http://www.karlijnstoffels.com/jeugdboeken.htm (17. 4. 2006)
[3] Andere und weiterführende Angaben zur didaktischen Aufbereitung finden sich bei Merkelbach 2002 und im Internet unter Jugendliteratur zum Thema Drittes Reich/Holocaust (2006).
[4] Die mit einem * versehenen Wörter werden im Anhang erläutert.

Literatur

Bildungsstandards im Fach Deutsch für den Mittleren Schulabschluss. Beschluss vom 4. 12. 2003. Hg. vom Sekretariat der Ständigen Konferenz der Kultusminister der Länder in der Bundesrepublik Deutschland. Neuwied: Luchterhand 2004.

Heidtkamp, Konrad: *Rezension zu „Mojsche und Rejsele".* In: Die Zeit Nr. 37 vom 3. 9. 1998, S. 54.

Kaulen, Heinrich: *Fun, Coolness und Spaßkultur?: Adoleszenzromane der 90er Jahre zwischen Tradition und Postmoderne.* In: Der Deutschunterricht 52 (1999), S. 325–336.

Kernlehrplan für die Realschule in Nordrhein-Westfalen: Deutsch. Hg. vom Ministerium für Schule, Jugend und Kinder des Landes Nordrhein-Westfalen. Frechen: Ritterbach 2004.

Lange, Günter: *Zeitgeschichtliche Kinder- und Jugendliteratur.* In: Alfred C. Baumgärtner/Heinrich Pleticha: Kinder- und Jugendliteratur: ein Lexikon. Meitingen: Corian 1998, Loseblatt-Slg.

Merkelbach, Valentin: *Unterrichtsmodell zu „Mojsche und Rejsele".* In: Interpretationen & Modelle für den Deutschunterricht zu 130 Schulklassikern und Jugendbüchern: CD ROM. Hg. von Jakob Ossner/Cornelia Rosebrock/Irene Piper. Berlin: Cornelsen 2002.

Paefgen, Elisabeth K.: *Textnahes Lesen: 6 Thesen aus didaktischer Perspektive.* In: Jürgen Belgrad/Karlheinz Fingerhut (Hg.): Textnahes Lesen: Annäherungen an Literatur im Unterricht. Baltmannsweiler: Schneider 1998, S. 14–23.

Pelz, Monika: *„Nicht mich will ich retten": Die Lebensgeschichte des Janusz Korczak.* Weinheim: Beltz & Gelberg 2005.

Richtlinien und Lehrpläne für die Realschule in Nordrhein-Westfalen: Deutsch. Hg. vom Kultusministerium des Landes Nordrhein-Westfalen. Frechen: Ritterbach 1993.

Schubert-Felmy, Barbara: *Umgang mit Texten in der Sekundarstufe I.* In: Michael Kämper-van den Boogaart (Hg.): *Deutsch-Didaktik: Leitfaden für Sekundarstufe I und II.* 3. überarb. Aufl. Berlin: Cornelsen 2006, S. 95–116.

Spinner, Kaspar: *Handlungs- und produktionsorientierte Verfahren im Literaturunterricht.* In: Michael Kämper-van den Boogaart (Hg.): DeutschDidaktik: Leitfaden für die Sekundarstufe I und II. Berlin: Cornelsen Scriptor 2006, S. 175–190

Stoffels, Karlijn: *Mojsche und Rejsele.* Aus dem Niederländischen von Mirjam Pressler. Weinheim: Beltz & Gelberg 2000.

Wintersteiner, Werner (Hg.): *Portfolio.* Innsbruck: Studien Verl. 2002a (Informationen zur Deutschdidaktik; 2002, 1).

Wintersteiner, Werner: *Editorial: Aktien und Anlagen.* In: ders. (Hg.): Portfolio. Innsbruck: Studien Verl. 2002b (Informationen zur Deutschdidaktik; 2002, 1), S. 4–5.

Internetquellen

Arbeitsgruppe KELP – Realschulen im Bereich Unna/Hamm (Hg.): Kernlehrplan Deutsch: Vorschlag zur Umsetzung für die Fachschaften Deutsch an Realschulen [o. J.]. http://www.learnline.de/angebote/kernlehrplaene/material/deutsch/sequenzbeispieldtre.pdf (22.04.2006)

Jugendliteratur zum Thema Drittes Reich/ Holocaust: Anregungen für den Unterricht: http://www.gedenkstaettenpaedagogik-bayern.de/lit-stoffels_mojsche.htm (18. 4. 2006)

Zu Brechts auf den ersten Blick enigmatisch anmutendem Gedicht wird ein Unterrichtskonzept vorgelegt, das mit den KMK-Bildungsstandards für den Mittleren Schulabschluss abgeglichen ist. Außerdem wird der Versuch unternommen, die vorgeschlagenen Standards nach Kompetenzstufen zu differenzieren.

ULF ABRAHAM

Wie standardisierbar ist Methodenkompetenz im Umgang mit Lyrik?

Zu Bertolt Brecht „Der Steinfischer" (9./10. Schuljahr)

1. Der Text

Auf den ersten Blick scheint der wenig bekannte Text[1] aus Brechts zwischen 1938 und 1941 im dänischen Exil entstandenen Gedichten recht einfach zu interpretieren zu sein: Der „braune starke Arm" (Z. 12) lässt – vielleicht nicht die Schülerinnen und Schüler, wohl aber die Lehrenden – an den Arm eines Faschisten denken, wenn nicht gar („der *große* Fischer") an Hitlers Arm. Dass er ein „brüchiges" Netz und ein „morsches Boot" zum Fischen benutzt (vgl. Z. 1 und 10), wäre dann als implizite Kritik des Sprechers (den man angesichts des eher prosanahen Grundtons kaum ein „lyrisches Ich" wird nennen wollen) an dem zu lesen, womit die NS-Herrschaft dem Volk („Dorfbewohner", Z. 4) Existenzsicherung, ja „Lebensraum" schaffen wollte: Es trägt nicht, wird nicht lange halten. Dass nicht Fische, sondern Steine im Netz sind, von denen man sich nicht ernähren kann, wäre dann die Fortsetzung dieser Kritik an den „brüchigen" Heilsversprechungen des „Tausendjährigen Reiches".

Ist es das?

Andererseits: Die ausdrücklich mehrmals erwähnte Belustigung (vgl. Z. 5, 7–9) der Dorfbewohner bleibt im Rahmen einer solchen Deutung unerklärt. Worüber grinsen und lachen sie? Als bloßer Ausdruck der Schadenfreude wirkt das Verhalten dieser Zuschauer („Die Männer schlagen sich auf die Schenkel, die Weiber halten sich die Bäuche, die Kinder

Der Steinfischer

1 Der große Fischer ist wieder erschienen. Er sitzt in seinem morschen Boot und fischt, wenn früh die erste Lampe aufflammt und wenn die letzte am Abend gelöscht wird.
Die Dorfbewohner sitzen auf dem Kies der Böschung und
5 sehen ihm grinsend zu. Er fischt nach Heringen, aber er zieht nur Steine hoch.
Alles lacht. Die Männer schlagen sich auf die Schenkel, die Weiber halten sich die Bäuche, die Kinder springen hoch in die Luft vor Lachen.
10 Wenn der große Fischer sein brüchiges Netz hochzieht und die Steine drin findet, verbirgt er sie nicht, sondern langt weit aus mit dem braunen starken Arm, greift den Stein, hält ihn hoch und zeigt ihn den Unglücklichen.

Bertolt Brecht

springen hoch in die Luft vor Lachen") merkwürdig übertrieben, ja unmotiviert. Angemessen wäre solche Heiterkeit angesichts einer zur Volksbelustigung auf clowneske Weise dargebotenen Vorführung; aber nichts deutet darauf hin, dass der Steinfischer sich als Alleinunterhalter versteht. Sein auffällig demonstrativer Gestus („greift den Stein, hält ihn hoch und zeigt ihn den Unglücklichen") ist eher derjenige eines mürrischen Mahners als der eines Dorfclowns. Im Übrigen ist er der einzige, der irgendetwas tut. Alle anderen („Männer, Weiber und Kinder") sitzen nur herum, tun gar nichts, gaffen, lassen sich unterhalten, freilich mit anscheinend untauglichen Mitteln. Der Textschluss nennt sie ohne Umschweife die „Unglücklichen". Das ist die einzige Stelle, an der der Sprecher seine rein beschreibende bzw. mit kargen Mitteln schildernde Haltung auf- und ein Urteil abgibt.

Über den Steinfischer findet sich dagegen kein Urteil, auch keine Erklärung seines Verhaltens. Warum fischt er denn immer weiter „nach Heringen" (Z. 5), wenn er doch „nur Steine" hochzieht? Und wer sagt, dass er eigentlich Fische – und nicht Steine – hochziehen *will*? Er selbst sagt nichts, jedenfalls nicht in der vom Text präsentierten Situation. Vielleicht behaupten nur andere, er fische vergeblich, während er selbst genau das tut, was er sich vorgenommen hat? Vielleicht ist sein Tun nicht so sinnlos oder lächerlich, wie jene Tagediebe glauben, die ihm zusehen? Er hat keine Angst davor, sich lächerlich zu machen: Er „verbirgt" den Stein nicht (vgl. Z. 11), sondern macht ihn so sichtbar wie möglich. Dass seine Zuschauer das lachhaft finden, kümmert ihn anscheinend nicht. Was geht in ihm vor?

Weitere Fragen drängen sich auf:

- *textimmanent (in Bezug auf die vom Text erschaffene Welt)*: Wer oder was ernährt eigentlich das Dorf, wenn keine Heringe im Netz sind und sonst niemand fischt?
- *referentiell (in Bezug auf die außertextliche Wirklichkeit):* Ist „Steinfischer" eigentlich eine „poetische" Eigenprägung Brechts, oder gibt es das Wort – und eine Tätigkeit, die ihm zugeordnet werden kann, – wirklich?

Je länger man den Text – Brecht gab der kleinen Gruppe prosaähnlich wirkender Gedichte, zu dem er gehört, den Titel „Visionen" – ansieht, desto verwirrender ist er in seiner scheinbaren („visionären") Klarheit. Verbale Äußerungen des Personals fehlen. Es gibt nur nonverbale Signale (Grinsen, Lachen, Schenkelklopfen) und stummen Gestus (Hochhalten des Steins). Analoge Signale, das wissen wir seit Watzlawick et al., sind aber schwerer zu deuten als digitale. Mögliche Paraphrasen des Gestus des Steinezeigens könnten sein:

- Seht her, mein Tun ist sinnlos; es sind nur Steine da (resignativer Gestus).
- Seht her, von mir könnt ihr nichts Essbares erwarten; da müsst ihr euch schon selber anstrengen (appellativer Gestus).
- Seht mir ruhig weiter zu; ihr werdet schon sehen, was ihr davon habt (zynischer Gestus).

2. Didaktische Überlegungen

„Versteh mich nicht so schnell", hieß ein Buch zum Umgang mit Gedichten auf der Primarstufe (Andresen 1992). Die Mahnung, vorschnelle Zuschreibung von Sinn eher zu vermeiden, sich Zeit mit Gedichten zu lassen, sie nicht eilig zuzuordnen und zügig zu „erledigen", gilt aber nicht nur für die Grundschule, sondern weit darüber hinaus. Sie gewinnt neue Aktualität in einer Situation, in der die Konzentration auf Standards die Besinnung auf „Exemplarisches" nahelegt, wenn nicht gar erzwingt. Was bereits Austermühl (1982) als „lyrisches Verstehen" beschrieb und von einer semiotischen Basis aus begründete, ist oft nur durch genaues Hinsehen, durch Verweilen bei einzelnen Versen, ja Wörtern zu erreichen.

Über die Textarbeit eines solchen „close reading" hinaus ist das Gedicht aber auch „als Partitur für die Vorstellungsbildung" in Erwägung zu ziehen (vgl. Abraham 2001): Sprechgestaltendes Lesen und „szenisches Interpretieren" (Schau 1996, Scheller 2004) sind Ansätze, mit denen die in der Praxis oft zu beobachtende Oberflächlichkeit des „Darüber(hinweg)-Redens" vermieden werden kann.

Das setzt aber Methodenkompetenz bei den Lehrenden und Lernenden voraus. Wie man der Polyvalenz eines Textes auf die Spur kommt, wie man verschiedene Lesarten unterscheidet und damit auch vergleichen und bewerten kann, das sollten Lernende nicht der Lehrkraft überlassen müssen, weil sie selbst keine Verfahren kennen, die das leisten. „Verzögertes Lesen", wie Harald Frommer es vor zwanzig Jahren begründet hat (im vorliegenden Text könnte man das letzte Wort aussparen und die Lernenden Vorschläge für die Aussparung erarbeiten lassen), hilft hier ebenso weiter wie pantomimische, sprecherische, dialogische oder auch musikalische Umsetzung.

Es geht dabei um zweierlei: dem Gedicht als einem in besonderer Weise verdichteten Text gerecht zu werden und den Literaturunterricht durch mehr Eigentätigkeit dazu zu verhelfen, dass er *mehr* Lernende tatsächlich erreicht und beteiligt.

Erst nach diesen Phasen der genauen Lektüre und der eigentätigen Annäherung durch das Herausarbeiten von Lesarten sollten eher philologische Fragestellungen behandelt werden, die selbstverständlich auch in den künftigen Standards ihren Platz haben: Gattungszuordnung (Was spricht hier für einen epischen, was für einen lyrischen Text?), Symbolik und andere Formen der „uneigentlichen Rede" (Wie weit trägt eine Lektüre des Textes als Parabel?), Einordnung in das Werk eines Autors, das Selbst- und Weltverständnis einer Epoche usw.

Eine vertiefende Analyse der PISA-Studie 2000 (Schiefele/Artelt/Schneider/Stanat 2004, S. 179) kommt zu dem empirisch gestützten Schluss, „dass der kompetente Umgang mit literarischen Texten als ein separater Teilaspekt der Lesekompetenz verstanden werden sollte". Um diesen Teilaspekt näher zu bestimmen, werden wir allerdings über die bekannten PISA-Kategorien „Informationen ermitteln", „texbezogenes Interpretieren" und „Reflektieren und Bewerten" hinausgehen müssen. Die Frage nach den zu erwerbenden Kompetenzen ist vorläufig (vgl. aber unten, Abschnitt V.) so zu beantworten: Analyse- und Erschließungskompetenz, Fähigkeit der perspektivischen Betrachtung, Fähigkeit und Bereitschaft zur Anschlusskommunikation[2] und zum offenen Interpretationsgespräch sowie Methodenkompetenz (szenische Verfahren).

3. Unterrichtsplanung nach dem (derzeit noch) gültig Lehrplan für bayerische Gymnasien, 9. Klasse

Ein Blick in den (noch) gültigen Lehrplan für das neunjährige Gymnasium in Bayern zeigt, wie vielfältig die Anknüpfungspunkte in diesem Fall sind – vom „sinn- und formgerechten Vorlesen bzw. Vortragen" über das „Erörtern einfacher Fragen und Sachverhalte (auch im Anschluss an Texte)" und das Einüben der „Zitiertechnik (Verknüpfung von Zitat und eigener Darstellung)" bis zur „Literatur des 20. Jahrhunderts (unterschiedlichen literarischen Formen, Motiven und Traditionen" im Sinn der anzustrebenden „erweiterten literarischen Kenntnisse und differenzierteren Erschließungsverfahren").[3]

Dabei legt der Lehrplan Wert auf „Lebensbezüge der Texte: Aktualität, Realitätsbezug, Problemgehalt" sowie darauf, dass der Text „Erfahrungen, Einstellungen und Standpunkte zum dargestellten Problem" vermittelt, dass „unterschiedliche Absichten und Wirkungen eines Textes" erarbeitet werden und nicht zuletzt „Bedingungen für das Entstehen und Verstehen der Literatur" überhaupt. „Zeitbedingtheit und Eigengesetzlichkeit der Texte" sind zu untersuchen. Bei Lyrik speziell geht es unter anderem um „Themen, Motive, Formen", „Inhalt und Aufbau, lyrisches Ich und Sprechhaltung" sowie um die „zentrale Aussage, Weltsicht".

Daraus ergeben sich für die Planung der Einheit wichtige Fragen:
– Welche „erweiterten literarischen Kenntnisse und differenzierteren Erschließungsverfahren" (s. o.) sind hier notwendig?
– Wie wichtig *sind* hier „Zeitbedingtheit" und „Erfahrungshintergrund des Autors"?
– (In welchem Sinn) Ist der Text überhaupt ein „Gedicht" („Gedichtform untersuchen")?
– Welche Themen bieten sich für die ebenfalls vom Lehrplan vorgeschlagenen „Kurzvorträge zu Aspekten der Lektüre" an – können „Vergleichstexte oder „geeignete Sachtexte" herangezogen werden?

4. Ein Unterrichtskonzept

Diese Vorgaben und Überlegungen aufnehmend, soll nun ein Unterrichtskonzept skizziert werden, das dann in einem letzten Schritt mit den Nationalen Bildungsstandards für den Mittleren Schulabschluss sowie, ergänzend, denjenigen für die Hauptschule abgeglichen werden soll (vgl. Abschnitt V).

A. In einer ersten Phase des auf drei Unterrichtsstunden angelegten Konzepts können die Lernenden sich den Text, den die Lehrkraft zunächst vorgelesen hat, in Partnerarbeit erschließen. Zwei Aufträge sind dabei hilfreich: Zum einen sind solche Fragen zu notieren, auf die man Antworten zu haben glaubt, und zum anderen offene Fragen. In einem Unterrichtsgespräch werden diese Notizen ausgewertet (Tafelanschrift: „Was wir zu wissen glauben"/„Was wir noch herausfinden wollen"). Im zweiten Teil der Unterrichtsstunde dient ein szenisches Verfahren der Annäherung an den Text: Ein *Standbild* wird aufgebaut, das den Augenblick wiedergibt, an dem der Steinfischer einen Stein hochhält und ihn „zeigt" (vgl. Z. 11–13): Wie sitzen (lümmeln, kauern, liegen …) die Zuschauer, wie kniet oder sitzt der Fischer, was sagt seine Gestik, Mimik und Körpersprache über den Fund und über die Reaktion der Zuschauer? Können sich die Standbildbauer nicht einigen, so werden Varianten des Standbildes gestellt und mit einer Fotokamera dokumentiert (mindestens *ein* Foto wird später gebraucht, s. u.).
B. In einer dritten Phase wird ein häuslicher Arbeitsauftrag ausgeführt: Jetzt recherchieren die Lernenden selbständig zu den gesammelten offenen Fragen: Wann ist der Text (etwa) entstanden, in welcher Lage war der Autor, welche anderen Gedichte sind in seinem Umkreis publiziert, was ist ein „Steinfischer"?
C. In der vierten Phase, das heißt in der *zweiten Unterrichtsstunde*, werden die Rechercheergebnisse zusammengeführt (Eintrag auf einem vorbereiteten Arbeitsblatt). Brechts unter anderem in Gedichten der Exiljahre in Skandinavien versuchte Auseinandersetzung mit der NS-Diktatur in Deutschland kommt zur Sprache. Versuche, den „starken braunen Arm" mit Hitler gleichzusetzen und die „Unglücklichen" mit dem deutschen Volk, sollten allerdings unterlaufen werden: Die Nationalsozialisten wurden von den meisten „Dorfbewohnern" (Deutschlands) nach 1938 alles andere denn als lächerlich wahrgenommen. Der Steinfischer „ist" nicht etwas oder jemand, sondern er *zeigt* etwas. Auch gefundene Texte können jetzt, nach Absprache mit der Lehrkraft, kurz vorgestellt werden (stammen sie aus dem Internet, so geschieht das am Einfachsten im Computerraum online, ansonsten per Ausdruck). Zwei Fundstücke (vgl. zum Beispiel Anhang I) können auf jeden Fall ausgewertet werden: Mit ihrer Hilfe ist zu klären, dass der Begriff *Steinfischer* keine Eigenprägung des Autors ist, sondern einen in Häfen und Fahrrinnen eingesetzten Schiffstyp („kleine Schiffe mit wenig Tiefgang und guter Seetüchtigkeit") bezeichnet, der die Aufgabe wahrnimmt, störende Steine heraufzuholen und zu beseitigen. Dass

der Autor im dänischen Exil Gelegenheit gehabt haben mag, so etwas zu beobachten, sollte erwähnt werden. Wichtiger ist aber, dass auf den Unterschied zwischen referenzieller Funktion von Sprache (Bezug zu außersprachlicher Wirklichkeit) und ästhetischer Funktion eingegangen wird: Durch das Wörtlich-Nehmen entsteht ein ganz neues Motiv, das zum Impuls wird für die Konstruktion eines zeichenhaften, vielleicht – das bleibt zu klären – *parabolischen* Wirklichkeitsmodells. Die schon erwähnte „Gattungsfrage" ist hier zu thematisieren. Wenn dieser eher prosaisch wirkende Text ein Gedicht ist (zwar heißt sein Publikationsort „Gedichte", er selbst allerdings, wie gesagt, eine „Vision"), so nicht aus formalen Gründen, sondern weil er eine verdichtete und symbolhafte Modellierung von Wirklichkeit unternimmt, *ohne* indessen eine widerspruchsfrei aufzulösende Parabel darzustellen. Er ist nicht konstruiertes, sondern *visualisiertes* Modell einer widersprüchlichen Wirklichkeit. Eine weitere Bedeutung von *Steinfischer* hat der Verfasser einer Reportage über das illegale „Herauftauchen" versteinerter Urzeitfische in Brasilien geschaffen[4]; auch dieser „Sachtext" (vgl. Lehrplan) könnte zwar gut im Rahmen eines Kurzreferats bzw. eines längeren „Redebeitrags" (Spinner 1997) vorgestellt und ausgewertet werden, führt jedoch in Bezug auf den Brecht-Text nicht unbedingt weiter (aber das ist die Alltagswirklichkeit jeder Recherche): Auch diese Funde kann man zwar nicht essen, aber sie dienen den Brasilianern, die das Risiko nicht scheuen, doch als Lebensunterhalt.

D. Die letzte Phase, also die *dritte Unterrichtsstunde*, kommt zurück zum Ausgangstext und beginnt im Sinn der berechtigten Forderung nach *Metakognition* in Lese- und Lernprozessen mit einem Gespräch, das die bisher unternommenen Verstehensanstrengungen rekonstruiert, kommentiert und bewertet: Nicht anders arbeiten Literaturwissenschaftler, auch sie begeben sich auf Holzwege, gehen Vermutungen nach, die dann nicht zu halten sind, und kommen erst nach und nach zu einer tragfähigen Sinnzuschreibung. Ein von der Lehrkraft eingeführter „Vergleichstext" wird nun gelesen (Anhang II). Er enthält Gedanken des Autors über Gestik und „den Gestus" (vgl. Gesammelte Werke 1967, Bd. 16, 753). „Ein Gestus zeichnet die Beziehungen von Menschen zueinander", heißt es in dem kurzen Text, und dann ausdrücklich: Ein Gestus ist mehr als „Arbeitsverrichtung" (vgl. Brecht 1967, S. 753). Vor diesem Hintergrund noch einmal gelesen, und eventuell über Beamer-Projektion mit Standbild-Fotos verglichen, erweist sich Brechts Steinfischer-Text als Modellfall eines bewusst gestalteten Gestus': Belehrung über die falsche Haltung, die die „Unglücklichen" dem Leben gegenüber haben, wäre nutzlos; einzig das *Zeigen* ist dem Problem angemessen. Thema des Textes ist nicht „Die NS-Diktatur", sondern eine Zuschau-Haltung dem eigenen Leben gegenüber, die der Autor für falsch hält. „Unglücklich" sind die „Dorfbewohner" nicht etwa, weil sie unterdrückt würden (dafür fehlt ein Textbeleg), sondern weil sie es nicht unternehmen, die scheinbar lächerliche und absurde Tätigkeit des Steinfischers mit ihrer eigenen Situation in Beziehung zu setzen. Der Steinfischer wird so lange da sein und fischen, wie es Zuschauer gibt, denen ihre eigene Passivität und Unreflektiertheit *vorgeführt* werden muss.

Zwei Bemerkungen zu diesem Konzept:

- Brechts Ausführungen über den „Gestus" sind zwar eine im Sinn des zitierten Lehrplans hochwillkommene Möglichkeit, das Thema zu vertiefen und den Autor näher kennenzulernen, aber dieser Text ist keine notwendige Voraussetzung für die Erschließung des Gedichts. Was er auf diskursive Weise zu sehen erlaubt, das kann auch durch das vorgeschlagene szenische Verfahren deutlich werden.
- Ob man den Gestus des Fischers eher als *Appell*, als Ausdruck der *Resignation* oder als *zynischen Kommentar* zum falschen Leben lesen sollte (vgl. die Textanalyse unter 1.), braucht am Ende der Unterrichtseinheit nicht *entschieden* zu werden. Vielmehr sollten diese drei Verständnismöglichkeiten durch einen zweiten Standbildbau realisiert werden, bei dem nun bewusst auf die Umsetzung dieser Gestus-Varianten geachtet wird. Ein offenes Gespräch zur Übertragbarkeit des literarischen Modells auf die eigene Lebenswelt schließt die Unterrichtseinheit ab: Wo und wie verhalten *wir* uns dem eigenen Leben gegenüber als Zuschauer? Woraus bestehen die Steine *für uns*? In welchen Situationen *bräuchten* wir einen „Steinfischer"?

Insgesamt geht das hier skizzierte Konzept nicht auf alle oben formulierten Möglichkeiten ein, den vorliegenden Text für literarisches Lernen und literarische Bildung zu nutzen; eine Auswahl wird sowohl auf Ziel- als auch auf Verfahrensebene getroffen. Im Mittelpunkt steht das Anliegen, mit Hilfe möglichst großer Anteile von Eigentätigkeit unter Einsatz vorhandener und auszubauender Methodenkompetenz (Lese-, Recherche-, Inszenierungsverfahren) den Weg von der Erstrezeption zur Sinnzuschreibung exemplarisch nachzuvollziehen und dabei deutlich werden zu lassen, dass es nicht um die „Aufschlüsselung" von etwas „Verschlüsseltem" und damit nicht um eine Reduktion von Polysemie der Literatur geht, sondern um den Plausibilitätsvergleich verschiedener Lesarten und die

Auseinandersetzung mit ihnen in Wort (Sprechen, Schreiben) und Tat (Inszenieren, Fotografieren). Die Lernenden sollen erfahren, dass nicht die eine, vom Leser zu „findende" Bedeutung literarische Kommunikation auszeichnet, sondern die Würdigung vielfältiger Übertragungs- und Anwendungsmöglichkeiten literarischer Modellierungen von Wirklichkeit. Vorschnelles Interpretieren und Zuschreiben von Bedeutung soll erschwert, geduldige und ganzheitliche Auseinandersetzung mit einem Text gefördert werden. Der Reduktion eines Autors auf seine „Weltanschauung" und seine persönliche Lebens- und Leidenssituation („Verfolgung", „Exil") soll widerstanden werden, ohne dass indessen die Nützlichkeit von Information über Leben, Gesamtwerk und zeitgeschichtlichen Kontext geleugnet werden müsste.

5. Standards

Es bleibt zu klären, wie sich das am Beispiel des Steinfischer-Textes skizzierte Konzept zu dem verhält, was als „Bildungsstandards" aktuell diskutiert wird.

Nationale Bildungsstandards einführen zu wollen scheint im Augenblick so konsensfähig wie kaum etwas sonst in der bildungspolitischen Landschaft. Die damalige Ministerin Bulmahn informierte am 19. 2. 2003 das Bundeskabinett: „Die Bildungsstandards legen fest, welche Kompetenzen die Schülerinnen und Schüler bis zu einer bestimmten Jahrgangsstufe mindestens erworben haben sollen." (Pressemitteilung) Und: „Mit Bezug auf die Bildungsstandards kann überprüft werden, ob die angestrebten Kompetenzen tatsächlich erworben wurden. Es lässt sich feststellen, inwieweit das Bildungssystem seinen Auftrag erfüllt hat." Das sind die markigen Worte eines politischen Diskurses. Ein wissenschaftlicher Diskurs klingt so: „Bildungsstandards […] können den Lehrerinnen und Lehrern als professioneller Referenzrahmen und den Schulen als Orientierungshorizont ihrer pädagogischen Schulentwicklung dienen. Dies allein kann bereits Folgen für die Planung und Gestaltung des Unterrichts und die Qualitätsentwicklung an Schulen haben." (BMBF 2003, S. 90) Im Übrigen betonte bereits die „Klieme-Expertise", aus der dieses Zitat stammt, dass solche Standards in ein Gesamtkonzept notwendiger Reformen zu stellen seien (vgl. BMBF 2003, S. 9). Die Implementierung von Standards allein wird niemand bereits als die notwendige Reform betrachten wollen, zumal sie selbst bei unkritischer Formulierung und Anwendung eher das Problem als die Lösung darstellen, zumindest aber ihrerseits zum Gegenstand kritisch-konstruktiver Aufmerksamkeit werden müssen (vgl. Spinner 2004; Helmke 2004; Köster 2005).

Die für das vorliegende Aufgabenbeispiel einschlägigen „Bildungsstandards im Fach Deutsch für den Mittleren Bildungsabschluss" vermitteln in der Tat „eher den Eindruck herkömmlicher Lernzielkataloge denn einer Präsentation von Kompetenzmodellen und Standards" (Helmke 2004, S. 103). Zu Recht vermisst Helmke eine Darlegung allgemeiner Bildungsziele, aus denen einzelne Fachziele tatsächlich abgeleitet worden sein könnten (vgl. ebd., S. 103 f.). Es ist ihr auch darin zuzustimmen, dass hier ein „reduktionistischer Bildungsbegriff" zu Grunde liegt, „der auf pragmatische Qualifikationen anstelle von Bildung setzt" (ebd., S. 105).[5] Und welche „Teildimensionen und Niveaustufen" (BMBF 2003, S. 4) können denn hier nun unterschieden werden? Die rein inhaltliche Detailliertheit dieser „Standards" täuscht Präzision nur vor (vgl. Helmke 2004, S. 109). Man vermisst „Kompetenzen im Sinne von kriteriumsorientierten, kontinuierlich und gestuft darstellbaren Leistungsdispositionen der Schülerinnen und Schüler" (Helmke 2004, S. 112).

Fragt man sich, welche „Leistungsdispositionen" im Rahmen des hier skizzierten Unterrichts gefordert und gefördert werden und berücksichtigt dabei die berechtige Kritik der Deutschdidaktik (vgl. Spinner 2005, Köster 2005) an der Tendenz vorliegender Standard-Aufgabenbeispiele zur erwarteten *Maximalleistung*, so wird man folgende Leistungsdispositionen nennen und ohne Überforderung der 15-Jährigen für „standard-fähig" halten:

- einen literarischen Text mithilfe szenischer Verfahren sich und Anderen erschließen können;
- zu offenen Fragen, die die erste Textlektüre aufwirft (Weltwissen, Sprachwissen, Handlungswissen), selbst recherchieren und die Resultate in einem kurzen Redebeitrag vorstellen können;
- Informationen über Autor, Gesamtwerk, Epoche bzw. Entstehungskontext mit einem Text in Beziehung setzen können, ohne diesen auf einen bloßen Beleg zu reduzieren („Zusammenhänge zwischen Text, Entstehungszeit und Leben des Autors/der Autorin *bei der Arbeit an Texten aus Gegenwart und Vergangenheit* herstellen", heißt es dazu in den Standards zum Mittl. Schulabschluss, wo es für Hauptschülerinnen und -schüler heißt: „an einem *repräsentativen Beispiel ... herstellen*")[6];
- ästhetische Sprachverwendung von pragmatischer unterscheiden können und die Art und Weise würdigen, wie Literatur zur Wirklichkeit Stellung beziehen kann;
- literarische „Anschlusskommunikation" (mit möglichst wenig Lehrerlenkung) organisieren und aktiv mitgestalten können;

– die mögliche Bedeutung eines Textes für das eigene Leben reflektieren wollen und können.

Um die berechtigte Forderung Helmkes aufzunehmen, sei hier versucht, diese Angaben jeweils nach *Kompetenzstufen* zu differenzieren (Abstufungen: rechte Spalte). Die jeweils höchste Stufe entspricht dabei dem, was zum Mittleren Bildungsabschluss erwartet werden darf; in Klasse 9 werden nur manche Lernende das schon leisten, die anderen aber ein bis zwei Stufen darunter bleiben.

1. einen literarischen Text mithilfe szenischer Verfahren sich und anderen erschließen können	– selbständig ein Verfahren auswählen (z. B. Standbildbau, lit. Rollenspiel, Improvisation) und ohne Anleitung auf den Text anwenden können – ein vorgeschlagenes Verfahren (hier: Standbildbau) selbständig anwenden können – ein vorgeschlagenes Verfahren unter Anleitung anwenden können
2. zu offenen Fragen selbst recherchieren und die Resultate in einem kurzen Redebeitrag vorstellen können	– selbst erarbeitete Fragen zum Text eigenständig recherchieren und die Ergebnisse ohne Hilfe darstellen können – im Unterricht erarbeitete offene Fragen ohne Hilfe darstellen können – im Unterricht erarbeitete offene Fragen unter Angabe von Quellen recherchieren können
3. Informationen über Autor, Gesamtwerk, Epoche bzw. Entstehungskontext mit einem Text in Beziehung setzen können, ohne diesen auf einen bloßen Beleg zu reduzieren	– selbst gewonnene Information (vgl. 2) in Auseinandersetzung mit dem Text eigenständig fruchtbar machen können und die gezogenen Schlüsse eigenständig formulieren können – vorgegebene Informationen in gemeinsamer Auseinandersetzung mit dem Text fruchtbar machen können und die gezogenen Schlüsse eigenständig formulieren können – vorgegebene Informationen in gemeinsamer Auseinandersetzung mit dem Text fruchtbar machen und die gezogenen Schlüsse im gelenkten Unterrichtsgespräch formulieren können

4. ästhetische Sprachverwendung von pragmatischer unterscheiden können und die Art und Weise würdigen, wie Literatur zur Wirklichkeit Stellung beziehen kann	Die Wirkungsweise eines Textes – eigenständig, das heißt mithilfe selbst gefundener Beispiele für Bildlichkeit, Symbolhaftigkeit und Formmerkmale erklären können – mithilfe selbst gefundener Beispiele für Bildlichkeit, Symbolhaftigkeit und Formmerkmale im gelenkten Unterrichtsgespräch oder in der schriftlichen Beantwortung von Leitfragen erklären können – mithilfe vorgegebener Beispiele für Bildlichkeit, Symbolhaftigkeit und Formmerkmale im gelenkten Unterrichtsgespräch oder in der schriftlichen Beantwortung von Leitfragen erklären können
5. Literarische „Anschlusskommunikation" aktiv mitgestalten können	– sich ohne Aufforderung am Gespräch beteiligen können/wollen und dabei auch auf Beiträge der Mitschüler selbständig Bezug nehmen – sich nach Aufforderung am Gespräch beteiligen können und dabei auch auf Beiträge der Mitschüler selbständig Bezug nehmen – sich nach Aufforderung am Gespräch beteiligen können und dabei auf Fragen der Lehrkraft Bezug nehmen
6. die mögliche Bedeutung eines Textes für das eigene Leben reflektieren wollen und können	Im lit. Gespräch (vgl. 5) oder schriftlich – selbständig Vergleichsmöglichkeiten mit dem eigenen Leben formulieren können/wollen – nach Aufforderung Vergleichsmöglichkeiten mit dem eigenen Leben selbst formulieren können/wollen – nach Aufforderung Vergleichsmöglichkeiten mit dem eigenen Leben formulieren können/wollen, wenn Vergleichsbereiche (z. B. „Schule", „Partnerschaft" usw.) von anderen genannt worden sind

6. Vorschlag zur Überprüfung des Lernerfolgs

Ein anderes Gedicht Brechts[7] kann der Überprüfung des Lernerfolgs dienen.

Was an dir Berg war
Was an dir Berg war
Haben sie geschleift
Und dein Tal
Schüttete man zu
Über dich führt
Ein bequemer Weg.

Nicht alle oben bestimmten Standards sind der Überprüfung auf dem „Klausurweg" zugänglich. Die Beherrschung szenischer Verfahren, einschließlich der Fähigkeit, ihren Einsatz und ihre Ergebnisse zu begründen (Standard 1), wären (nur) anders zu prüfen. Auch die Fähigkeit zur (Mit-)Gestaltung literarischer Kommunikation (Standard 5) ist offensichtlich auf diesem Weg nicht zu erheben: Das Problem, *langfristige Lernprozesse* überhaupt zu evaluieren, ist seit den 1970er Jahren bekannt (vgl. Melzer/Seifert 1976, S. 145 f.) und auch durch die Formulierung von Standards nicht gelöst. „Zu offenen Fragen selbst recherchieren und die Resultate in einem kurzen Redebeitrag vorstellen können" schließlich (Standard 2) wäre in einem nicht auf Schriftlichkeit als Medium des Prüfens fixierten Unterricht prinzipiell zu prüfen, allerdings mit recht hohem Aufwand.

Das ist aber, will man nicht einem *teaching to the test* Tür und Tor öffnen, keineswegs ein Grund, auf die Formulierung und Vermittlung solcher Standards zu verzichten.

Es bleiben die Standards 3, 4 und 6. Sie können durch folgende Aufgaben zum Gedicht „Was an dir Berg war" überprüft werden:

Standard	Testaufgabe
(3.) Informationen über Autor, Gesamtwerk, Epoche bzw. Entstehungskontext mit einem Text in Beziehung setzen können, ohne diesen auf einen bloßen Beleg zu reduzieren	1. Stellen Sie kurz (max. 150 Wörter)[8] dar, was Sie über Bertolt Brecht und die Zeit der Textentstehung (1933–1938) wissen, soweit Sie glauben, dass es das Textverständnis erleichtern könnte.

(4.) Ästhetische Sprachverwendung von pragmatischer unterscheiden können und die Art und Weise würdigen, wie Literatur zur Wirklichkeit Stellung beziehen kann	2. Was stört den Sprecher am „bequemen Weg"? Schreiben Sie einen Text (ca. 100 Wörter) über die Welt ohne Unbequemlichkeiten, die durch Entfernung alles „Störenden" entsteht.
(6.) Die mögliche Bedeutung eines Textes für das eigene Leben reflektieren wollen und können	3. Nennen Sie verschiedene Möglichkeiten, dem Bild Ihnen bekannte Wirklichkeitsbereiche zuzuordnen, und gehen Sie besonders auf diejenige Möglichkeit ein, die am besten einer eigenen Lebenserfahrung entspricht (max. 200 Wörter).

Anmerkungen

[1] Die Anmerkungs-Seite 18 zur Suhrkamp-Werkausgabe (*Gesammelte Werke*, Frankfurt/M. 1967, Bd. 10, S. 18) weist den Text lediglich als „Bearbeitung eines sehr viel früher geschriebenen Gedichts" aus. Meines Wissens gibt es keine Interpretation, auch keine Behandlung aus literaturdidaktischer Sicht. Deshalb wurde der Text hier ausgesucht – die Recherche der Lernenden kann schwerlich auf vorformulierte Bedeutungszuschreibungen stoßen.

[2] Ich verwende den nun einmal eingeführten Begriff hier, obwohl er sprachlich unschön ist und zudem die Kommunikation als etwas gegenüber dem Text Zweitrangiges erscheinen lässt, während doch Literatur oft erst durch sie zur Wirkung kommt.

[3] Vgl. den bayerischen G9-Lehrplan unter http://www.isb.bayern.de/isb/download.asp?DownloadFileID=d2dc86db1df29a5202232fe37eb57884

[4] *mare* Nr. 8, vgl. http://www.mare.de/mare/hefte/beitrag-buend.php?id=140& &heftnummer=8

[5] Überhaupt fehlt, wenn das eigentliche Ziel dieses Papiers offenbar – bescheidener – die Neuformulierung der Lernbereiche des Deutschunterrichts – ist, ein Weiterdenken der Entwicklung: Heißt *Schreiben* künftig nicht besser „Text- und Medienproduktion", *Lesen* nicht „Text- und Medienrezeption"? (Helmke 2004, S. 107)

[6] Insofern wäre für die Hauptschule das hier gewählte Beispiel unpassend, jedenfalls nicht durch die Bildungsstandards gedeckt (zur Textauswahl vgl. aber Anm. 1).

[7] Aus: Gedichte 1933–1938. *Gesammelte Werke* Bd. 9, S. 493.

[8] Zum Vergleich: „Der Steinfischer" hat 113 Wörter.

Literatur

Abraham, Ulf: *Das Gedicht als Partitur für Vorstellungsbildung – langsam zu spielen! Jakob van Hoddis: „Weltende" im Deutschunterricht*. In: Klaus H. Kiefer/Armin Schäfer/Hans-Walter Schmidt-Hannisa (Hg.): *Das Gedichtete behauptet sein Recht. Festschrift für Walter Gebhard zum 65. Geburtstag*. Frankfurt a. M.: Peter Lang 2001, S. 453–465.

Andresen, Ute: *Versteh mich nicht so schnell. Gedichte lesen mit Kindern.* Weinheim u. a.: Beltz 1992.

Artelt, Cordula/Schlagmüller, Matthias: *Der Umgang mit literarischen Texten als Teilkompetenz im Lesen? Dimensionsanalysen und Ländervergleiche.* In: Ulrich Schiefele/Cordula Artelt/Wolfgang Schneider/Petra Stanat (Hg.): Struktur, Entwicklung und Förderung von Lesekompetenz. Vertiefende Analysen im Rahmen von PISA 2000. Wiesbaden: VS Verlag für Sozialwissenschaften 2004, S. 169–196.

Austermühl, Elke: *Lyrik in der Sekundarstufe I.* Hannover: Schroedel 1982.

BMBF (Hg.): *Expertise zur Entwicklung nationaler Bildungsstandards.* Berlin 2003.

Helmke, Ursula: *Die Entwürfe für das Fach Deutsch weisen deutliche Mängel auf.* In: Die Deutsche Schule 96, 8. Beiheft 2004, S. 101–120.

Köster, Juliane: *Bildungsstandards – eine Zwischenbilanz.* In: Deutschunterricht-Westermann 58 (2005), H. 5, S. 4–9.

Melzer, Helmut/Seifert, Walter: *Theorie des Deutschunterrichts.* München: Ehrenwirth 1976.

Sacher, Werner: *Deutsche Leistungsdefizite bei PISA.* In: Volker Frederking/Hartmut Heller/Annette Scheunpflug (Hg.): Nach PISA. Konsequenzen für Schule und Lehrerbildung nach zwei Studien. Wiesbaden: VS Verlag für Sozialwissenschaften 2005, S. 22–50.

Schau, Albrecht: *Szenisches Interpretieren. Ein literaturdidaktisches Handbuch.* Stuttgart: Klett 1996.

Scheller, Ingo: *Szenische Interpretation. Theorie und Praxis eines handlungs- und erfahrungsbezogenen Literaturunterrichts in Sekundarstufe I und II.* Velber: Kallmeyersche Verlagsbuchhandlung 2004.

Spinner, Kaspar H.: *Reden lernen.* In: Praxis Deutsch 144/1997, S. 16–22.

–: *Der standardisierte Schüler. Wider den Wunsch, Heterogenität überwinden zu wollen.* In: Friedrich Jahresheft XXIII/2005, S. 88–92.

Anhang I

Steinfischer sind bis heute kleine Schiffe mit wenig Tiefgang und guter Seetüchtigkeit. Sie werden für Baggerarbeiten, Taucherei, Wrackfischerei, Saug- und Spülarbeiten im flachen Wasser oder in kleinen Häfen eingesetzt.

Einsatz der RIGMOR als Steinfischer

1970 entdeckte der Glückstädter Joachim Kaiser bei einer Segeltour in Dänemark die RIGMOR, die als Steinfischer die Hafeneinfahrt von Hesnaes auf Falster ausbaggerte. Da Fotos alter Segelschiffe sein Hobby waren und die RIGMOR sichtlich ein alter hölzerner Segler war, fotografierte er das kleine alte Schiff […]

Quelle: http://www.rigmor.de/Geschichte.htm

Anhang II

Bertolt Brecht: Gestik

Die *Gestik* behandelnd, lassen wir zunächst die *Pantomime* außer acht, da sie ein gesonderter Zweig der Ausdruckskunst ist, wie das Schauspiel, die Oper und der Tanz. In der *Pantomime* wird alles ohne Sprache ausgedrückt, auch das Sprechen. Wir aber behandeln die *Gestik*, die im täglichen Leben vorkommt und im Schauspiel ihre Ausformung erfährt.

Dann gibt es einzelne *Gesten*. Solche, die anstelle von Aussagen gemacht werden und deren Verständnis durch Tradition gegeben ist, wie (bei uns) das bejahende Kopfnicken. Illustrierende Gesten, wie diejenigen, welche die Größe einer Gurke oder die Kurve eines Rennwagens beschreiben. Dann die Vielfalt der Gesten, welche seelische Haltungen demonstrieren, die der Verachtung, der Gespanntheit, der Ratlosigkeit und so weiter.

Wir sprechen ferner von einem *Gestus*. Darunter verstehen wir einen ganzen Komplex einzelner Gesten der verschiedensten Art zusammen mit Äußerungen, welcher einem absonderbaren Vorgang unter Menschen zugrunde liegt und die Gesamthaltung aller an diesem Vorgang Beteiligten betrifft (Verurteilung eines Menschen durch andere Menschen, eine Beratung, ein Kampf und so weiter) oder einen Komplex von Gesten und Äußerungen, welcher, bei einem einzelnen Menschen auftretend, gewisse Vorgänge auslöst (die zögernde Haltung des *Hamlet*, das Bekennertum des *Galilei* und so weiter), oder auch nur eine Grundhaltung eines Menschen (wie Zufriedenheit oder Warten). Ein *Gestus* zeichnet die Beziehungen von Menschen zueinander. Eine Arbeitsverrichtung zum Beispiel ist kein Gestus, wenn sie nicht eine gesellschaftliche Beziehung enthält wie Ausbeutung oder Kooperation.

[aus: Bertolt Brecht, *Gesammelte Werke 16* (Schriften zum Theater 2), Frankfurt a. M.: Suhrkamp 1967, S. 752 f.]

Sich beim Lesen in eine fiktive Welt zu versetzen und das beim Lesen erworbene Wissen zu praktischen Problemlösungen zu nutzen sind zwei unterschiedliche Aspekte von Lesekompetenz. Kann man diese beiden Aspekte in einem Kompetenzmodell abbilden, in dem Komplexitäts- oder Niveaustufen beschrieben werden?

KARLHEINZ FINGERHUT

Literaturunterricht über Kompetenzmodelle organisieren?

Zu Gedichten von Schiller und Eichendorff (9./10. Schuljahr)

1. Kompetenzen und Habitus

Die guten Leute wissen gar nicht,
was es für Zeit und Mühe kostet,
das Lesen zu lernen und von dem
Gelesenen Nutzen zu haben;
ich habe achtzig Jahre dazu gebraucht.

Welchen Leser ich wünsche?
den unbefangensten, der mich,
Sich und die Welt vergisst und
in dem Buche nur lebt.

(Goethe am 25. 1. 1830 zu Frédéric Soret)

(Goethe/Schiller: Xenien [Die Horen] 1795)

Lesen, wie Goethe und Schiller es sich vorstellen, umfasst zweierlei, eine Reihe von Teilkompetenzen und einen Habitus. Das „Lesen", das Goethe im Gespräch mit Soret im Auge hat, bedeutet eine lebenslange kognitive Arbeit, das „Lesen", auf das das Xenion zielt, meint eine intensive emotionale Beteiligung. Sich beim Lesen imaginativ in eine fiktiv entworfene Welt zu begeben und dabei alles andere zu vergessen ist keine Kompetenz, die man schrittweise erwirbt, während die Fähigkeit, das durch Lesen erworbene Wissen praktisch zu nutzen, sehr wohl schrittweise erworben und in Hierarchiestufen aufgebaut gedacht werden muss. „[Mehr oder weniger] Unbefangenheit" und „[mehr oder weniger] Nutzen haben vom Gelesenen" deuten auf unterschiedliche Skalen. Ein habitueller Leser kann das Gelesene fantasievoll mit Leben erfüllen, ein kompetenter kann es zu Problemlösungen einsetzen. In der Literaturdidaktik wird der Habitus häufig mit dem Lesen schöner Literatur, das Kompetenzprofil mit dem Lesen von Sachtexten verbunden.

Kann man diese beiden Aspekte des Lesens in einem „Kompetenzmodell" abbilden, in dem
– die Besonderheit der zu lesenden Texte,
– das Wissen, das zu ihrer Entschlüsselung erforderlich ist,
– die emotionalen Einstellungen, die die Lesenden gegenüber dem Text entwickeln sollen,

in Komplexitäts- oder Niveaustufen beschrieben werden? Die Klieme-Expertise schlägt vor, die schulische Lesekultur dadurch zu verbessern, dass fachspezifische Lernprozesse in Form von Kompetenzmodellen organisiert werden. Wie man „Unbefangenheit" oder „Selbstvergessenheit" in diesem System unterbringen soll, wird nicht erörtert, für den Erfolg des Literaturunterrichts aber ist es ausschlaggebend, dass Schülerinnen und Schüler gern und aus eigenem Antrieb lesen.

Kompetenzmodelle sind wissenschaftliche Konstrukte (Klieme 2003, S. 16). Jede Kompetenzstufe ist durch kognitive Operationen von bestimmter Qualität spezifiziert. Bildungsstandards sind an solchen Stufen ausgerichtet. Bei der Bewertung von Schülerleistungen muss also durchweg beschrieben sein, welche Tätigkeiten korrekt ausgeführt worden sein sollen, damit vom Vorhandensein dieser Kompetenz auf dieser Stufe gesprochen werden kann. Ein Habitus entzieht sich einer solchen Leistungsbewertung.

„Ausgehend von den Kompetenzbeschreibungen werden Aufgaben entwickelt, die prüfen, ob eine Person das angestrebte Ergebnis oder Handlungspotential entwickelt hat." (Klieme 2003, S. 16)

Untersucht man in eingeführten integrierten Deutschbüchern (aus den Jahren 1998 ff.) die dort im Anschluss an die literarischen Texte gestellten Aufgaben, so findet man im weitesten Sinne kulturelle und ästhetische Operationen: das freie Äußern von Leseeindrücken, die Bewertung von Personen und ihres Verhaltens, Formen des produktiven Eingreifens in das Gelesene. Die schulischen Aufgabenstellungen zielen also vornehmlich auf literarisches Lesen als Habitus. Sie „überspringen" oft die für ein genaues Lesen erforderlichen Operationen der Sinnentnahme wie Inhaltssicherung, Begriffsklärung, Beachtung der im Textformat gespeicherten Anweisungen zum angemessenen Lesen gerade dieses Textes.

Entwurf einer Lesebuchdoppelseite

Gefühle in Gedanken und Gedichten

Sehnsucht klassisch – Sehnsucht romantisch – Sehnsucht modern?

Das Wort „Sehnsucht" ist ein altes deutsches Wort, das in den anderen europäischen Sprachen keine „Verwandten" hat. „Sehnsucht nach der Ferne, nach der Heimat, nach Glück" sind Gefühlsausdrücke der Alltagssprache, die schwer zu übersetzen sind.

„Sehnsucht" als ein „typisch deutsches Gefühl" zu bezeichnen, ist aber nicht richtig. Denn „Sehnsucht" ist ein Gefühl, das alle Menschen empfinden können.

Dichter haben zu allen Zeiten versucht, dies Gefühl in Worte zu fassen. So auch Friedrich Schiller, der „Klassiker", und Joseph von Eichendorff, der „Romantiker" unter den deutschen Dichtern.

Herkunftswörterbuch (Duden 7):
sehnen, sich: Das auf das dt. Sprachgebiet beschränkte Verb (mhd. *senen* „sich härmen, liebend verlangen") ist unbekannter Herkunft. An den alten Gebrauch ohne Reflexiv erinnern noch Fügungen wie „sehnende Liebe" und die transitive Präfixbildung **ersehnen** „sehnsüchtig erwarten, verlangen" (18. Jh.) – Abl. **sehnlich** „sehnsüchtig verlangend" (mhd. *senlich* „schmachtend, schmerzlich") – Zus.: Sehnsucht „inniges, schmerzliches Verlangen" (mhd. *sensuht*). Ursprünglich als peinigende, schmerzliche Krankheit (s. Sucht) vorgestellt; vgl. mhd. *senesiech*, „krank vor schmerzlichem Verlangen". **sehnsüchtig** Adj. voll innigem schmerzlichem Verlangen (18. Jh.).

Caspar David Friedrich, Zwei Männer in Betrachtung des Mondes (1819)

Bedeutungswörterbuch (Duden 10):
Sehnsucht, die; *das Sichsehnen* (nach jmdm., etwas): Sehnsucht fühlen, empfinden, haben; von (der) Sehnsucht nach etwas gepackt, gequält, getrieben werden; von großer, tiefer, unstillbarere Sehnsucht erfüllt sein. – **Syn**.: Heimweh, Verlangen. **Zus**.: Freiheitssehnsucht, Friedenssehnsucht, Todessehnsucht.
sehnsüchtig (Adj.): voller Sehnsucht; jmdn., etwas sehnsüchtig erwarten; ein sehnsüchtiges Verlangen nach etwas haben.

Sehnsucht

Ach, aus dieses Tales Gründen,
Die der kalte Nebel drückt,
Könnt ich doch den Ausweg finden,
Ach wie fühlt ich mich beglückt!
Dort erblick ich schöne Hügel,
Ewig jung und ewig grün!
Hätt ich Schwingen, hätt ich Flügel,
Nach den Hügeln zög ich hin.

Harmonien hör ich klingen,
Töne süßer Himmelsruh,
Und die leichten Winde bringen
Mir der Düfte Balsam zu,
Goldne Früchte seh ich glühen,
Winkend zwischen dunklem Laub,
Und die Blumen, die dort blühen,
Werden keines Winters Raub.

Ach wie schön muß sich's ergehen
Dort im ew'gen Sonnenschein,
und die Luft auf jenen Höhen,
O wie labend muß sie sein!
Doch mir wehrt des Stromes Toben,
Der ergrimmt dazwischen braust,
Seine Wellen sind gehoben,
Daß die Seele mir ergraust.

Einen Nachen seh ich schwanken,
Aber ach! der Fährmann fehlt.
Frisch hinein und ohne Wanken!
Seine Segel sind beseelt.
Du musst glauben, du musst wagen,
Denn die Götter leihn kein Pfand,
Nur ein Wunder kann dich tragen
In das schöne Wunderland,

Friedrich von Schiller (1802)

Sehnsucht

Es schienen so golden die Sterne,
Am Fenster ich einsam stand
Und hörte aus weiter Ferne
Ein Posthorn im stillen Land.
Das Herz mir im Leibe entbrennte,
Da hab ich mir heimlich gedacht:
Ach, wer da mitreisen könnte
In der prächtigen Sommernacht!

Zwei junge Gesellen gingen
Vorüber am Bergeshang,
Ich hörte im Wandern sie singen
Die stille Gegend entlang:
Von schwindelnden Felsenschlüften,
Wo die Wälder rauschen so sacht,
Von Quellen, die von den Klüften
Sich stürzen in die Waldesnacht.

Sie sangen von Marmorbildern,
Von Gärten, die überm Gestein
In dämmernden Lauben verwildern,
Palästen im Mondenschein,
Wo die Mädchen am Fenster lauschen,
Wann der Lauten Klang erwacht
Und die Brunnen verschlafen rauschen
In der prächtigen Sommernacht. –

Joseph von Eichendorff (1834)

Arbeitsanregungen:

1. Klärt anhand der Einträge im Herkunfts- und Bedeutungswörterbuch den Begriff „Sehnsucht".
2. Was fällt euch selbst zum Begriff „Sehnsucht" ein? Sucht – mithilfe eines Clusters – möglichst viele und unterschiedliche Ausdrücke, in denen der Begriff eine Rolle spielt.
3. Interpretiert die beiden Gedichte. Arbeitet „Klassisches" und „Romantisches" heraus.
4. Wie könnte heute ein Gedicht mit dem Titel „Sehnsucht" aussehen?

Lesebuchseiten integrierter Lehrwerke steuern auf der anderen Seite durch Überschriften, durch die Kombination literarischer und expositorischer Texte und Arbeitsanregungen die Lektüre. Paratexte auf der Lesebuch(doppel)seite, Infokästen zu Autoren, Textsorten, Vergleichstexte, Bilder, legen einzelne Leseoperationen nahe. Zumeist zielen sie zugleich auf Kompetenzerwerb und auf eine Anbindung an die Erfahrungswelt der Lerner. Dieses Textarrangement ist – bezogen auf den Habitus des sich in den Text versenkenden Lesers – kontraproduktiv. Denn der schulische Kontext erzeugt nicht unbedingt Leselust, sondern Aufmerksamkeit für das Arrangement, die Hilfstexte und die visuellen Informationen, die auf den Zentraltext zugeschnitten sind. (Bucher 2004)

2. Entwurf einer Lesebuchdoppelseite für ein integriertes Lehrbuch Deutsch der Klasse 9/10

Die Lesebuchdoppelseite eines integrierten Lehrwerks der Nach-PISA-Generation hat zum Ziel, literarische Texte in Lerntexte zu verwandeln. Die *Überschriften* lenken die Aufmerksamkeit. Wie bei der Lektüre eines Reklame-Plakats springt der Blick von ihnen zu dem bekannten Bild von Caspar David Friedrich, „Zwei Männer in Betrachtung des Mondes". Vorwissen zu „Romantik" und das Motiv des Bildes selbst können leicht mit dem dreifach im Untertitel genannten Begriff „Sehnsucht" in Zusammenhang gebracht werden: Natur, Nacht, Liebe, Romantik, Mond, alle Motive können einzeln und zusammen als Chiffren für Sehnsucht gelesen werden. Man muss sie nur „ästhetisch", das heißt als mit einem doppelten „Sinnangebot" begabte Bildbestandteile, wahrnehmen.

Differenziert wird der Gesamteindruck durch die *Anmoderation* und zwei Sachtexte aus Nachschlagewerken. Ist „Sehnsucht" ein typisch deutsches Gefühl, weil es zu dem deutschen Wort dunkler Herkunft keine entsprechenden Wörter in anderen Sprachen gibt? Weitere Nuancen des Problems werden von den *Sachtexten* als Fragen aufgeworfen: Ist Sehnsucht eine schmerzliche Krankheit (wie die Etymologie nahe legt) oder ein Gefühl, das schwer zu beherrschen ist, wie die Synonyme oder die Ableitungen nahe legen? Beide Fragen können als *Gesprächsanlass* dienen und Vorwissen und Voreinstellung der Schülerinnen und Schüler „anwärmen". Nach dem Lesen und Betrachten der ersten Seite ist die Lektüre der beiden Gedichte vorbereitet.

Die zweite Seite enthält – nebeneinander gestellt – die *Gedichte* und darunter die *Arbeitsanregungen*. Diese verlangen zunächst eine Begriffsklärung und das Zusammenstellen des eigenen Vorwissens. Damit nutzen sie das Potenzial der ersten Seite. Sie fordern dann zu einer subjektiven Ergänzung auf. Beispiele selbst empfundener Sehnsucht können genannt und im Gespräch geprüft werden: Sind die Vorschläge, die aus Clustern von Neuntklässlern einer Realschulklasse stammen, unter „Sehnsucht" zu subsumieren?

– „Sehnsucht" nach einem Haustier, einem Kleidungsstück, nach einem Handy, nach einem freien Ausgang am Abend und mit Freunden? Oder sind das einfach „Wünsche"? Wo ist die Grenze zwischen „Sehnsucht" und „unerfülltem Wunsch"?
– „Sehnsucht" nach Erfolg, nach Anerkennung, Bestätigung, nach „Status" in der Clique, nach freier Verfügung über Zeit oder Geld? Oder ist das eher „Begehren", „Bedürfnis", „Tagtraum"?
– „Sehnsucht" nach Liebe, nach Zuwendung, nach Schönheit, Attraktivität, nach „Sein wie der oder die andere"? Oder ist das eher eine „allgemeine Hoffnung" auf etwas, was einem gut tun würde, aber ohne das Peinigende, das Schmerzliche im sehnsüchtigen Verlangen?

So vorbereitet, erfolgt die *vergleichende Textinterpretation* und die Verbindung der Textbeobachtungen mit dem zu Klassik und Romantik bisher Gelernten. Es kommt dabei heraus, dass die geläufigen Konzepte von Sehnsucht kaum abgegrenzt sind gegenüber denen von Wunsch und Begehren. Die Frage der Intensität (etwas so intensiv begehren, dass man krank werden kann) kommt in den persönlichen Assoziationen zum Begriff fast nicht vor.

Was hätten die Schüler und Schülerinnen im Sinne der Bildungsstandards durch die Arbeitsanregungen gelernt? Sie wurden nicht explizit aufgefordert – wie dies in den Aufgabenstellungen der PISA-Units zur Leistungsfeststellung der Fall ist – einzelne Verstehens-Operationen wie „Informationen entnehmen", „Kontextwissen zum Textverstehen heranziehen" durchzuführen. Diese finden sich implizit in den *konturlosen Operatoren „interpretiert" und „arbeitet heraus"*. Das aber bedeutet, dass im konkreten Unterricht diese Operatoren selbst in Scripts zerlegt werden müssen[1], sodass die Schüler wissen, was es für sie heißt, wenn die Arbeitsanregungen des Lehrbuchs von „Interpretieren" oder „Herausarbeiten" sprechen.

2.1. Wie ist es um den Erwerb der Kompetenzen zum Leseverstehen der Gedichte bestellt?

Anders als die Fragefolgen der Testbatterien verlangen die Arbeitsanregungen der Lehrbücher selbständige methodische Feinarbeit. Irgendwo im Lehrbuch muss in Form einer Teileinheit oder eines Merkkastens geklärt sein, was „Interpretiert die beiden Gedichte" für Teiltätigkeiten erfordert: das Gliedern eines Textes, das Umformulieren von Bildern in Begriffe, das Aufstellen von Deutungshypothesen, das Zitieren von Textbelegen, eine nicht abschließbare Folge von Textbeobachtungen und Schlussfolgerungen.

Irgendwie und sehr vage legitimieren die Standardformulierungen des Bildungsplans, dass im Unterricht literarische Texte (auch) auf ihre Entstehungszeit bezogen werden. Aber ob die Kompetenz des historischen Verstehens überhaupt zu erwerben ist, darüber ist wenig Genaues auszumachen. (Kultusministerium des Landes Baden-Württemberg 2004)

Die Standard-Formulierungen dienen den Lesebuchmachern zur Legitimation der literarischen Unterrichtseinheiten, die Paratexte der ersten Seite und die Arbeitsanregungen dienen dazu, der „Interpretation" die Fragen zuzuspielen, die sie in Gang bringen und ihr eine Richtung geben. So lautet der zentrale Arbeitsauftrag, der mündlich im Gespräch der Lernergruppe (vgl. Härle 2003) oder aber schriftlich als selbständige Textproduktion, vielleicht sogar als Klassenarbeit, durchgeführt werden kann: Interpretiert im Vergleich die beiden Gedichte „Sehnsucht" von Schiller und Eichendorff und arbeitet Unterschiede heraus.

Was wäre „idealiter" in den beiden Gedichten zu entdecken?

Schiller geht gedanklich an den Begriff „Sehnsucht" heran. Sehnsucht ist ein Verlangen, das aus dem Ungenügen am Hier und Jetzt entsteht und den Wunsch nach einem befriedigenden Leben an einem anderen Ort oder zu einer anderen Zeit zum Inhalt hat. Er setzt dieses Begriffsverständnis in kulturell konnotierte Bilder um. Der Sprecher befindet sich in einem kalten, nebligen Tal, er erblickt einen grünen Hügel oberhalb des Tals, dorthin möchte er, wünscht sich dazu „Flügel".

Diese Szene kann keine abgeschilderte Wirklichkeit sein, sondern ist eine gedachte. Sie muss also *symbolisch gelesen* werden, damit sie als Explikation von „Sehnsucht" fungieren kann: Tal/Kälte/Nebel stehen für eine erfahrene negative Realität, Hügel/ewig jung, ewig grün stehen für eine imaginierte Gegenwelt. Das Verlangen „hinüberzugehen" ist intensiv, aber nicht zu realisieren. Daher der utopische Wunsch „hätt ich Flügel", der an das Volkslied „Wenn ich ein Vöglein wär" erinnert. Eben das ist „Sehnsucht": intensiv empfundenes, nicht realisierbares Verlangen.

Das Arrangement der Bilder als Opposition unten–oben hat einen *kulturellen Kontext*, der sich beim Lesen einstellt. Es ist die christliche Diesseits-Jenseits-Vorstellung. Die Lebensrealität ist als ein Tal vorgestellt („Jammertal"), die Sehnsucht nach dem Jenseits ist die nach dem Paradies, das Paradies ist durch die Anspielung „oben" (Hügel) und „ewig jung, ewig grün" evoziert. Die Ausgestaltung in der zweiten und ersten Hälfte der dritten Strophe konkretisiert die Paradiesvorstellung: Himmel/ Balsamdüfte/goldne Früchte/dunkles Laub/ewiges Blühen/Sonnenschein – alles sind hoch konventionelle Chiffren für den Paradies-Garten.

Auch der Gedanke, dass es unmöglich ist, in dieses Paradies zu gelangen, ist in der dritten Strophe entfaltet: Ein wilder Strom trennt den Sehnenden von seinem Ziel.

Die vierte Strophe entwickelt aus diesem Bild einen neuen Gedanken. Es gibt einen führerlosen Nachen, der dazu einlädt, den Übergang zu wagen. Aus der Sehnsucht entsteht ein Entschluss und aus dem Entschluss ein Tätigsein. „Ohne Wanken" springt Schillers Sehnsucht empfindendes Ich in den Kahn. Es vertraut darauf „Seine Segel sind beseelt". Segel und Seele – die Begriffskombination macht klar, dass auch hier symbolisch gelesen werden muss. Ist aber der Strom dieses Gedichts ein Bild des Lebensstroms, der Nachen ohne Fährmann eine Metapher des Lebens-Schiffs, das jeder selbst steuert, so ist eine sinnvolle Aussage zu erhalten. Sie besagt, dass zur Erfüllung der Sehnsucht Risikobereitschaft gehört. Die Sehnsucht treibt den Sprecher an, in den Nachen zu springen und sein Glück zu versuchen.

Das ist bei dem Romantiker Eichendorff anders. Er geht narrativ an die Erfahrung der Sehnsucht heran. Jemand erzählt, wie er am Fenster steht, wie er das Posthorn hört und den Gesang der wandernden Gesellen. Der Gesang seinerseits erzählt von dem Gang über die Alpen und den Gärten in Italien, ohne diese aber geografisch-konkret zu benennen. Die Sehnsucht ist verhalten gleich in der ersten Strophe genannt: Das Herz brennt. Der Sprecher möchte mitreisen. Warum er das nicht tut, bleibt unklar.

Auch hier spielen kulturelle Muster eine entscheidende Rolle für das richtige Verständnis des Textes. Nicht nur das Posthorn, auch das Stehen am Fenster, das Hinaussehen aus dem begrenzten Raum der Wohnung (die Geborgenheit bietet, aber auch als Gefängnis erlebt werden kann) in eine Weite, aus der Hörner und Gesang schallen (die also Verlockung bedeutet, aber auch Gefahr bergen kann) ist ein spezifisch romantisches Motiv, das in Bildern und Gedichten immer wieder Verwendung findet. Die Bildwelt „Italien" ist seit Goethes Mignon-Lied ebenfalls ein kulturell beglaubigtes Chiffrensystem für „Sehnsucht". Die deutsche Italiensehnsucht, die Strophen des Mignon-Liedes, das ja ebenfalls den Weg über die Berge und die Villen und Gärten kennt, das Marmorbild, das Eichendorff selbst in der gleichnamigen Novelle als Sehnsuchtfigur ausgestaltet, sind hier in drei Strophen zusammengezogen.

Das Faszinierende des Gedichts liegt darin begründet, dass es diesen Schwebezustand nicht verlässt. Eine „Lösung" des Problems, das die Sehnsucht verursacht, durch Handlung ist nicht vorgesehen. Der Träumende denkt und überlegt nicht, er empfindet. Und um sein Empfinden mitzuteilen, lässt er romantische Wanderer auf dem Weg nach Italien ein Lied singen, das wie das Goethe'sche Sehnsuchts-Lied der Mignon klingt.

2.2. Welche Kompetenzen sind zur Erledigung der Interpretationsaufgabe erforderlich?

Die erste und zentrale Voraussetzung eines Textvergleichs ist a) das jeweilige *Gesamtverständnis* der beiden Texte und b) das Herausarbeiten eines *Vergleichspunkts*, durch den diese aufeinander bezogen werden können. In unserem Falle ist Schillers Begriff von Sehnsucht mit demjenigen Eichendorffs zu vergleichen.

Das Ergebnis: Schillers Gedicht hält Sehnsucht für einen Ansporn, regelnd in das eigene Leben einzugreifen, Eichendorffs Gedicht findet suggestive Bilder für einen Seelenzustand, den der Begriff nur benennt.

Diese Verstehensleistungen können über Multiple-Choice-Fragen erhoben werden, wie Heiner Willenberg in seinem Kommentar zur Rolle der Fragen in der DESI-Studie ausführt. (Willenberg 2003)

Ist der Vergleichspunkt zwischen der Sehnsucht, wie Schiller sie sieht, und Sehnsucht, wie Eichendorff sie erlebt

a) ein unterschiedlicher Gegenstand der Sehnsucht? (Schiller fühlt sich beglückt, wenn er den ewig grünen Hügel sieht, Eichendorff, wenn er von Italien singen hört)

b) ein unterschiedliches Bildreservoire, aus dem die Gedichte sich speisen? (Schiller: Bilder des christlichen und antiken Jenseits; Eichendorff: Italien-Wanderung)

c) ein unterschiedliches Menschenbild? (Schiller nimmt „Sehnsucht" als Ansporn zum Handeln, Eichendorff als Traum und Versonnenheit)

d) das Resultat unterschiedlicher lyrischer Ausdrucksformen? (Der Klassiker wählt den hymnischen Ton: vierhebige Trochäen mit wechselnd weiblichen und männlichen Reimen [wie in „Freude, schöner Götterfunken"], der Romantiker den Volksliedton: [vierhebige Verse mit freier Senkungsfüllung])

Alle „Lösungen" wären – unter gewissen Voraussetzungen – als „richtig" zu bezeichnen. Nur würde sichtbar, dass die Lösung

a) *auf das Textverstehensniveau 1 hindeutet*: Die Probanden entnehmen die notwendigen Informationen aus dem Text (Inhalt) und stellen Beziehungen zu allgemein bekanntem Alltagswissen her. Aber sie erkennen

nicht, dass es um diese Inhalte gar nicht geht, sondern um das, was sie als Bilder besagen;
b) *unter dem Aspekt „Kontextwissen, Reflexion" auf dem Niveau 2 subsumierbar ist*, da die Bilder, in denen die Texte Gedanken zum Ausdruck bringen, den beiden Epochen zugeordnet werden. Die gelesenen Informationen können mit inhaltlichem Fachwissen in Beziehung gebracht werden;
c) *den Leseverstehens-Aspekt „Operieren in den Textstrukturen" besonders berücksichtigt und sich dort auf der Niveaustufe 3 bewegt.* Der Hauptgedanke der Texte ist auf der Basis einzelner Beobachtungen und einfacher Schlussfolgerungen ermittelt. Denn um zu der Opposition „Ansporn" vs. „Versonnenheit" zu gelangen, muss jemand in der Lage sein, Sehnsucht 1 als Handlungsimpuls, Sehnsucht 2 als Stimmungsbild zu erkennen und diesen Gegensatz auch zu formulieren. Er muss zudem „mit relativ auffälligen konkurrierenden Informationen umgehen" können;
d) *auf fachspezifischem Wissen basiert, das an die Texte herangetragen wird.* Das gälte als *Kompetenzstufe 5.* „Die Bedeutung feiner sprachlicher Nuancen wird angemessen interpretiert." Die Lösung ist in Wirklichkeit allerdings vorwiegend als Anwendung unmittelbar erworbenen Wissens aus der Unterrichtseinheit einzuschätzen, also eher *Indiz für Stufe 3*: „spezifisches Wissen gezielt nutzen können".[2]

Was ist aus der Zuordnung von Interpretenurteilen und Kompetenzstufen zu ersehen?

- Erstens, dass es – wie Willenberg als Fachdidaktiker gegenüber den „harten" Empirikern schon anführt – *bei der Bewertung von Leseergebnissen oftmals nicht um richtig und falsch geht*, sondern um Angemessenheit und um unterschiedliche Perspektiven, die mehr oder weniger ins Zentrum des gelesenen Textes zielen,
- zweitens, und das ist die wichtigere Einsicht, dass *ein und dieselbe Aufgabe auf unterschiedlichem Niveaus gelöst werden kann*, dass dabei die unterschiedlichen Aspekte des Leseprozesses eine unterschiedliche Gewichtung bekommen können,
- drittens, dass Leserinnen und Leser *sehr unterschiedliche Kompetenzen in den Leseprozess einbringen* (Mobilisierung von Vorwissen, Fähigkeit zur Abstraktion und zum Transfer von Beobachtungen auf ähnlich gelagerte Fälle), sodass von „der" (einen und gestuften) Lesekompetenz nicht die Rede sein kann, sondern dass es sehr wohl möglich ist, dass jemand, der bei der Erarbeitung der Paratexte eine hohe Lesekompetenz an den Tag legt, bei der Bearbeitung der Gedichte versagt – und vielleicht auch umgekehrt.

2.3. Wie könnte man prüfen, ob jemand über eine solche Kompetenz verfügt?

Die einzelnen für die Textinterpretation erforderlichen Kompetenzen müssen in der Form problemorientierter Aufgabenstellungen eingefordert werden. Zum Beispiel wäre die *Aufgabe, eine neue Überschrift für die Gedichte vorzuschlagen*, eine Möglichkeit zu prüfen, ob das „Gesamtverständnis" der Schiller'schen und der Eichendorff'schen Konzeption von „Sehnsucht" vorhanden ist oder nicht.

a) Wer Schillers Gedicht die Überschrift „Wunderland" gibt, zitiert zwar einen Begriff aus dem Text, verkennt aber den Gesamtsinn des sehnenden Strebens.

b) Wer hingegen titelt „Rückkehr ins Paradies?" erfasst auch das Hauptthema, unter das Schiller den Begriff „Sehnsucht" stellt.

Für Eichendorff böte sich an:

a) „Nach Italien", aber dabei würde das Motiv über das Thema gestellt, oder

b) „Herzbrennen", das deutlich den springenden Punkt in Eichendorffs „Sehnsucht" hervorhebt, aber das romantische Reisemotiv nicht aufgreift.

Die Lesekompetenz, die zu den beiden Titelvorschlägen a) führt, ist geringer dimensioniert als die, die zu den Vorschlägen b) führt, denn die beiden Überschriften a) erfassen Inhalte des Textes, nicht aber die emotionale Beteiligung des Sprechers. Ob es sich dabei um „Stufen" im Sinne eines Kompetenzmodells handelt, ist nicht klar. Denn es ist nicht belegt, dass diejenigen Schüler, die sich für die Lösungen b) entschieden haben, ebenso über die der Gruppe a) verfügt hätten, aber nicht umgekehrt.

Damit nicht genug der offenen Fragen. Es kommt noch eine weitere hinzu: Handelt es sich beim Suchen nach einer passenden Überschrift um die Realisierung einer Kompetenz des Leseverstehens (Gesamtverständnis) oder um den Ausweis von Formulierungskompetenz? Wenn jemand ein neues Kunstwort schafft („Herzbrennen" in Analogie zu „Herzstechen", „Herzflimmern", vielleicht auch als Reminiszenz zur Lektüre eines Jugendbuchs „Herztrost"), um ein romantisches Gedicht zu titeln, so hat er eine beachtliche *Leseleistung mit einer überraschend hohen Formulierungsfähigkeit verbunden*. Oder war es einfach eine Assoziation?

Wir sehen, dass die Bestimmung der Kompetenzen und die Zuordnung derselben zu Niveaustufen *Interpretationsleistungen der Prüfer* darstellen, die denjenigen eines Interpreten oder Rezensenten nicht unähnlich sind.

Es soll im Folgenden der Versuch unternommen werden, Lesekompetenz nicht formal, auf dem PISA-Weg, das heißt durch punktuelle Zuordnung zu Fachdomänen und Niveaustufen, sondern hermeneutisch, durch Untersuchung der Produkte zu bestimmen, die aus der Lektüre entstanden.

Das ist implizit schon immer bei der Benotung von Klassenarbeiten geschehen. Das Verfahren unterscheidet sich von dem Typus „Benotung" indes dadurch, dass die Beschreibungskategorien für die beobachteten Teilkompetenzen mit derjenigen von PISA über weite Strecken identisch sind.

3. Die Bestimmung von Lese-Kompetenz aus Fließtexten

Vierzig Studierende wählten im Anschluss an ein fachdidaktisches Seminar mit dem Titel „Klassische und romantische Texte in integrierten Lehrwerken Deutsch" als Klausurthema die Interpretation von Schillers und Eichendorffs Gedichten „Sehnsucht" und die didaktische Kommentierung der abgebildeten Doppelseite aus einer geplanten Unterrichtseinheit für die Klasse 9/10 „Gedanken und Gefühle in Gedichten". Die Ergebnisse geben Auskunft über Leseleistung, Formulierungsleistung, Lernerfolge in Bezug auf das Fachthema „Klassik/Romantik". Die Studierenden haben die Sekundarstufe II des Gymnasiums durchlaufen. Sie haben 14 Seminarsitzungen über Texte aus Klassik und Romantik in Lesebüchern der Sekundarstufe I besucht. Ihre Lesekompetenz (sowohl was die „reading literacy" als auch was die im engeren Sinne „literarische" Lesekompetenz angeht) sollte deutlich über der von fünfzehn und sechzehnjährigen Schülerinnen und Schülern liegen, die eine Unterrichtseinheit über „Gedanken und Gefühle in Gedichten" durchgenommen haben. Zur Beschreibung des Verfahrens, Leseleistungen anhand von schriftlich vorliegenden Interpretationen zu bestimmen, ist dieser Unterschied jedoch nicht bedeutsam.

3.1. Was kann man aus einer vergleichenden Interpretation über Leseleistungen in Erfahrung bringen?

Die Fließtexte, die die Probanden als „Interpretationen" abgeben, sind – ganz wie wir es von den Interpretationsaufsätzen der Sekundarstufe II wissen – zunächst nicht das Resultat von Leseleistungen, sondern das von Lese- und *Formulierungsleistungen*. Oft macht man die Beobachtung, dass eine Interpretin in Schillers oder Eichendorffs Gedicht vieles und mancherlei gesehen und verstanden hat (= Lesekompetenz), dass es aber an der Fähigkeit mangelt, die Beobachtungen in einen konzisen Gedankengang zu bringen (= Formulierungskompetenz), sodass daraus der Eindruck entsteht, es fehle insgesamt an literarischer Lesekompetenz, während der Klausurentwurf im Konzept belegt, dass die wichtigen Informationen, die Formulierungsverfahren, die Irritationspunkte, an denen die Deutung ansetzen kann, sehr wohl erfasst waren.

Die Interpretationstexte sind zweitens durch die *verinnerlichte Prüfungssituation* geprägt. Die Klausurschreibenden sind der Meinung, sie müssen möglichst viel des erworbenen Wissens anbringen. Das führt sie zu gewagten Konstruktionen, die – als Leseleistungen gemessen – als „Spekulationen" zu Buche schlagen. Der Lektüreprozess ist durchweg affirmativ zum Vorwissen angelegt. Klassische und romantische Textmerkmale sind – möglichst in Form von Gegensatzpaaren – herauszufinden, also werden die beiden Texte auch so gelesen. Was man über die Epochen gelernt hat, muss das von den Texten eigentlich Gemeinte sein. Ist das zu offensichtlich nicht der Fall, setzen diverse Strategien der Harmonisierung ein. Zahlreich sind die Beispiele der affirmativen Zirkelbildung des Typs: Schiller ist ein Klassiker, also finden sich bei ihm die Gedanken der ästhetischen Erziehung, der autonomen Persönlichkeit, des optimistischen Blicks in die Möglichkeiten, die die Zukunft bereithält. „Sehnsucht" kann bei ihm keine resignativen Züge haben. Bei Eichendorff hingegen muss Resignation schmerzlich gefühlt werden, denn er ist ein Romantiker. Er ist also melancholisch, schwärmt von der Nacht. Die Zeit, von der er träumt, ist das Mittelalter (mit Minnesänger und am Fenster wartenden Mädchen). Verwirrend finden es die Leser dann, dass ein Klassiker fantasiert und „Sehnsucht" nach dem Paradies empfindet, an das er als Pantheist oder Deist ja gar nicht glaubt, während der Romantiker seine Sehnsucht auf das Land und die Kunst der Antike richtet. Sie neigen also dazu, entweder „Sehnsucht" bei Schiller umzudeuten in das klassische „Streben nach dem Ideal der Harmonie" oder aber eine biografische Interpretation anzusteuern: Schiller ist krank und lebensmüde, er sehnt sich nach dem Jenseits, das er sich nach dem antiken Bild ausmalt. Ähnlich irritierend ist, dass Eichendorff als Romantiker antike Statuen in seine Sehnsuchtslandschaft einbezieht. Also halten sie sich an die verwilderten Gärten (Romantiker schätzen die wilde Natur) und benutzen den Verweis auf die „Antike" bei einem Romantiker, um auf Querverbindungen zwischen den beiden Epochen („Epochenumbruch") hinzuweisen. Nur wenn dem Schreiber das Wissens-Element „Goethe als lyrisches Vorbild vieler Romantiker" zur Verfügung steht, gelingt es, Textbeobachtung und Prüfungsanforderung auf eine Linie zu bringen: „Eichendorff hatte Goethes Lied der Mignon im Kopf, als er sein Gedicht schrieb. Es gibt zwischen Klassik und Romantik intertextuelle Bezüge."

Aber ist das eine Leseleistung im Sinne der operativen Nutzung von literaturgeschichtlichem (Fach-)Wissen – oder ist es eine Anpassung der eigenen Text-Interpretation an die Aufgabenstellung? In jedem Falle ist es eine konstruktive Verstehensleistung, ein erstaunliches Austarieren der zur Verfügung stehenden Möglichkeiten. Meine skeptische Frage lautet: Hätte man sie anhand von Aufgaben „abfragen" können – oder sind sie vielmehr das Resultat der „allmählichen Verfertigung der Gedanken" beim Schreiben?

Der Prozess der konsequenten und manchmal auch geschickten *Anpassung des Gelesenen an das Gewusste* kann als spezifische Teilkompetenz schulisch-literarischen Lesens immer wieder beobachtet werden. Er steuert vor allem das „deutende Lesen", das angeblich für klassisch-romantische Lyrik in besonderem Maße gefordert ist. Hier ein Beispiel aus einer Interpretation von Schillers „Sehnsucht":

„Der Sonnenschein (Z. 2) und die Luft (Z. 3) zwei nicht zu fassende Elemente, sind die Erquickung des lyrischen Ichs. Dies könnte man als Symbol für die geistige Nahrung in Form der Literatur zur humanitären und ästhetischen Erziehung des Menschen nehmen. Zugleich wird die Natur im Schein dieses Tageslichts zum Sinnbild für die idealisierte Vorstellung vom Einklang der Harmonie und Humanität […] In Strophe 4 wird mit dem Bild des Nachens ohne Fährmann, also ein im Sturm treibendes führungsloses Boot, angedeutet, dass der Mensch ohne Erziehung und Bildung in der Gesellschaft untergeht. Der Mensch muss an sich selbst glauben und versuchen, sich mit Hilfe der Literatur weiter zu bilden und das Ideal der Humanität und Harmonie zu erreichen. Dies Streben liegt beim Menschen selbst und kann nicht von außen, etwa durch Gesellschaft, Kirche oder Staat bedingt sein."

Zu Eichendorffs Gedicht „Sehnsucht" heißt es:

„In Strophe 1 wird die Nacht verherrlicht, sie symbolisiert die Möglichkeit, der Wirklichkeit zu entfliehen. […] In Strophe 3 wird ein Bezug zu einer vergangenen Epoche hergestellt. Die Verherrlichung des Lebens im Mittelalter in Form der wartenden Mädchen auf ihren Minnesänger ist die Rückbesinnung auf die Zeit des Mittelalters. Die Sehnsucht nach der Unendlichkeit und dem Universellen des eigenen Ichs im Wandern ist eine Wunschvorstellung der idealen Ordnung."

Hier werden *spekulativ Lücken in der eigenen Deutung geschlossen.* Weder ist der bei Schiller genannte Nachen ohne Fährmann ein „im Sturm treibendes führungsloses Boot" noch ist irgendwo bei der Beschreibung des die Lebenswirklichkeit und Wunschwelt des Sprechers trennenden Flusses ein Hinweis auf die bildende Wirkung der Literatur vorhanden. Im Fall des Nachens ohne Fährmann wird eine *Verschiebung* vorgenommen: Der „Strom" ist nicht als Bild der unüberwindbaren Trennung gelesen, sondern als Lebenslaufmetapher. Der Nachen ist darin als „Lebensschiff" (ohne Steuermann wegen der klassischen Autonomie des Individuums) eingepasst. Im zweiten Fall wird eine *Expansion* vorgenommen: Man „weiß", dass Schiller der Literatur erziehende, bildende (also dem Leben Führung anbietende) Kraft zutraut. Sein Weg aus einer stürmisch-bewegten Gesellschaft in eine Welt der Harmonie muss also etwas mit Literatur zu tun haben. Noch deutlicher tritt die Expansion im Falle Eichendorffs in Erscheinung. Die Verlagerung des von den wandernden Gesellen gesungenen Liedes ins Mittelalter ist der Assoziation „wandernder (Minne-)Sänger" und „auf den Geliebten wartende Frau" geschuldet.

Diese Formen spekulativer Lektüre sind Ergebnisse eines spezifischen schulischen Interpretationsrituals. Die Aufgabe einer Gedichtinterpretation ist dementsprechend, hinter den im Text vorgestellten Sachverhalten bedeutungsvolle und durch Anspielungen komplizierte Bedeutungen zu entdecken. Eine erfolgreiche Entdeckung verwendet erworbenes deklaratives Wissen über Textsorten und Epochen oder Autorbiografien.

3.2. Versuch einer Systematisierung der Leseleistungen in den Textinterpretationen

Will man Genaueres über den Aufbau der literarischen Lesekompetenz erfahren, so muss man die einzelnen Tätigkeiten, die ein „kompetenter" Interpret ausführt, ein eiliger Leser hingegen nicht oder nur unvollständig, in den Blick nehmen. (Abraham, Kepser 2005, S. 54 ff.) Das soll hier in Kürze und in Bezug auf die untersuchten vierzig vergleichenden Interpretationen von Schillers und Eichendorffs „Sehnsucht" geschehen. *Drei Niveaustufen* werden *bei jeder einzelnen Tätigkeit* unterschieden.

- Auf der ersten werden *konkrete Operationen ausgeführt*: Wörter aus dem Text herausgegriffen und zitiert, Wiederholungen registriert, die Auffälligkeiten der Formulierungen (z. B. Reim, Versmaß) benannt.
- Auf der zweiten werden *„hinter" den Formulierungsentscheidungen des Textes Bedeutungen gesucht* und erkannt. Dazu müssen oftmals Textstellen, die syntaktisch nicht zueinander gehören, miteinander verbunden werden, es muss entschieden werden, ob ein Ausdruck, „metaphorisch" gelesen, besser zu einer Deutung passt, ob im Text Pointen, Brüche, Widersprüche vorhanden sind und vermutet werden und was diese besagen könnten.

- Auf der dritten geht es um *Abstraktionen, Verallgemeinerungen und Zuweisungen zu textexternen Kategorien.* Hinter den Textbefunden sieht der Leser Prototypisches für eine Textsorte, eine Epoche, einen Autor. Hier spielt das Orientierungswissen, über das der Lesende verfügt, die entscheidende Rolle.

In dieser Konstruktion sind die Parameter der großen Lesestudien verwendet: Informationsentnahme, Operieren in Textstrukturen, Reflektieren und Nutzen von Zusatzwissen. Mit der Entscheidung für die Parameter der PISA-Studie setze ich mich ab von der in der Lehrerbildung üblich gewordenen Methode, die Operatoren der Aufgabenstellung durch Zuweisung einzelner „Standards" klein zu arbeiten, daraus „Anforderungen" in den verschiedenen Lernbereichen des Faches abzuleiten und diese dann auf einer Skala von „gut gelöst" bis „nicht gelöst" einzuordnen. (Vgl. Landesinstitut für Schule, Qualitätsagentur NRW 2005, S. 224 f.) Das Verfahren enthält für die Probanden unliebsame Überraschungen. So werden zum Beispiel zu einer Interpretationsarbeit, die in Klasse 10 an einer Kurzgeschichte zu leisten ist, dreiundzwanzig Teilanforderungen, in die die Prüfer die Kurzgeschichte und die gewünschte Interpretations- und Darstellungsleistung zuvor „zerlegt" haben, gestellt und mit vier Wertungsstufen verbunden. Eine Reihe von ihnen ist gegenstandsabhängig, sodass der Prüfling nicht wissen kann, dass bei der Bewertung gerade hierauf geachtet werden wird (z. B. eine vierfach differenzierte Bestimmung der ironischen Erzählerposition: „ironisch überspitzt", „subjektiv"; „selbstironisch", „Ironie als Zeichen inneren Zwiespalts"). Jede dieser Bewertungen ist für sich genommen eine Interpretationsleistung des Prüfers. Viermal „punktet" er, wie in der Textinterpretation mit der Ironie umgegangen wurde. In der Aufgabenstellung war das Wort „Ironie" tunlichst vermieden worden. Ich beschränke mich demgegenüber auf eine Beschreibung dessen, was die Probanden im Text gesehen und was sie dazu geschrieben haben.

In der nachstehenden Tabelle sind die wichtigsten Befunde zusammengestellt:

Aktivitäten der Rezipienten (Tätigkeiten, die Textinterpreten zum Leseverstehen ausführen)	Zuordnung der Tätigkeiten zu den Niveaustufen (Sch: Schiller betreffend; E: Eichendorff)
Das eigene Gesamtverständnis der Texte „Sehnsucht" von Schiller (Sch) und Eichendorff (E) formulieren (Um was geht es meiner Meinung nach in dem Text?)	*konkret:* Sch: Sehnsucht nach einem anderen Land/ E: Wunsch, durch einen Sommerabend zu wandern *symbolisch:* Sch: Paradieshoffnung oder Todessehnsucht/E: Italiensehnsucht oder Liebessehnsucht *abstrahierend:* Sch: klassisch-optimistische Sicht in die Zukunft/E: romantische Melancholie
Inhalt, Thema, Geschehen des Textes erfassen (Was ereignet sich?)	*konkret:* Sch: nebliges Tal, grüner Hügel, dazwischen ein Fluss/E: das Ich am Fenster, das Lied der Gesellen *symbolisch* [das „zweite Thema" hinter dem ersten steht im Zentrum]: Sch: der Sprecher ist von Hoffnung getrieben/E: von Leben und Liebe berauscht *abstrahierend:* Naturbilder sind in Klassik und Romantik Bilder für psychische Befindlichkeit
Formale Beobachtungen zur poetischen Differenz machen (Welche Abweichungen von Alltagssprache werden registriert?)	*konkret:* Anzahl der Strophen, Versfüße, Reimformen, Kadenzen benennen *symbolisch* [formale Beobachtungen funktional begründen]: Sch: pathetische Sprache/E: Volkslied *abstrahierend:* Pathos ist charakteristisch für Schillers Sprechweise. Volksliedformen sind besonders in der Spätromantik beliebt
Vergleichspunkte zwischen den beiden Gedichten bestimmen (Welche Gemeinsamkeiten, welche Unterschiede fallen auf?)	*konkret:* Sch: ein gedachtes Elysium, Paradies/E: ein Fantasie-Italien *symbolisch:* Sch: Sehnsucht ist aktivitätsauslösend/ E: Sehnsucht ist untätiges Träumen *abstrahierend:* Sch: Repräsentant Klassik-Aufklärung (Entschluss)/E: Repräsentant Romantik (Gefühl)

Biografische Kontexte heranziehen (Welches Wissen über den Autor trägt zum besseren Verständnis bei?)	*konkret:* Sch: Schiller ist krank, Todessehnsucht/E: war nie in Italien, sehnt sich danach, in dies Land zu reisen *symbolisch:* Sch: die Lebensrealität im Gegensatz zur erträumten Harmoniewelt ohne Konflikte, der Lebensstrom als bedrohliche Umgebung/E: die Stationen der Wanderung als Stationen des eigenen Wunsch-Lebens (Befreiung aus den Zwängen von Familie und Beruf) *abstrahierend:* Sch: Gedankenlyrik ist versteckte Erlebnislyrik/E: die Autor-Biografie ist typisch für die Situation des Romantikers: Betrachter des Lebens zu bleiben, während andere es durchwandern
Konstruktion von Epochentypik (Welche charakteristischen Ereignisse der Entstehungszeit/ Epochenmerkmale prägen die Bedeutung des Textes?)	*konkret:* Sch: die ewig grünenden Hügel als klassisch-antikes Hadesbild/E: das Posthorn als Signal für Fernweh *symbolisch:* Sch: du musst wagen – das autonome klassische Ich in der unruhigen Zeit der Französischen Revolution/E: am Fenster stehen und lauschen – Gestus des romantischen Betrachters, der in die Zeit nicht eingreift *abstrahierend:* Sch: die Erfüllung von Lebenswünschen hängt vom Ich ab/E: Erfüllung von Lebenswünschen hängt von Gottes Gnade ab
Heranziehen von allgemeinem Sachwissen (Welches Vorwissen zum Thema setzt der Text voraus und ist es beim Leser präsent?)	*konkret* [punktuelles Sachwissen]: Sch: Verfassen des Gedichts zwei Jahre vor dem Tod/E: Heidelberger Romantik mit Vorliebe für Volkslieder *symbolisch* [Wissen auf Textbeobachtungen bezogen]: Sch: christliches Paradies, antike Asphodelenwiese/E: „Italianität" als Merkmal des Wanderliedes der Gesellen *abstrahierend* [Sachwissen zur Zeit auf Textbeobachtungen beziehen]: Sch: die Unsicherheit des freien Schriftstellers und der tobende Lebensstrom im Text korrespondieren miteinander/E: der Beamte, der nicht von zu Hause wegkommen kann, träumt von einem abenteuerlichen Wanderleben

Heranziehen von formalem Sachwissen (Welches spezifische Wissen um Textsorten, Formen, Formulierungsverfahren wird für das Verstehen des Textes benötigt und ist es als „intelligentes Wissen" vorhanden?)	*konkret* [punktuelles Wissen]: Reimformen, Kadenzen, Versfüße, Volksliedstrophen bewirken dies oder das *symbolisch*: Sch: andere philosophische Gedichte Schillers („Hoffnung")/E: Italienmotiv in Eichendorffs Novelle „Das Marmorbild" *abstrahierend* [in Klassik und Romantik spielen intertextuelle Bezüge eine wichtige Rolle]: Sch: Hinweis auf Goethes Bild der „Götter" als Lenker des menschlichen Schicksals/E: Hinweis auf Goethes „Mignon-Lied" zum Thema Wandern und „Italien"

3.3. Auswertung und einige Schlussfolgerungen

3.3.1. Die „literarische Lesekompetenz" ist eine instabile Konstruktion

Die Leseleistungen der Klausurschreiber zeigten deutlich subjektive *Kompetenz-Profile*. Es kam vor, dass Lese- und Verstehensleistungen gegenüber dem Schiller-Gedicht deutlich abfielen (unangemessene Symbolisierungen; unpassende Abstraktionsleistungen) gegenüber denjenigen, die sich auf Eichendorffs Gedicht bezogen. Darf man daraus schließen, dass Eichendorffs Gedicht „leichter" zu lesen ist, das Verständnis von Schillers Text „voraussetzungsreicher" ist? Bedeutet es, dass klassische Literatur uns ferner steht als das romantische Lied? Kann es sein, dass Eichendorffs Text einen höheren Grad an Kanonizität besitzt, das heißt, dass er vielen der Probanden schon bekannt war (weil er z. B. häufig in der Sekundärliteratur als Beleg für allgemeine romantische Merkmale herangezogen wird)?

Umgesetzt in Schulnoten ergab sich bei den vorliegenden vierzig Arbeiten eine fast mustergültige Gaus'sche Kurve. Die Noten verschleiern indes, dass einzelne Probanden ihre Punkte durch ganz unterschiedliche Tätigkeiten erreichen. Es gab Arbeiten, in denen sehr viel Kontextwissen zu Autoren und Epochen herangezogen werden konnte, dafür aber elementare Fehler bei formalen Beobachtungen (insbesondere Reimformen, Versfüße) vorkamen. In anderen Arbeiten wurden Mängel bei der Darstellung (Parlando-Stil des Typs: „Schiller war durch Krankheit und Sorgen um das Geschäft das Leben gründlich leid") zu Fallen beim Textverstehen. Dann nämlich, wenn aus „das Leben leid sein" eine „Sehnsucht nach dem Tod" konstruiert wurde, von der im Text nicht die Rede ist.

Die Verstehensleistungen können bei ein und demselben Leser in den einzelnen Tätigkeitsfeldern, die das „literarische Lesen" ausmachen, sehr unterschiedlich sein. Welches Niveau in welchem Sektor der Interpretentätigkeiten erreicht wird, hängt nicht nur von einer entsprechenden „Teilkompetenz" ab, über die jemand verfügt oder nicht, sondern auch von den Gegenständen, an denen gearbeitet wird und von dem Vorwissen, das über diese Gegenstände vorhanden oder nicht vorhanden ist. Aussagen über eine allgemeine „literarische Lesefähigkeit" sind angesichts dieser Befunde problematisch.

3.3.2. Die „Bestimmung des Gesamtsinns" muss im Kompetenzmodell neu justiert werden

Ein Blick auf das Gesamt der erhobenen Einzelleistungen zeigt noch ein weiteres Problem der Messung von Kompetenzen: Es gibt Arbeitsbereiche innerhalb des Operators „interpretieren", die von fast allen auf der Niveaustufe des symbolischen und des reflektierten Lesens, und einige, die fast nur auf dem unteren Niveau der Identifizierung konkreter Textbefunde bearbeitet werden. Beim Interpretieren gibt es also „schwere" und „leichte" Problemstellungen, zu denen die Einschätzungen zwischen Aufgabenstellern und Probanden erheblich differieren.

Zum Beispiel zeigte sich, dass nahezu die Hälfte der Interpreten und Interpretinnen an der Bestimmung des „Gesamtsinns" eines der Texte, einer in der PISA-Studie als leicht (Stufe 1 des Aspekts „Operieren in Strukturen") eingestuften Teiloperation des Leseverstehens, scheiterten, zumeist ohne es wahrzunehmen. Es gelang ihnen nicht, in einem klaren Satz zu formulieren, um was es Schiller und um was es Eichendorff geht, wenn sie – um von „Sehnsucht" sprechen zu können – von Tal und Hügeln, von Gärten im Mondschein, von Marmorbildern in verwilderten Gärten dichten. Es ist ziemlich unzusammenhängend von Paradies, von Leben nach dem Tod, von Diesseits, Jenseits, Lebensüberdruss, von Melancholie, von Liebesbedürfnis, von enttäuschter Hoffnung, Idealisierung der Antike usw. die Rede. Aber wie dadurch ein Begriff von „Sehnsucht" entworfen wird, bleibt unklar. Das mag daran liegen, dass die Bestimmung des Gesamtsinns in einer Interpretation ein *komplexer Abstraktionsschritt* ist, der mit „Operieren in Strukturen, Niveau 1" falsch in die Niveauskalen einsortiert ist.

3.3.3. Was erbringt der Versuch für die Frage der Standards, der Kompetenzen, der Kompetenzmodelle beim Lesen und Textverstehen?

Als diagnostisches Instrumentarium erbringen die von den Probanden hergestellten Fließtexte (Interpretationsaufsätze) gute Einblicke in den Prozess ihres Textverstehens. Sie ermöglichen exakte Beschreibungen, was an Teiltätigkeiten erfolgreich geleistet worden sein musste, damit ein Verstehensergebnis festgestellt werden konnte. Sie verlangen vom Rater die *Interpretation der Formulierungsleistungen*, nicht die Ja-nein-Zuordnung zu vorab formulierten Standards. Standardisierungen erweisen sich hier als zu abstrakt, zu ungenau. Die Einblicke sind punktuell, sie können bei anderen Materialien und anderen Problemstellungen sehr deutlich voneinander abweichen. Es bleibt offen, ob jemand, der „Sehnsucht" im Text Schillers richtig als ein Gefühl des Herausgefordertseins erfasst, auch Goethes „Selige Sehnsucht" („Das Lebend'ge will ich preisen, / Das nach Flammentod sich sehnet.") textkonform als Lebensgesetz des „Stirb und Werde" bestimmen kann. Und ob beides eher mit der Fähigkeit, Lektüre „selbstvergessen" betreiben zu können, oder ob es eher mit der Domäne „Operieren in Textstrukturen" zu tun hat, ist ebenfalls unklar.

Es bleibt die ernüchternde Bilanz:

– Das, was uns beim Beschreiben der Verstehensleistungen von Schülerinnen und Schülern wichtig war, was im Unterricht als eine kulturelle Kompetenz im Umgang mit Schriftkultur aufgebaut wurde (und was unter die „Standards" sehr global mit dem Operator „einen kürzeren literarischen Text interpretieren" aufgenommen ist), ist anhand von geschriebenen Fließtexten nicht genau genug zu erfassen.
– Das, was die bisher als „Standards im Arbeitsbereich Umgang mit Texten und Medien" vorgelegten Kompetenzskalen formulieren, hat mit dem hier erhobenen Textverstehen wenig bis nichts zu tun. Die den „Musteraufgaben" der Landesinstitute beigegebenen „Anpassungen" von Aufgaben und Leistungserwartungen (der sog. „Standardbezug") sind intrainstitutionelle Rhetorik. (Hochstadt 2006)
– Die Vorstellung, man könne durch umfassende „Kompetenzmodelle" den kulturellen Aspekt des Leseverstehens ebenso exakt und allgemein ermitteln wie den technischen, ist vorderhand Wunschdenken der Modellbauer. Die hier vorgelegte kleine Untersuchung sollte die keineswegs bescheidene Frage aufwerfen, ob es nicht vielleicht doch sinnvoll wäre, sich intensiver hermeneutischer Traditionen des Faches auch bei der Leistungsfeststellung zu bedienen.

Anmerkungen

[1] Die Begriffe der Textlinguistik „frame" und „script" sind in der fachdidaktischen Diskussion um Aufgabenformulierungen von Hartmut Melenk eingeführt. Der *frame* (Rahmen) wird durch den Operator gesetzt („interpretiere"), das *script* (Verlaufsprotokoll) nennt die Abfolge der Tätigkeiten, die den Rahmen-Begriff „ausfüllen"; vgl. Melenk/Metz 2005.

[2] Zur Zuordnung von Leseleistungen zu Kompetenzstufen vgl. Baumert 2002, S. 60 f.; dort sind fünf Kompetenzstufen aufgeführt und Skalenwerten von 335 bis 625 zugeordnet.

Literatur

Abraham, Ulf/Matthias Kepser: *Literaturdidaktik Deutsch. Eine Einführung.* Berlin: Erich Schmidt 2005.

Abraham, Ulf u. a. (Hg.): *Deutschdidaktik und Deutschunterricht nach PISA.* Freiburg: Fillibach 2003.

Artelt, Cordula: *Lesekompetenz und Textsorten. Eine Klarstellung.* In: Deutschunterricht 5/2005, S. 28–30.

Baumert, Jürgen u. a.: *PISA 2000 – Die Länder der Bundesrepublik Deutschland im Vergleich. Zusammenfassung zentraler Befunde.* Opladen: Leske & Budrich 2002.

Becker, Gerold u. a. (Hg.): *Standards. Unterrichten zwischen Kompetenzen, zentralen Prüfungen und Vergleichsarbeiten.* Seelze: Friedrich (= Friedrichs Jahreshefte 23) 2005.

Becker-Motzek, Michael: *Nicht standardisieren, sondern sprachlich befähigen.* In: Didaktik Deutsch 19/2005, S. 11–13.

Bickmann, Rosvita/Albert Bremerich-Vos: *Kumulatives Lernen und Lernstrategien bzw. Arbeitstechniken im Deutschunterricht.* In: Landesinstitut für Schule und Weiterbildung NRW (Hg.): Förderung von Lernprozessen im Deutschunterricht. Materialien für die Lehrerbildung. Soest 2001, S. 5–56.

Deutschbuch. Hg. von H. Biermann/Bernd Schurf u. a. Berlin: Cornelsen 1996 ff.; Neuausgabe seit 2004.

Ehlers, Holger/Heiner Willenberg: *Empirisches Forschen – didaktisches Denken – Grenzüberschreitungen erwünscht!* In: Ulf Abraham u. a. (Hg.): Deutschdidaktik und Deutschunterricht nach PISA. Freiburg: Fillibach 2003, S. 431–442.

Fingerhut, Karlheinz: *Literarisches Wissen, kommunikative und philologische Kompetenzen im Deutschunterricht der Sekundarstufen.* In: Bodo Lecke (Hg.): Fazit Deutsch 2000. Frankfurt a. M.: Peter Lang 2004, S. 263–284. (2004a)

Fingerhut, Karlheinz: *Integrierte Unterrichtseinheiten als Kompetenzmodelle.* In: Kaemper-van den Boogaart (Hg.): Deutschunterricht nach der PISA-Studie. Frankfurt a. M.: Peter Lang 2004, S. 117–142. (2004b)

Gansel, Carsten: *Kompetenzen und integrativer Deutschunterricht – Ein ‚schulpolitischer Paradigmenwechsel' und seine Folgen.* In: Didaktik Deutsch 19/2005, S. 23–49.

Härle, Gerhard u. a. (Hg.): *Kein endgültiges Wort. Die Wiederentdeckung des Gesprächs im Literaturunterricht.* Baltmannsweiler: Schneider 2004.

Hochstadt, Christiane: *Der standardisierte (Post-Pisa-?)Referendar.* In: Didaktik Deutsch 20/2006, S. 18.

Klieme, Eckhard u. a. (Hg.): *Zur Entwicklung nationaler Bildungsstandards. Eine Expertise des Instituts für Internationale Pädagogische Forschung.* Berlin: Deutsches Institut für Internationale Pädagogische Forschung [DIPF] 2003.

Kultusministerium Baden-Württemberg: *Bildungsplan Gymnasium, Kompetenzen und Inhalte für Deutsch, Klasse 10.* Stuttgart 2004, S. 85 ff.

Kultusministerkonferenz (Hg.): *Bildungsstandards im Fach Deutsch für den mittleren Schulabschluss.* Vereinbarungen vom 4. 12. 2003, Teil 2: Kompetenzbereiche des Faches Deutsch, Teil 3: Standards für die Kompetenzbereiche des Faches Deutsch [www.kmk.org/schul/Bildungsstandards/Deutsch_MSA_Bs_04-12-03.pdf]

Landesinstitut für Schule/Qualitätsagentur: *Standardorientierte Unterrichtsentwicklung. Moderatorenmanual Deutsch, Modul 2: Aufgaben konstruieren.* Stand 25. 8. 2005, Soest.

Melenk, Hartmut/Kerstin Metz: *Begriffliche Strukturierung von Fachtexten im Deutschunterricht.* In: Martin Fix/Roland Jost (Hg.): Sachtexte im Deutschunterricht. Baltmannsweiler: Schneider 2005, S. 83–93.

Mitteilungen des Deutschen Germanistenverbandes: Sprache und Bild I. H. 1/2004.

Ossner, Jakob: *Die Wahrheit ist konkret und bedarf achtsamer Formulierungen.* In: Didaktik Deutsch 17/2005, S. 20–23.

Schneider, Hansjakob/Andrea Bertschi-Kaufmann: *Lese- und Schreibkompetenzen fördern.* In: Didaktik Deutsch 20/2006, S. 30–51.

Winkler, Iris: *Textwerkstatt: Alternative Aufgabentypen entwickeln.* In: Deutschunterricht 5/2005, S. 40–45.

Zabka, Thomas: *Was bedeutet „Verständigung" im schulischen Interpretationsgespräch?* In: Gerhard Härle u. a. (Hg): Die Wiederentdeckung des Gesprächs im Literaturunterricht. Baltmannsweiler: Schneider 2004, S. 75–96.

Ein Gedicht wie Goethes „Das Göttliche" ist im Verlauf seiner Rezeptionsgeschichte immer wieder interpretiert worden. Eingebunden in veränderte Kontexte gelangten die Interpreten dabei zu jeweils neuen Deutungen. Der Beitrag erarbeitet einen Vorschlag dafür, wie im Unterricht ein Vorwissen aufgebaut werden kann, das es den Lernenden ermöglicht, dieser Entwicklung angemessen Rechnung zu tragen.

MICHAEL KÄMPER-VAN DEN BOOGAART

Kleinschrittiges Lesen als Kompetenz

Zu Johann Wolfgang Goethe „Das Göttliche" (Jahrgangsstufe 11–13)

1. Vorbemerkung

In diesem Beitrag soll nach dem angemessenen Verständnis eines Gedichts gefragt werden und danach, welches Vorwissen mobilisiert werden muss, um ein solches Verständnis zu erzielen. Mit der Rede vom angemessenen Verständnis wird eine Formel aufgegriffen, die bereits vor den PISA-Maßnahmen kursierte, nämlich Erwartungshorizonte der Lehrenden absteckte. Dabei sollte indes nicht verkannt werden, dass der Hinweis auf Angemessenheit zumeist nebliger ist, als man meinen möchte, da oft darauf verzichtet wird anzugeben, wem gegenüber ein Verständnis angemessen sein soll (Willenberg 2003; Kämper-van den Boogaart 2004, 2005). Angesichts der normsetzenden Rolle, die Ausführungen zur angemessenen Lösung von Aufgaben in Standard-Tests spielen, wäre zunächst dringend zu fordern, im Grundsatz zwischen Anschlusskommunikationen zu differenzieren, die als sachangemessen oder aber als schülerangemessen taxiert werden können. Gegenwärtig zeichnet sich ab, dass die Kategorie der Schülerangemessenheit, da Konstruktion eines pädagogischen Erfahrungswissens, von Aufgabenentwicklern als derart weich eingestuft wird, dass auf sie zugunsten eines vermeintlich harten Maßstabs der Sachangemessenheit verzichtet wird. Für die Härte dieses Maßstabs scheint

Das Göttliche

   Edel sei der Mensch,
   Hilfreich und gut!
   Denn das allein
   Unterscheidet ihn
5 Von allen Wesen,
   Die wir kennen.

   Heil den unbekannten
   Höhern Wesen,
   Die wir ahnen!
10 Ihnen gleiche der Mensch!
   Sein Beispiel lehr uns
   Jene glauben.

   Denn unfühlend
   Ist die Natur:
15 Es leuchtet die Sonne
   Über Bös und Gute,
   Und dem Verbrecher
   Glänzen wie dem Besten
   Der Mond und die Sterne.

20 Wind und Ströme,
   Donner und Hagel
   Rauschen ihren Weg
   Und ergreifen
   Vorüber eilend
25 Einen um den andern.

   Auch so das Glück
   Tappt unter die Menge,
   Faßt bald des Knaben
   Lockige Unschuld,
30 Bald auch den kahlen
   Schuldigen Scheitel.

   Nach ewigen, ehrnen,
   Großen Gesetzen
   Müssen wir alle
35 Unseres Daseins
   Kreise vollenden.

   Nur allein der Mensch
   Vermag das Unmögliche:
   Er unterscheidet,
40 Wählet und richtet;
   Er kann dem Augenblick
   Dauer verleihen.

   Er allein darf
   Den Guten lohnen,
45 Den Bösen strafen,
   Heilen und retten,
   Alles Irrende, Schweifende
   Nützlich verbinden.

   Und wir verehren
50 Die Unsterblichen,
   Als wären sie Menschen,
   Täten im großen,
   Was der Beste im kleinen
   Tut oder möchte.

55 Der edle Mensch
   Sei hilfreich und gut!
   Unermüdet schaff er
   Das Nützliche, Rechte,
   Sei uns ein Vorbild
60 Jener geahneten Wesen!

Johann Wolfgang von Goethe

zu sprechen, dass das sachangemessene Verständnis eines poetischen Textes in literaturwissenschaftlichen Kommentaren formuliert wird, die ihre Dignität durch die Falsifikations- und Verifikationsprozeduren des Wissenschaftssystems gewonnen haben. Hinter solcher Sichtweise verbirgt sich die schon längst obsolete Idee von der einen richtigen Interpretation. Realiter bestimmen indes nicht allein Falsch-Wahr-Distinktionen die Produktion literaturwissenschaftlicher Kommentare. Denn weniger durch Falsifikation etablierter Kommentare entsteht Neues als durch veränderte Kontextualisierungen, die ihrerseits modifizierten Gegenstandstheorien, aber auch lediglich dem Drang nach Originalität und mithin der Affinität von Literatur- und Wissenschaftspraxis folgen können. Fassen wir durchaus im Sinne von *reading literacy* ein Textverstehen, das sich in der Anschlusskommunikation eines Interpretationsaufsatzes artikulieren kann, wesentlich auch als Kontextualisierung auf, nämlich als eine Verknüpfung von Neuem und Bekanntem, so wäre im schulischen Zusammenhang das Bekannte idealiter jenes Vorwissen, das durch Unterricht entsteht. Selbstverständlich handelt es sich bei dieser Annahme um dieselbe „Illusion der Chancengleichheit" (Bourdieu), die auch dem Postulat zugrunde liegt, dass man nur prüfen dürfe, was zuvor im Unterricht habe gelernt werden können. Umso mehr sollten wir aber bei der Konstruktion eines Maßstabs angemessenen Textverstehens danach streben, dass die als angemessen prämierte Kontextualisierung möglichst tatsächlich die Investition eines Wissens darstellt, das, ähnlich wie die Verfahren seiner Applikation, in vorausgegangenen Lernprozessen erworben werden konnte. Da es sich dabei um schulische Lernprozesse handelt, geht es um ein Wissen, das als Lerngegenstand idealiter zielgerichtet, nämlich bereits mit Blick auf seine Verknüpfungspotenziale angeboten wurde. Bei dieser Andeutung, die übrigens auch auf eine interessante Nähe der gegenwärtigen Diskussion zu Curriculumkonzepten längst vergangener Tage verweist, möchte ich es an dieser Stelle belassen.

2. Das Gedicht als Dokument eines Wandels

Goethes auf das Jahr 1783 datierte Gedicht „Das Göttliche" ist zwar durch die Formel „Edel sei der Mensch, hilfreich und gut" im kulturellen Gedächtnis partiell verankert und in Lehrwerken für die Schule präsent, so auch seit der zweiten Auflage im „Echtermeyer" (Paefgen 1990), erstaunlicherweise aber nicht besonders häufig literaturwissenschaftlich kommentiert worden.

Eine wesentliche Kommentarrichtung, der der Deutschunterricht bzw. seine Lehrwerke folgen (z. B. Blickfeld Deutsch 1991, S. 199–202), erkennt die Bedeutsamkeit der Verse im Kontrast zu denen des rund zehn Jahre älteren „Prometheus". Mit diesem Bezug folgt man der unautorisierten Editionspraxis von Friedrich Heinrich Jacobi, mit dem Goethe seit 1774 eine am Ende sehr spannungsreiche Bekanntschaft unterhielt (Nicolai 1965) und der in seiner 1785 publizierten Schrift „Über die Lehre des Spinoza in Briefen an den Herrn Moses Mendelssohn" sowohl die Prometheus-Ode wie auch das Gedicht „Das Göttliche" abdrucken ließ, indes nur letztes mit dem Namen Goethes versah. Von Jacobi stammt ebenso die Kennzeichnung „Antiprometheus" für „Das Göttliche", die entschieden jenen Wandlungsprozess des Autors akzentuiert, den auch Trunz (1962) in der „Hamburger Ausgabe" unterstreicht, wenn er „Prometheus" im Abschnitt „Sturm und Drang" und „Das Göttliche" in der Rubrik „Gedichte der ersten Mannesjahre" platziert. Während für „Prometheus" die juvenile Hybris der Genieästheten ins Licht gerückt wird, gilt „Das Göttliche" als Dokument, in dem Goethe, ein Jahr nach seiner Nobilitierung, zu einem klassisch-humanistischen Menschenbild und dergleichen finde (Geerdts 1976, S. 51–59, und auch Zacharias 1971, S. 28–36). Charakteristisch für eine entsprechend biografisch getönte Interpretationsrichtung sind etwa die folgenden Sätze Grenzmanns: „[…] Charlotte von Stein führte den Stürmischen in die Zucht von Maß und Gesetz […]. An die Stelle des Sturmes von ehedem ist das ruhige Schreiten getreten […]" (Grenzmann 1968, S. 140 u. S. 143).

Auch neuere Kommentare erkennen in „Das Göttliche" den Ausdruck eines Bewusstseins, das eine veränderte Perspektive auf den Konnex von Mensch, Natur und Göttlichkeit einnimmt. Gerade der religiöse Aspekt dürfte Jacobi dazu bewogen haben, das Gedicht in seinem eigenen frommen Sinne gegen die – vermeintlichen – Spinoza-Anhänger, darunter Lessing, anzuführen. Während Christ (1992, S. 14) im Doppelabdruck von „Prometheus" und „Edel sey der Mensch" eine Strategie Jacobis ausmacht, die auf eine „diplomatische Neutralisierung, die gleichzeitige Darstellung Goethes als Gottgläubigen und als Häretiker", hinausläuft, meint Titzmann (1998, S. 42, Anm. 1), dass für Jacobi „beide Texte offenbar ideologisch zusammengehörten". Diese Prämisse lässt zwar Titzmanns eigene – im Übrigen ausgezeichnete – Interpretation origineller erscheinen; angesichts der Quellenaufarbeitung von Teller (1985, S. 25–42), Christ (1992, S. 11–21) und Nicolai (1965) spricht aber nahezu nichts für sie. Interessant ist der Rekurs auf Jacobi allerdings allemal, da sich hier – wie auch bei Lavater (vgl. Reed 1996, S. 202–209) – eine frühe Rezeption zeigt, die Goethes Ode wohl in einer Haltung subjektiver Borniertheit (Kreft 1977, S. 379) zugunsten des eigenen Standpunkts vereinnahmt hat. Eine nüchternere Lektüre nämlich zeigt, dass von einer Konvergenz mit dem Konzept eines außerhalb der Welt präsenten Gottes bei Goethe keine Rede sein kann. Um nicht in ähnliche Turbulenzen zu geraten, empfehlen sich folglich dem schulischen Lerner eine sehr genaue Lektüre und eine Einstellung zum Text, die die Ambiguitätstoleranz des jungen wie alten Reich-Ranicki deutlich übersteigt („Das, dachte ich mir, ist in ihrer Direktheit […] schlechte Poesie: Die Strophe beginnt ja mit einer simplen Ermahnung und knüpft daran eine gänzlich absurde Feststellung. […] nach wie vor bin ich keineswegs bereit, ein gutes Wort für derartige Gedichte einzulegen"; Reich-Ranicki 2004, S. 104). Im Einzelnen wird es darum gehen, die Zusammenhänge von Göttern und Menschen, von den Kollektivbegriffen Mensch und „wir" und von Natur und Mensch zu eruieren sowie herauszufinden, wo im Gedicht argumentiert wird und wo nicht. Deutlich sollte auch werden, mit welchem Anspruch der lyrische Sprecher auftritt und worauf sein ethisches Postulat zielt. Von einer Interpretation im schulischen Sinne wäre zudem zu erwarten, dass die Untersuchungsergebnisse eine Stellungnahme zum Gedicht fundieren. Also an den Text!

3. Interpretationsskizze

Die erste Strophe des in freien Rhythmen gestalteten Gedichts setzt mit einem Imperativ ein, dem ein Begründungssatz („Denn") nachgeschoben wird, wobei ein Pathos angeschlagen wird, das namentlich heutige Leser befremden dürfte. Erzeugt wird der pathetische Ton durch die imperativische Ansprache, die jungen Rezipienten gleich mehrere Schwierigkeiten bereiten kann. Zunächst kann die imperativische Funktion des Konjunktivs I nicht geläufig sein, sodann müsste ausgelotet werden, was die Prämisse des Konjunktivs ist, und beachtet werden sollte auch, dass die Wortstellung ungewöhnlich ist (Hyperbaton), indem die Eigenschaft „edel" isoliert wird. Diese Konstellation nimmt die Schlussstrophe (Z. 55 f.) in modifizierter Form wieder auf, indem zunächst „der edle Mensch" genannt wird und dann mit den Adjektiven „hilfreich" und „gut" die von ihm geforderten Eigenschaften aufgeführt werden. Abgesehen von der Klärung, ob „edel" im engen Sinn auf Edelmann verweist oder ob das angesprochen wird, was als Tugenderwartung mit den Privilegien der Aristokraten konvenieren soll und dergestalt demographisch verallgemeinert werden kann, gilt es, die Beziehung zwischen den Adjektiven „edel" einerseits und „hilfreich und gut" andererseits zu sondieren. Der Schluss setzt voraus, dass der „edle Mensch" nicht notwendig „hilfreich und gut", mithin moralisch gebildet (gut) und handelnd (hilfreich) ist, da man dies von ihm sonst kaum fordern müsste. Was heißt aber „edel", wenn dies keine moralische Qualität sein soll? Titzmann gibt auf diese Frage eine voraussetzungsreiche Antwort (1998, S. 42–63), die der Ode selbst nicht direkt zu entnehmen ist. Er weist auf die spätaufklärerische Erfahrung hin, dass die Hoffnung, Moralität folge aus Vernunft, getrogen habe. Das Attribut „edel" gilt ihm als eine „Emphasebildung", als Verweis auf einen Entwicklungsstand des Menschen, der bereits erreichbar, jedoch noch nicht durch die geforderte Moralität gekrönt sei. Um die These von einer postulierten Weiterentwicklung von Vernunft („Der edle Mensch") zu Moralität („Sei hilfreich und gut!") zu halten, muss er allerdings unterstellen, dass sich im Gedicht ein diskursiver Prozess vollzieht. An dessen Ausgang sei der Sprecher der Auffassung, dass mit dem Edlen (Vernunft) ein Anfang bereits gemacht sei, während der Sprecher zu Beginn noch glaube, auch die Eigenschaft des Edlen noch fordern zu müssen. Eine entsprechende Entwicklung kann man mit den Versen 37 ff. sehen, so wohl auch Beutler in schwerer Metaphorik: „Dann aber erstrahlt, wie über einer Sintflut, in der alle Hoffnungen und Sehnsüchte des Herzens untergehen, der Regenbogen der Verheißung." (Beutler 1947, S. 176) Nibbrig (1974, S. 136) hingegen findet es „offensichtlich", „daß die übergeordnete, unbestimmt bleibende Wertbestimmung des Edel-Seins selbst in die Aufforderung übergeht, sie in praktischer Verwirklichung der untergeordneten Werte inhaltlich erst zu bestimmen".

Auch wenn die Motivation für die Variation der Anfangsformel nicht völlig geklärt werden kann, bleibt an dieser Stelle mit Blick auf den von Klüger (1999, S. 14) als Optativ bestimmten Konjunktiv sowie auf die deutliche Distinktion von Mensch und Tier („alle Wesen,/Die wir kennen") festzuhalten: Was die Menschen von den anderen Wesen unterscheidet, kann nur ihr *Potenzial* zu Höherem – zum emphatischen Menschsein – darstellen. Während der Mensch des Appells dergestalt ein utopischer ist, findet sich der empirische Mensch unter Einschluss des Sprechers selbst in der Rede von „wir" und „uns", die ab Vers 10 einsetzt und bis zum Schluss beibehalten wird. Schon angeführt wurde der Begründungssatz der ersten Strophe: Auch hier steckt ein Problem, denn die Begründung ist dem Sprecher schwer abzunehmen. Warum soll nur moralisch gutes und nicht auch moralisch verwerfliches Handeln Mensch und Kreaturen unterscheiden? Verständlich ist dies nur, wenn wir akzeptieren, dass hier eine Setzung erfolgt, die darauf hinausläuft, dass die Begabung zur Moralität auch eine Verpflichtung darstelle. Dies aber bleibt im Schatten der lyrischen Argumentation; stattdessen kommen nun die höheren Wesen ins Spiel. Obgleich die zur Zeit Goethes relevanten Religionssysteme sämtlich monotheistisch sind, wird das Göttliche im Plural angerufen, und, mehr noch, die Behauptung seiner personalen Existenz wird mit starken Abstrichen versehen. Die „höhern Wesen" sind unbekannt und lediglich geahnt, wobei das Ahnen dem Kennen in Vers 6 korrespondiert. Was über sie ausgeführt wird, ist auch in diesem Gedicht (wie in „Grenzen der Menschheit") lediglich negativ ausgedrückt (Titzmann 1998, S. 53): Sie sind unsterblich und sie gehören nicht zu dem handelnden „Wir", bleiben (zumindest im Indikativ) tatenlos. Die Verse 9 ff. erhöhen die Komplikation, wobei bekanntermaßen unsicher ist, ob Vers 10 in der Druckfassung vergessen oder bewusst gestrichen wurde (potenzielle Motive hierfür bei Eibl 1987, S. 1048 f.). Einerseits soll der Mensch den Göttern gleichen, andererseits aber soll das Beispiel des utopischen Menschen die empirischen Menschen (uns) lehren, an die Götter zu glauben („lehr' uns/Jene glauben", parallel: V. 59 f.). Während Vers 10 die Präsenz der Götter zu implizieren scheint, deuten die folgende Verse an, dass die Götter nur abgeleitet von der Utopie Mensch zu fassen und von den empirischen Menschen kreiert sind. Warum aber bedarf es dann des Götterglaubens, wenn dieser nur eine Projektion darstellt? Eine Antwort geben die Begründungsverse der dritten Strophe, die, für Goethe ungewöhnlich und für seinen Werther geradezu abwegig, die Natur als unfühlend charakterisieren und damit – neben der Vernunft – eine zweite Kraft der Aufklärung ins Spiel bringen: die Empfindsamkeit als menschliches Privileg und als Bedingung moralischen Handelns. Während der vernünftige und moralische Mensch (V. 37 ff.) im Besitz der Urteilskraft ist, ist die Natur mit Blick auf ihre Folgen für die Menschen indifferent, eingeschlossen die Kategorie „Glück" (Fortuna). Beide, Natur und Glück, werden in dieser Anlage dem Diesseitigen zugeschlagen, sind nicht Phänomene, in denen ein Göttliches waltet, welches über die Vernunft erkannt werden kann, wie es der Deismus sehen wollte (Titzmann 1998, S. 56). Die möglicherweise in Anklängen an das Matthäus-Evangelium (Haile 1979, S. 54–61) formulierte Indifferenz und die Diesseitigkeit der Natur potenzieren einerseits den reinen Ahnungscharakter des Göttlichen, lassen aber auch begreifbar machen, wieso es einer Projektion des Göttlichen bedarf: Die „ewigen, ehrnen/Großen Gesetze" determinieren zwar die menschlichen Lebensläufe, enthalten jedoch kein moralisches Potenzial. Um moralisch zu sein und zu handeln braucht es eben Vernunft und Empfindsamkeit, jene Eigenschaften, die einzig dem Menschen zugesprochen werden. Dessen Vorbilder müssen demnach menschenähnlich sein, und genau dies sind die fiktiven Götter, von denen der Konjunktiv Irrealis in den Versen 51 f. handelt („Als wären sie Menschen"). Deren fantasiertes Tun unterscheidet sich vom menschlichen konsequenterweise einzig quantitativ, nicht qualitativ („im großen" bzw. „im kleinen").

Die skizzierte Konstellation ist merkwürdig: Die Götter sind anthropomorphische Erfindungen, die „wir" verehren sollen, da sie das utopische Projekt unserer Veredlung anschaulich machen und somit für die Präsenz des Nichtpräsenten sorgen. Als Erfindungen sind sie demnach Vorgriff auf das Projekt „Der Mensch" („Sei uns ein Vorbild/Jener geahneten Wesen"); offen bleibt in diesem Zirkel, wie das bildungsgeschichtlich noch nicht Entwickelte („Der edle Mensch" V. 55) im Göttlichen anschaulich werden kann. Diesem Defizit entsprechen im Gedicht die Blässe der Gottesprojektionen und die Abstraktheit der moralischen Tugenden. Der paradoxen (Reed 1996, S. 203) Struktur des Veredlungsappells mögen die Verse 37 f. korrespondieren: „Nur allein der Mensch/Vermag das Unmögliche:" Hierbei handelte es sich um ein Agieren nach Ahnung, um ein moralisches Agieren eingedenk der Tatsache, dass die begehrte rationale Normlegitimation gescheitert ist, aber auch um ein Agieren im Zeichen des „als ob" (als ob es nämlich legitimierte, verbindliche Normen gäbe). Reed sieht hier die „Algebra allen Fortschritts": „Einmal den Anfang gemacht, stärken sich Glaube und Handlung gegenseitig und verwandeln langsam Welt und Weltbild" (Reed 1996, S. 203). Bedenkt man, wie Paradox und hymnische Ansprache konvenieren, darf man im Horizont des Gedichts eine Haltung sehen, die sich auf keinen Fall der Melancholie, aber auch nicht dem christlichen Gottesglauben verschreiben möchte. Nicht zufällig fällt im Vers 57 das Wort „unermüdet", wenn, ganz bürgerlich, dem *edlen Menschen* nützliches Schaffen abverlangt wird. In Anschlag gebracht werden für solchen Trotz namentlich die menschlichen Vermögen (V. 37 ff.) und die aus ihnen erwachsenen Privilegien (V. 43 ff.), die wiederum im Nützlichen kulminieren (V. 48). Zu den Vermögen zählt auch die scheinbar unmögliche „Fähigkeit, „dem Augenblick/Dauer zu verleihen". Was darunter zu fassen ist, wird im Gedicht nicht explizit klar. Man kann an die Vorstellung denken, dass in Kunst Augenblickliches konserviert werde, so Hartmann und Urban (1974, S. 415) sowie Eibl (1987, S. 1049). Bewahrt man die vorausgehende Erinnerung an die Beschränktheit „unseres Daseins" im Ohr, lässt sich auch schließen, dass auf das generelle Vermögen, sich durch Schrift über den Tod hinaus am Leben zu erhalten, angespielt wird (so im Kern bereits Staiger 1949, S. 356). Noch eine weitere Merkwürdigkeit sollte vor einem Resümee der Interpretationsbeobachtungen kurz angesprochen werden: Warum wird ausgerechnet eine lyrische Form gewählt, um unterschiedliche Diskurse in ein Programm zusammenfließen zu lassen? Titzmanns Antwort lautet: „Allein Lyrik erlaubt – paradoxerweise – die nicht durch konkurrierende (Figuren-)Positionen beschränkte literarische Artikulation eines solchen Programms." (Titzmann 1998, S. 63) Man könnte in diesem Sinne sagen: Die Form der Ode macht es möglich, eine Stimme derart absolut zu setzen, dass ihre Autorität durch keine Gegentöne relativiert wird. Nicht grundlos wittert Kommerell (1985, S. 430–448) im „fessellosen Sprechen" in freien Rhythmen „die Nähe des Priesters, des Propheten, des Gottkünders" (Kommerell 1985, S. 433 f.). Erträglich wird solches Autoritätsgebaren in diesem Fall dadurch, dass sich der Sprechende in den Schranken des egalitären Wir begreift. Gleichwohl wird auf solche Weise auch der übertönt, der in den großen Leerstellen des Gedichts Anlass zu Nachfragen fände (vgl. Conrady 1974, S. 180).

4. Resümee

Nun zum angekündigten Resümee, das die Standards für ein „angemessenes" Verständnis von „Das Göttliche" zu formulieren sucht, um im Anschluss fragen zu können, was dazu gehört, jene text- bzw. kommentarseitigen Standards zu erfüllen. Erkannt werden sollte:
1. Thema des Gedichts ist nicht das jenseitig Göttliche, sondern das emphatisch Menschliche.
2. Der quasi einen Rahmen setzende Appell mit den Prädikaten edel, hilfreich und gut skizziert in relativ abstrakter Form die Vision eines Menschen, der sich als solcher erst noch bilden muss. Auch der Sprecher beansprucht nicht, ein solcher Mensch zu sein.
3. Die höheren Wesen, die das Gedicht anruft, sind von den Menschen selbst kreierte Vorbilder, für die in zirkulärer Form die noch unausgeführte Idee des edlen, guten und hilfreichen Menschen ihrerseits das Vorbild darstellt.
4. Jenseits der menschlichen Vermögen gibt es keine moralische Ordnung, die dem Menschen Maßstäbe setzt. Die den Menschen umgebende Natur wird personifiziert dargestellt und moralisch indifferent gewertet, unter anderem weil ihr die für Moralität notwendige Empfindsamkeit fehlt. Dasselbe gilt für das Glück.
5. Den Argumentationslücken oder Zirkelschlüsseln des Textes begegnet der Sprecher durch Setzungen bzw. mit dem variierten Hinweis auf

privilegierte Fähigkeitspotenziale des Menschen (Vernunftbegabung), aus denen in impliziter Form moralische Verpflichtungen abgeleitet werden.
6. Diese Verpflichtungen werden nicht aus einem moralischen System abgeleitet, sondern in abstrakten Wertbegriffen aufgerufen. Neben den schon genannten zählen hierzu namentlich nützliches Schaffen und Rechtschaffenheit. Der Allgemeinheitsgrad dieser Werte und der sie in projizierter Personifikation repräsentierenden Götter entspricht dem (geschichtsphilosophisch) defizitären Entwicklungsstand des utopischen Projekts „Mensch".
7. Dass aus den Feststellungen, dass es keine moralische Instanz außerhalb des Menschen (Gott) gebe und dass die Moralität der empirischen Menschen (wir) noch nicht zielgemäß entwickelt sei, Unsicherheit und Lähmung erwachsen könnten, negiert der Text in seinem Appellcharakter mit dem Postulat, sich unverdrossen an die (gute) Tat zu machen.
8. Von früheren Goethe-Texten unterscheidet sich „Das Göttliche" erheblich. Modifiziert haben sich das Verständnis von Natur und die Einstellung zur Individualität des Sprechers.
9. Das Gedicht rekurriert weder auf Erfahrung noch auf Erlebnis und hat zumindest formal eine argumentative Struktur („denn"). Obgleich der Sprecher sich in das Wir einreiht, ist sein Ton recht gebieterisch, und sein Text lässt Zweifeln keinen Raum. An diesem Gestus des Textes mögen seine freien Rhythmen ihren Anteil haben.

Dass diese Auflistung mit Blick auf Kontexte wie auf Intensität der Textbetrachtung ergänzungsfähig ist, ist einzuräumen, doch scheinen mir die Kernpunkte eines *sachangemessenen* Verständnisses wiedergegeben.

5. Kompetenzen, Vorwissen, Unterricht

In didaktischer Perspektive wäre nun danach zu fragen, welche Kompetenzen für ein solches Verständnis vonnöten waren. Auf der Ebene des Vorwissens wären wohl vorrangig zwei Komplexe zu nennen, die vielleicht nicht einmal für ein Verständnis zwingend sein dürften, wohl aber dabei helfen, dem Text ein Interesse entgegenzubringen, aus dem genauere Betrachtungen und Überlegungen erwachsen können. Zum einen handelt es sich hierbei um den kulturhistorischen Zusammenhang zwischen Theologie und Aufklärungsdiskurs. Was diesen betrifft, muss man nicht wissen, wer zum Beispiel Spinoza oder Jacobi waren, wenngleich sich hierüber ein interessantes Netz zu Lessing knüpfen und somit die Vorstellung vermeiden lässt, dass Aufklärung und Klassik zwei Epochen seien, die, womöglich noch mit dem Interludium des Sturm und Drang, distinkt aufeinander folgten. Elementar ist es hingegen zu wissen, dass weder antike noch germanische Götterwelten 1783 noch Glaubensangebote darstellten. In Ansätzen sollte zudem eine Vorstellung vom Zusammenhang zwischen Aufklärung und Theologie (etwa: Theodizee-Diskurs) vorhanden sein, um die Brisanz der Thematik einigermaßen einschätzen zu können. Insbesondere ist es wichtig, die historischen Alternativen „Moral als Gotteswort" und „Moral als autonom humanes Projekt" vor Augen zu haben, wobei es nahe liegt, sich der Aktualität dieser Alternative zu vergewissern.

Soll das autorspezifisch Neue erfasst werden, ist es selbstverständlich zwingend, Texte des jungen Goethe rezipiert zu haben. Dazu muss nicht zwangsläufig „Prometheus" zählen, auch „Werther" bietet mit seinen geladenen Naturbildern ein aufschlussreiches Kontrastprogramm. Da irgendwelche Goethe-Vorstellungen kaum zu vermeiden sind, wäre es übrigens auch wichtig, sich zu der Bereitschaft durchzuringen, diese gegebenenfalls als Trugbilder wieder aufzugeben. In Milieus, in denen sowohl die christliche Kirche als auch Goethe positiv symbolisiert sind, liegt etwa die Idee nahe, Goethe sei ein großer Christ gewesen – ein Konzept, das bei *top down*-lastigen Lektüren des Gedichts bizarre Resultate hervorrufen kann.

Zu den allgemeinen Rezeptionskompetenzen: Das skizzierte Textverständnis ist das Ergebnis von kleinschrittigen Lektüren und Re-Lektüren. Hierbei spürt man – auch als Profi-Leser – immer wieder, dass man grammatische und semantische Bezüge zunächst nicht richtig hergestellt hatte, indem man Bedeutungen produzierte, die man, etwa gelenkt durch den Titel, für wahrscheinlich hielt. Während in der philologischen Praxis Kleinschrittigkeit eher als eine Tugend gehandelt wird, die es gegen alle Erbsenzählervorwürfe zu verteidigen gilt, wirken kleine Schritte in der Schule schnell als Ausdruck von Gängelung. Ob in der Organisation der Unterrichtsstunde durch kleinschrittige Aufgabenstellungen als Verengung der Schülerpotenziale durch die Lehrperson oder im Sinne der geforderten Lektüreethik als Verabsolutierung des Textes gegenüber den Fantasien der Leser – eine schulische Praxis der kleinen Schritte steht schnell im Verdacht der Überstrukturierung. Nun ist es sicher richtig, dass zwischen Unterrichtsplanung und Lektürepraxis zu unterscheiden und zu wünschen ist, dass die Lernenden langfristig auch ohne kleinschrittige Instruktionen zu peniblen Lektüren finden. Dies aber setzt die mehr als einmal gemachte Erfahrung voraus, dass die penible Bedeutungskonstruktion interessante Verstehenszuwächse eintragen kann. Solche Erfahrungen macht man aber kaum, wenn man dazu nicht durch Aufgabenstellungen eingeladen wird, die einem Genauigkeit in der Lektüre, gemeinsame Klärung von Bezügen usw. abverlangen. Zum Beispiel wäre es wichtig, explizit danach zu fragen, ob es für den Sprecher einen Gott gibt oder nicht und wie die Trias edel–hilfreich–gut zusammenhängt. Zu der geforderten textnahen Lektüre können Entscheidungsfragen zwingen, die sich gerade auch in Gruppenarbeiten bewähren. Eine geeignete Form hierfür sind Multiple-Choice-Fragen, sofern auf abwegige Distraktoren verzichtet wird, zum Beispiel:

Welche Aussage entspricht dem Wortlaut des Gedichts am ehesten?
(1) Der Mensch ist im Unterschied zu anderen Wesen edel, hilfreich und gut.
(2) Der Mensch unterscheidet sich von anderen Wesen durch seine Fähigkeit, edel, hilfreich und gut zu sein.
(3) Der Mensch sollte sich von anderen Wesen unterscheiden, indem er edel, hilfreich und gut handelt.
Begründen Sie Ihre Entscheidung. Wenn Sie mit allen Aussagen unzufrieden sind, sollten Sie eine Aussage formulieren, die nach Ihrer Auffassung den Wortlaut des Gedichts besser wiedergibt.

Wie verstehen Sie die Verse „Sein Beispiel lehr' uns/Jene glauben" (10 f.)? Überlegen Sie gemeinsam, was für oder gegen die folgenden „Übersetzungen" spricht, und entscheiden Sie sich gegebenenfalls für eine Variante, um sie dann im Kurs zu erläutern. Sie können selbstverständlich auch eine eigene „Übersetzung" vorlegen.
(1) An den Göttern sollten wir uns ein Beispiel nehmen und deshalb an ihre Existenz glauben.
(2) Das Beispiel des vom Sprecher geforderten göttergleichen Menschen soll uns lehren, an die Götter zu glauben.
(3) Die Götter sollen uns durch das Beispiel vom göttergleichen Menschen glauben lehren.

Welche Aussagen macht das Gedicht über die Natur bzw. das Verhältnis von Mensch und Natur? Überlegen Sie, für welche Urteile sich im Gedicht Belege finden lassen, und entscheiden Sie sich für die Sätze, die Sie im Einklang mit dem Text sehen. Markieren Sie die passenden Verse, um Ihre Entscheidung im Kurs begründen zu können.
(1) Der Mensch ist Teil der Natur.
(2) Der Mensch muss sich den Gesetzen der Natur beugen.
(3) Die Natur hat kein Gerechtigkeitsempfinden.
(4) Die Natur bedroht den Menschen.
(5) Die Natur ist Ausdruck des Göttlichen.
(6) Die Natur richtet über die Menschen.
(7) Die Natur kann nicht Vorbild für den Menschen sein.

Noch fataler als das gut gemeinte Insistieren auf offene Fragestellungen („Was fällt euch auf?") stellt sich eine Praxis dar, die sich von einer Theorie instruieren lässt, wonach immer nur ein Aspekt eines Textes fokussiert werden sollte: entweder nur die Natur oder nur die Religion, so die neulich vernommene Lehrmeinung einer Fachseminarleiterin zu einer Stunde über „Das Göttliche". Gerade an diesem Gedicht ist zu studieren, in welchem Maße Bedeutungen durch relationale Strukturen konstituiert bzw. durch textinterne Distinktionen realisiert werden.

Ähnlich problematisch, wenngleich deutlich motivierter ist in dieser Hinsicht das Vorgehen von Schulbüchern und Anthologien (wie Paefgen bereits für den Echtermeyer zeigt, 1990, S. 80–90) über thematische Anordnungen Bedeutungsverengungen zu provozieren. So kann man zum Beispiel in einer Reihe Luthers Kirchenlied „Ein' feste Burg ist unser Gott", „Das Göttliche" und Trakls Gedicht „Psalm" vergleichen. Auf diese Weise gewinnt man zweifellos qua Differenzerfahrung Einblicke in die Spezifik der jeweiligen Texte; sehr groß aber dürfte die Wahrscheinlichkeit sein, dass das thematische Spektrum der einzelnen Texte etwa auf die poetische Relationierung von Mensch und Gott reduziert wird. Goethes Hymne könnte man so aber kaum gerecht werden, da der Fokus auf den ethischen Menschen hier nicht zuletzt die Distinktion Mensch vs. Tier in den Mittelpunkt rückt.

6. Angebote zur Aktualisierung und Bewertung

Gleichwohl wäre es didaktisch wohl kaum zu rechtfertigen, wenn die Lektüre von „Das Göttliche" nicht auch zu einer diachronen Perspektive fände, denn anders wäre ernsthaft von einer interessierten Lektüre wohl kaum zu sprechen. Eine solche Perspektive ergibt sich, wenn man das Gedicht, der Vielzahl der Kommentare folgend, in den Zusammenhang des Projekts Weimar einrückt und kritisch reflektiert, was Weimar als Symbol für die Traditionslinie deutscher Staaten bis heute ausmacht. Was solche Reflexion antreiben kann, verdeutlicht noch immer Conradys Kommentar aus den ideologiekritischen Jahren der westdeutschen Germanistik: „Niemand wird Goethes Gedicht seine Würde absprechen. Aber seine Verse können nicht Gegenstand der Devotion sein. Erst wenn wir Texte – gerade auch die vermeintlich bedeutenden – nicht zum Zweck unserer Identifizierung mit ihnen lesen, sondern als Aufforderung, ihr Angebot kritisch zu prüfen, kann Literatur lebendig bleiben und die Beschäftigung mit ihr Sinn behalten [...]." (Conrady 1974, S. 184)

Worauf Conrady, diesem Anspruch folgend, verweist, ist neben der in der Formelsprache nur halb kaschierten Hilflosigkeit namentlich eine Generalisierung, der die soziale Grundlage fehlt: „Die Gleichheit der Aufforderung an alle verschleiert die reale Ungleichheit, und was dem Unabhängigen das berechtigte oder unberechtigte Bewußtsein seines Edelmutes stärken mag, wenn er sich durch das Gedicht bestätigt meint, kann den Geknechteten, Unterprivilegierten und Ausgebeuteten wie Hohn und Spott anmuten. […] Fast wie eine Kontrafaktur lesen sich Sätze Johann Gottfried Seumes, auch wenn sie ungefähr zwanzig Jahre später, aber bei gleicher Gesellschaftsordnung, geschrieben sind: ‚Nun kommt der Krieg. Mein Gott, der Adel wird ja nichts geben, er ist ja befreit von Auflagen. Solange der Landmann noch ziehen und fahren kann, wird sich doch auf dem Edelhof kein Rad rühren. Wenn die Leute bei solchen Umständen noch gut und redlich sind und beitragen und fechten, so beweist das von der einen Seite das Göttliche [!] und von der andern das Eselhafte in unserer Natur. Ein Deutscher soll schlagen, damit ihn, wenn er nicht in der Schlacht bleibt, sodann der Edelmann wieder hübsch fronmäßig in der Zucht habe. Dafür hat er denn vor einem Jahrhundert in das andre die dumme Ehre, der einzige Lastträger des Staates zu sein. Wo nicht Gerechtigkeit ist, kann kein Mut sein.'" (Conrady 1974, S. 182)

Wie notwendig eine solche ideologiekritische Sicht auf den Text auch heute noch im schulischen Zusammenhang ist, verdeutlicht unfreiwillig ein skandalöser Unterrichtsvorschlag, der über den Verein „Schulen ans Netz" im Internet verbreitet wird (http://www.lehrer-online.de/dyn/9.asp?url=318559.htm; 23. 2. 2006) und die folgende Aufgabenstellung enthält:

„Gestalten Sie Goethes ‚Das Göttliche' mit Hilfe eines Textverarbeitungsprogramms dergestalt, dass der Gedichttext in der mittleren Spalte einer dreispaltigen Tabelle zu stehen kommt. Fügen Sie in die linke Spalte Abbildungen von Menschen in Situationen ein, die dem Anspruch des klassischen Humanitätsideals widersprechen (z. B. Kriegsfürsten, Neonazis, Drogenabhängige …) und in die rechte Spalte Abbildungen von Menschen, die „edel, hilfreich und gut" erscheinen (z. B. Philosophen, Staatsmänner, Heilige, Künstler …). Geeignete Abbildungen finden Sie z. B. in den Online-Seiten großer Tageszeitungen oder Nachrichtenmagazine."

Seriöser fragt Ruth Klüger nach der Aktualität von „Das Göttliche", wenn sie in Weimar „die Stadt eines uneingelösten Versprechens" sieht und an diesem Ort betont, dass der humanistische Mensch in Goethes Gedicht deutlich als „ein noch nicht realisierter Entwurf" markiert sei. Sie kommentiert: „[...] als Entwurf läßt sich auch heute und an dieser Stelle damit leben" (Klüger 1999, S. 14). Ähnlich wie Conrady findet sie eine realistische Kontrafaktur der Verse. Diese stammt aber nicht von Seume, sondern von Goethe selbst:

„Die Menschen kennen einander nicht;/Nur die Galeerensklaven kennen sich,/Die eng an eine Bank geschmiedet keuchen;/Wo keiner was zu fordern hat und keiner/Was zu verlieren hat, die kennen sich!" (Goethe, Hamburger Ausgabe Bd. 5, S. 164).

Klügers Bilanz sei ausführlich zitiert, da sie ein Denkbild enthält, das sich zur Reflexion im Unterricht bestens eignet:

„Mit diesen Versen wischt er mit bitterer Schärfe das Vorhergegangene weg, die Schöngeisterei ist entlarvt, dahinter ist der Zwang, das nackte Leben, das Nichts, hier ist in Goethes Worten die Schneise zwischen Weimar und Buchenwald.
Es geht nicht anders, wir müssen zurückschrauben: Der Humanismus war eine Idee unter vielen, ein Spielzeug des Intellekts, ein zwar schönes, aber moralisch nicht verbindliches. So können wir ihn feiern, aber nicht als eins der höchsten Güter der Nation.
Ja, und die Hoffnung? Mit dem Humanismus ist es wie mit dem jüdischen Messiah: das Geheimnis der Hoffnung auf sein Kommen besteht darin, daß er nicht kommt. Man kann ihm zum Pessachfest am Sederabend einen Teller und ein Glas hinstellen und den Kindern einreden, wenn sie gut aufpassen, werden sie sehen, daß er gekommen ist und einen Bissen, gegessen, einen Schluck getrunken hat. Die Erwachsenen haben heimlich etwas aus dem Glas geschüttet und vom Teller genommen, um den Kindern den Spaß nicht zu verderben. Und die Kinder wachsen und wachen aus ihrer Gutgläubigkeit auf und erfahren, daß das Fest trotzdem wie alle anderen jüdischen Feste nicht denkbar ist ohne diesen Fluchtpunkt, den es nur in der Vorstellung gibt." (Klüger 1999, S. 15)

Kommentare wie die von Conrady und Klüger können Schülerinnen und Schüler vielleicht dazu motivieren, auch eine andere als eine pflichtgemäß ehrfürchtige (oder umgekehrt: ganz und gar reservierte) Haltung gegenüber dem Gedicht und seinem Anspruch einzunehmen. Fassbar jedenfalls kann gerade nach aller Konzentration auf das Gedicht als Text werden, dass es hier um mehr als ein Gedicht aus dem fernen Jahr 1783 geht. Deutlich wird dies auch in der mit „Lebenströster" betitelten und sehr ambivalent ausfallenden Interpretation des Historikers Friedrich Meinecke, die, 1945 und 1946 verfasst, „aus dem inneren Leben dieser furchtbaren Zeit selbst entsprungen" sei (Meinecke 1969, S. 492). Anders als bei Klüger wird hier eingedenk der „verfinsterten Weltlage" und „trotz Tod und Teufel" in Goethes Ode die den Zeitgenossen verlustig gegangene Kraft gesehen, „durch alle trübenden Schleier des Bösen hindurch, die das Angesicht der Welt dauernd bedecken, auch das Angesicht Gottes noch zu schauen". Dabei bleibt Meinecke in einer aufschlussreichen Kontinuität, wenn er, nach der Feststellung, dass in der Trias des Wahren, Schönen und Guten für Goethe das Gute den ersten Rang eingenommen habe, hinzufügt, „daß ohne den Untergrund des Guten und Sittlichen auch die Gebilde des Wahren und Schönen keinen sicheren Bestand haben, sondern der Entartung [sic!] ausgesetzt sind" (Meinecke 1969, S. 501). Was sich in diesem Lapsus zeigt, wäre eine weitere Perspektive der diachronen Kontextualisierung. Gefragt würde hier nach der politischen Lizenz für das Sittliche und nach der Autonomie der Kunst. Schließlich lässt sich mit Brechts Keuner-Geschichte „Die Frage, ob es Gott gibt" eine weitere Kontrafaktur ins Spiel bringen, die die Beziehung zwischen ethischem Verhalten und Gottesfiktionen in pointierter Form fokussiert und in einen didaktischen Appell zur Reflexion überführt:

„Die Frage, ob es einen Gott gibt
Einer fragte Herrn K., ob es einen Gott gäbe. Herr K. sagte: ‚Ich rate dir, nachzudenken, ob dein Verhalten je nach der Antwort auf diese Frage sich ändern würde. Würde es sich ändern, dann kann ich dir wenigstens noch soweit behilflich sein, daß ich dir sage, du hast dich schon entschieden: Du brauchst einen Gott.'" (Brecht 2004, S. 19)

Literatur

Beutler, Ernst: *Peter im Baumgarten*. In: Ernst Beutler: Essays um Goethe, Bd. 2. Wiesbaden: Dieterich 1947, S. 161–179.
Brecht, Bertolt: *Geschichten vom Herrn Keuner: Zürcher Fassung*. Hg. von Erdmut Wizisla. Frankfurt a. M.: Suhrkamp 2004.
Frank, Werner: *Klassik*. In: Peter Mettenleiter/Stephan Knöbl (Hg.): Blickfeld Deutsch. Oberstufe. Paderborn: Schöningh 1991, S. 199–202.
Christ, Kurt: *Der Kopf von Goethe, der Leib von Spinoza und die Füße von Lavater. Goethes Gedichte ‚Das Göttliche' und ‚Prometheus' im Kontext ihrer Erstveröffentlichung durch Jacobi*. In: Goethe-Gesellschaft: Goethe-Jahrbuch 109 (1992). Weimar: Böhlau 1992, S. 11–21.
Conrady, Karl Otto: *Literatur und Germanistik als Herausforderung*. Frankfurt a. M.: Suhrkamp 1974.
Geerdts, Hans Jürgen: *Goethes erste Weimarer Jahre im Spiegel seiner Lyrik*. In: Goethe-Gesellschaft: Goethe-Jahrbuch 93 (1976), Weimar: Böhlau 1976, S. 51–59.
Goethe, Johann Wolfgang: *Gedichte 1756–1799*. Hg. von Karl Eibl. Darmstadt: Deutscher Klassiker Verlag 1987, S. 332–335, S. 1046–1049.
Goethes Werke. Hg. von Erich Trunz. Hamburger Ausgabe (HA) in 14 Bänden. Hamburg: Wegner 1962, Gedichte und Epen 1/2.

Grenzmann, Wilhelm: *Goethe: Das Göttliche*. In: Rupert Hirschenauer/Albrecht Weber (Hg.): Wege zum Gedicht. München/Zürich: Schnell u. Steiner 1968, S. 139–143.

Haile, Harry G.: *Christianity and Goetheanity – the message of „Das Göttliche"*. In: Lee B. Jennings/George Schulz-Behrend (Hg.): Vistas and Vectors: Essays Honoring the Memory of Helmut Rehder. Austin: Department of Germanic Languages 1979, S. 54–61.

Hart Nibbrig, Christiaan L.: *Ja und Nein. Studien zur Konstitution von Wertgefügen in Texten*. Frankfurt a. M.: Suhrkamp 1974, S. 134–136.

Hartmann, Horst/Werner Urban: *Klassische Weltanschauungslyrik im Unterricht der sozialistischen Oberstufe*. In: Deutschunterricht, H. 7/8, Jg. 27. Berlin: Volk und Wissen 1974, S. 408–417. http://www.lehrer-online.de/dyn/9.asp?url=318559.htm; 23.02.2006

Hübner, Kurt: *Eule – Rose – Kreuz: Goethes Religiosität zwischen Philosophie und Theologie*. In: Dieter Borchmeyer (Hg.): Goethe im Gegenlicht: Kunst, Musik, Religion, Philosophie, Natur, Politik. Heidedelberg: Palatina-Verlag 2000, S. 59–83.

Kämper-van den Boogaart, Michael (Hg.): *Bildungsstandards für den Deutschunterricht*. In: Deutsch-Didaktik: Leitfaden für die Sekundarstufe I und II. Berlin: Cornelsen ²2004, S. 288–302.

Kämper-van den Boogaart, Michael: *Lässt sich normieren, was als literarische Bildung gelten soll? Eine Problemskizze am Beispiel von Brechts Erzählung „Der hilflose Knabe"*. In: Heidi Rösch (Hg.): Kompetenzen im Deutschunterricht: Beiträge zur Literatur-, Sprach- und Mediendidaktik. Frankfurt a. M.: Lang 2005, S. 27–50.

Klüger, Ruth: *Weimar – Stadt eines uneingelösten Versprechens: der Konjunktiv in „Edel sei der Mensch"*. Rede am 22. Mai zur Eröffnung der Ausstellung „Vom Antlitz zur Maske" im Weimarer Schillermuseum. Weimar-Kultur-Journal: Zeitschrift für Weimar u. a. Weimar 1999, Bd. 11, S. 11–15.

Kommerell, Max: *Gedanken über Gedichte*. Frankfurt a. M.: Klostermann 1985, S. 430–448.

Kreft, Jürgen: *Grundprobleme der Literaturdidaktik: eine Fachdidaktik im Konzept sozialer und individueller Entwicklung und Geschichte*. Heidelberg: Quelle Meyer 1977.

Meinecke, Friedrich: *Lebenströster. Betrachtungen über zwei Goethesche Gedichte*. In: ders.: Autobiographische Schriften. Werke Bd. 8. Hg. v. Hans Herzfeld u. a. Stuttgart: K. F. Köhler 1969, S. 491–508.

Nicolai, Heinz: *Goethe und Jacobi: Studien zur Geschichte ihrer Freundschaft*. Stuttgart: Metzler 1965.

Paefgen, Elisabeth Katharina: *Der „Echtermeyer" (1836–1981) – eine Gedichtanthologie für den Gebrauch in höheren Schulen: Darstellung und Auswertung seiner Geschichte im literatur- und kulturhistorischen Kontext*. Frankfurt a. M. u. a.: Lang 1990.

Reed, Terence James: *Das Göttliche*. In: Regine Otto (Hg.): Gedichte. In: Bernd Witte (Hg.): Goethe-Handbuch in vier Bänden. Stuttgart u. a.: Metzler 1996, S. 202–209.

Reich-Ranicki, Marcel: *Goethe noch einmal: Reden und Anmerkungen*. München: Dt. Taschenbuch Verlag 2004.

Staiger, Emil: *Goethe:* Bd. 1. Zürich u. a.: Atlantis Verlag 1960.

Teller, Jürgen: *Der Prometheus des Ein-und-Alles: zum Spinoza-Verständnis des jungen Goethe*. In: Impulse. Aufsätze, Quellen, Berichte zur deutschen Klassik und Romantik 8 (1985). Berlin u. a.: Aufbau-Verlag 1985, S. 25–42.

Titzmann, Michael: *Vom „Sturm und Drang" zur „Klassik": ‚Grenzen der Menschheit' und ‚Das Göttliche'; Lyrik als Schnittpunkt der Diskurse*. In: Jahrbuch der Deutschen Schillergesellschaft 42: internationales Organ für neuere deutsche Literatur. Stuttgart: Kröner 1998, S. 42–63.

Willenberg, Heiner: *Unterrichtsgespräch versus Vergleichsarbeit*. In: Deutschunterricht 56 (2003) 5, S. 26–31.

Zacharias, Ernst-Ludwig (Leiter des Autorenkollektivs): *Literaturunterricht 9./10. Klasse (Teil II). Fachwissenschaftliche und methodische Anleitung*. Zum Lehrplan 1971. Berlin: Volk und Wissen 1971.

Lessings „Emilia Galotti" – als Schulklassiker keineswegs unumstritten – ist eine der wenigen literarischen Ganzschriften, die im NRW-Zentralabitur 2007 als verbindliche Lektüre vorausgesetzt werden. Der Beitrag diskutiert kritisch die curricularen Rahmenbedingungen, unter denen das vorgesehen ist, und das dabei zugrunde gelegte Bewertungssystem. Außerdem werden Vorschläge für Lernstandards im Umgang mit diesem Text exemplarisch entwickelt.

PETER BEKES

Von PISA nach Guastalla oder: Soweit die Standards tragen

Zu Gotthold Ephraim Lessing „Emilia Galotti"
(Jahrgangsstufe 12)

1. „Emilia Galotti" – ein problematischer Klassiker

Gotthold Ephraim Lessings bürgerliches Trauerspiel „Emilia Galotti"[1] hat unstreitig seinen Platz im literarischen Kanon, gilt „als geradezu idealtypisches Paradigma für die klassische Struktur des deutschen Dramas" (Göbel 1996, S. 7) und wird auch immer wieder im Unterricht als Prototyp für die Dramenanalyse genutzt, doch zur Lektüre lädt es nicht ein. „Man muß es bewundern", so schreibt Friedrich Schlegel in seiner oft zitierten Rezension des Stückes, „dieses in Schweiß und Pein produzierte Meisterstück des reinen Verstandes; man muß es frierend bewundern, und bewundernd frieren; denn ins Gemüt dringts nicht und kanns nicht dringen, weil es nicht aus dem Gemüt gekommen ist." (S. 924) Und so ist es wohl auch noch heute: Das Stück ist spröde und hält die Zuschauer und Leser auf Distanz: Das Stück als Ganzschrift von den Schülern zu Hause lesen zu lassen ist für viele, das zeigen Unterrichtserfahrungen, ziemlich frustrierend. Die Sprache ist für sie ungewohnt, der Handlungsverlauf spannungsarm, die Probleme und Konflikte sind wenig plausibel. In Lessings Stück geht es zwar um die Darstellung von Leidenschaften, doch deren Beweggründe leuchten kaum ein: „Einem heutigen, zumal dem jugendlichen Zuschauer, wird vieles, was die dargestellte Realität in Lessings bürgerlichem Trauerspiel prägt und bestimmt, nicht nur fremd sein, sondern vielleicht sogar widersinnig erscheinen. Die feudale Welt, ihre höfische Etikette und Hierarchie kennt er nur aus dem Geschichtsbuch, ein Prinz ist ihm eher eine Märchengestalt als erfahrbare Realität, und dessen rasch wechselnde Gefühle mögen ihm exaltiert vorkommen. Kopfschütteln mag auch der Gegenstand des Konflikts auslösen: Sind derartige Aufregungen nötig, nur weil die Defloration der Tochter droht, und ist der Mord durch die Hand des Vaters, um ‚ihre anatomische Unschuld zu retten', nicht geradezu unmenschlich und pervers?" (Kurzenberger 1982, S. 180)

All diese Vorbehalte gegenüber dem Drama sind seit vielen Jahrzehnten bekannt, dennoch findet es sich häufig auf den Spielplänen der Theater und steht auch nach wie vor im Fokus der Forschungsliteratur. Es gibt kaum ein Werk in der deutschen Literaturgeschichte, das häufiger interpretiert wurde: „Der Stoßseufzer der Interpreten, die bereits unübersichtliche Fülle der Analysen durch eine weitere zu vermehren, ist zum Topos geworden […]. Jeder Satz des Dramas ist hundertfach um- und umgewendet worden, jede These hat die Antithese herausgefordert, jede Argumentationskette hat ihre Widerlegung durch einen gegensinnigen Begründungszusammenhang gefunden. Vielleicht wird erst durch diese Forschungsgeschichte das Stück zum Rätsel." (Fick 2004, S. 317)

Ähnliches gilt für die Behandlung des Dramas in der Schule. Es gilt als Klassiker und wird deshalb auch immer wieder auf die Lektürelisten der Oberstufe gesetzt. Was aber macht das Stück so attraktiv für die Schule? Weshalb sind sich die Verfasser der Lehrpläne heute darin so einig, mit seiner Erarbeitung im Unterricht bestimmte fachliche und fachübergreifende Basisqualifikationen bzw. Kompetenzen den Schülern vermitteln zu können? Was macht sie so sicher, dass die Schüler gerade in der Auseinandersetzung mit Lessings Trauerspiel die Bedeutung kultureller Traditionen und ästhetischer Vorstellungen für die gesellschaftliche Entwicklung erfahren? Welche wichtigen Denkanstöße vermittelt das Stück heutigen Schülern? Ist es der politische Impetus des Dramas, die Konfrontation einer bürgerlichen Familie mit einem skrupellosen italienischen Duodezfürsten? Sind es allein die privaten Konflikte im Rahmen der Familie, zum Beispiel das Hin- und Hergerissensein der Titelfigur zwischen familiär geprägten Moralvorstellungen und persönlichen Imaginationen und Passionen, die dem Stück Aktualität verleihen? Oder sind es vor allem – wie oben erwähnt – formalästhetische Gründe, etwa die transparente Dramenstruktur, die schon von Friedrich Schlegel mehr tadelnd als zustimmend wahrgenommene „dramatische Algebra" (S. 924) des Stückes, die ihm Gültigkeit verleihen und seine Behandlung im Unterricht rechtfertigen?

2. „Emilia Galotti" – ein Paradigma für das Zentralabitur

Angesichts der vielen ungelösten Fragen in der Fachwissenschaft und Fachdidaktik überrascht die Auswahl gerade dieses Textes als verbindliche Lektüre für das Zentralabitur 2007 in NRW. Im Bereich „Umgang mit Texten und Medien" wurden auf der Grundlage der Obligatorik des Lehrplans Deutsch für die Oberstufe zu Beginn des Jahres 2005 bestimmte fachdidaktische Schwerpunktsetzungen vorgenommen. In diesem Zusammenhang wurde der „Epochenumbruch 18./19. Jh. – unter besonderer Berücksichtigung der Entwicklung des Dramas: G. E. Lessing, Emilia Galotti" als verbindlicher Unterrichtsinhalt für die Qualifikationsphase in der Oberstufe festgelegt. Darüber kann man sicherlich streiten, aber wenn man sich für Lessings Drama entscheidet, dann sollte man dieses auch begründen. Das ist von den Schulbehörden bis heute nicht geschehen. Beharrlich wird dagegen immer wieder auf die Obligatorik des Lehrplans verwiesen, doch der bietet den Lehrern nur allgemeine Hinweise. Gefordert wird im Lehrplan Deutsch Sek. II in NRW für die Einführungs- und Qualifikationsphase die Beschäftigung mit zwei strukturell und funktional unterschiedlichen Dramentypen. Kriterien für die Auswahl von Dramen seien, so heißt es, deren thematische, historische (zeitdiagnostische) oder kulturelle Bedeutung sowie ihre sprachliche und ästhetische Qualität. (Richtlinien und Lehrpläne Deutsch 1999, S. 18)

Eher vage erscheinen auch die Passagen im Lehrplan, die sich beispielhaft auf den Epochenumbruch vom 18. zum 19. Jahrhundert beziehen. Dort heißt es so lapidar wie formelhaft: „Formen der Selbstdarstellung und Selbstverwirklichung des Individuums sind von großer Bedeutung beim Epochenumbruch vom 18./19. Jahrhundert." (Richtlinien und Lehrpläne, S. 59) Es bleibt hier unklar, über welche notwendigen inhaltlichen Voraussetzungen (z. B. dramentheoretisches Basiswissen, historische Kenntnisse) die Schüler verfügen, welche Kompetenzen (z. B. Fähigkeiten zur Analyse und literarhistorischen Einordnung des Dramas) sie erwerben müssen, um die Aufgaben im Zentralabitur bewältigen zu können. Wenn es im Lehrplan heißt, dass aufseiten der Schüler in „der Auseinandersetzung mit literarischen Modellen sozialen Handelns im Konfliktfeld diskrepanter Werthaltungen [...] ein zunehmend selbständiges Urteilsvermögen ausgebildet" (Richtlinien und Lehrpläne, S. 16) wird, dann bleibt das genauso abstrakt wie die Länder übergreifenden Zielvorstellungen und die Bestimmungen in der Operatorenliste der EPA, die den Schülern helfen sollen, die mit den Aufgabenstellungen intendierten Kompetenzen zu realisieren. Geht man von den spärlichen inhaltlichen Hinweisen zu den Schwerpunkten für das Zentralabitur und den obligatorischen Forderungen des Lehrplans aus, so lassen sich für die Auseinandersetzung mit der „Emilia Galotti" im Unterricht vielleicht folgende Aufgabenschwerpunkte skizzieren und entsprechende daraus ableitbare Teilkompetenzen formulieren:

Die Schüler
- erschließen spezifische Inhalte (z. B. Handlung, Figuren), Formen und Merkmale des Dramas mit analytischen und produktiven Verfahren,
- arbeiten Konflikte und Probleme des Stückes heraus und setzen sich mit deren Lösungen kritisch auseinander,
- ordnen dieses in den sozial-, kultur- und literaturgeschichtlichen Zusammenhang der Zeit ein (Epochenumbruch) und
- beurteilen anhand von zeitgenössischen Kommentierungen und Deutungen des Stückes und zusätzlichen Textbeispielen die Entwicklung des Dramas.

Diese Teilkompetenzen befinden sich immer noch auf einem hohen Abstraktionsniveau und lassen sich vermutlich noch in eine Vielzahl von Partialleistungen aufspalten. Deshalb ist zu klären und zu prüfen, welche davon überhaupt in standardisierten Aufgaben zu rationalisieren und zu operationalisieren sind.

3. Erster Kompetenzbereich: Analyse, Deutung und Beurteilung des Dramas

Was kann der Unterricht zum Erreichen der oben skizzierten Teilkompetenzen beitragen? Auf einer elementaren Stufe sollten die Schüler zunächst einmal Kompetenzen erwerben, die auf den Inhalt des Dramas und seine kategoriale Vermittlung zielen. Sie sollten dem Text Informationen entnehmen und diese aspektorientiert darstellen können, um ein angemessenes inhaltliches Verständnis zu erarbeiten. Erwartet werden kann, dass sie imstande sind, den Handlungsverlauf des Dramas wiederzugeben, diesen örtlich und zeitlich zu kennzeichnen und die Figuren in ihrem Status, in ihren Haltungen, Verhaltensweisen und Beziehungen zu bestimmen. Dies setzt voraus, dass sie sich mit der Sprache und der Dialogführung des Dramas vertraut gemacht haben.

Darüber hinaus ist für das allgemeine Verständnis des Werkes, aber auch zur Klärung einzelner Textstellen, die Anwendung von Kontextwissen erforderlich. Dazu gehören die Aneignung von Informationen über die politischen Verhältnisse der Zeit, über das höfische Leben und die Ständehierarchie in absolutistisch regierten Kleinstaaten, über das Bürgertum, seine Lebensweise und Vorstellungen von Liebe, Ehe und Moral. Selbst wenn man in Rechnung stellt, dass viele Informationen dem Text auch implizit zu entnehmen sind, wird der Lehrer nicht umhin können, ein solches Kontextwissen aufzubauen, das heißt, selbst Erläuterungen zu geben bzw. von den Schülern entsprechende Recherchen durchführen zu lassen. Das kostet ihn viel Zeit, wenn er nicht, wie das früher oft der Fall war, auf schematisches Lexikonwissen zurückgreifen will.

Sieht man einmal von einzelnen historischen Zuordnungsproblemen und Verständnisschwierigkeiten ab, so lassen sich auf einer allgemeinen Verstehensebene grundlegende inhaltliche Fragen und Zusammenhänge des Dramas klären: Wer im Stück agiert, wo und wann etwas geschieht, wie sich die Handlung entwickelt und wie sie abgeschlossen wird, welche Probleme entstehen und wie sie auf der Handlungsebene gelöst werden, darüber kann man sich relativ leicht verständigen. Hier bewegen sich die Schüler auf verlässlichem, solidem Terrain, hier vor allem wird es ihnen gelingen, gesicherte und überprüfbare Kompetenzen zu erwerben.

Das gilt im Wesentlichen auch für die konkrete Beschreibung der Struktur des Dramas und ihrer Analyse: Wie ist das Stück formal aufgebaut? Was tragen Handlungsführung, Raum-, Zeit- und Figurengestaltung zur Tektonik des Dramas bei? Wie ist die Struktur des Dramas vor dem Hintergrund traditioneller und zeitgenössischer Dramenpoetiken zu beurteilen? Diese und ähnliche Fragen lassen sich im Unterricht ziemlich konkret und präzise beantworten. Dabei werden die Schüler zumindest partiell auf Kenntnisse und Fähigkeiten, das heißt auf Basiskompetenzen im Umgang mit literarischen, vor allem dramatischen Texten rekurrieren, die sie in verschiedenen Unterrichtsreihen der Sek. I erworben haben sollten.[2]

Was die strukturelle Gestaltung von Handlung, Raum, Zeit und Figuren angeht, gilt Lessings Drama in seiner dramaturgischen Ökonomie, wie eingangs festgehalten wurde, als vorbildlich. Gelobt wird vor allem die kalkulierende Intelligenz, mit der Lessing die Handlung seines Dramas entwickelt hat. Für jede Begebenheit, für jedes Wort, so hatte schon Goethe die Kunst der Motivation Lessings gerühmt, lasse sich das „Warum" angeben (S. 901). In dieser Hinsicht haben vor allem zeitgenössische Kritik sowie die ältere Forschung und Fachdidaktik das Stück als ein vorzügliches literarisches Paradigma für die Schüler betrachtet, Strukturierungskompetenzen anzuwenden und zu erweitern. In der Rekonstruktion der geschlossenen Handlungsstruktur von der Exposition über Peripetie/Anagnorisis, Verknüpfung und Lösung bis zur Katastrophe sollten die Schüler Gelegenheit erhalten, ihre Kenntnisse und analytischen Fähigkeiten unter Beweis zu stellen und zu schärfen. Hier können sie vor allem probate Verfahren der Texterfassung, Textbeschreibung und Textdeutung ergänzen und vertiefen.

Viele der im Umgang mit dramatischen Texten geforderten allgemeinen Kompetenzen, zum Beispiel die strukturierte Wiedergabe von Textaussagen, das selbständige Anwenden von Verfahren der Textstrukturierung, das Bestimmen von räumlichen und zeitlichen Koordinaten, der Umgang mit Techniken expliziter und impliziter Charakterisierung, das Beschreiben und Untersuchen von Figurenkonstellationen, das Erschließen möglicher Konflikte und das Herstellen von Bezügen zwischen Textteilen und Teststellen lassen sich vor allem in der Beschäftigung mit der Exposition im ersten Akt des Stückes realisieren. Neben Raum und Zeit (höfisches Kabinett am Morgen) werden auslösende Momente der Handlung exponiert (neue Liebe des Prinzen, Bedrohung dieser Liebe durch die bevorstehende Heirat Emilias). Zentrale Figuren treten hier auf (Hettore Gonzaga, Marinelli) oder werden in Gesprächen vorgestellt (Emilia, Orsina, Appiani). Das Intrigenspiel wird eingefädelt (Verhinderung der Heirat) und mögliche Konflikte (Orsina – Prinz, Marinelli – Appiani, höfische – bürgerliche Sphäre) deuten sich an.

Im Mittelpunkt des Aktes steht die Figur des Prinzen. Sie erschließt sich den Schülern in ihren Haltungen und Verhaltensweisen als widersprüchlicher, mit den Worten Lessings: als gemischter Charakter. Einerseits lernen ihn die Schüler als absolutistischen Repräsentanten von Macht und Gewalt kennen, der als oberste politische und juristische Instanz diese auch ausübt, andererseits zeigen seine Äußerungen und die Umstände am Ort („Arbeitstisch voller Briefschaften"), dass er nur unwillig das politische Geschäft betreibt. Lustlos geht er die Beschwerden und Bittschriften seiner Untertanen durch und klagt darüber, dass sein Herz – angesichts der bevorstehenden Vermählung mit der Prinzessin von Massa – „Opfer eines elenden Staatsinteresses" geworden sei. Der weitere Verlauf des ersten Aktes zeigt, dass die leidenschaftlichen Gefühle, die er für Emilia empfindet, ihn völlig vereinnahmen und die Prinzipien der Staatsraison außer Kraft setzen. Hin- und hergerissen von seinen Stimmungen und Leidenschaften, zeigt er sich verantwortungslos und willkürlich in seinen

Entscheidungen und Handlungen, wie das Todesurteil bezeugt, das er „en passant" zu unterschreiben gedenkt. Hier sind die Schüler gefordert, Dispositionen und Motive seines Verhaltens zu bezeichnen und zu erläutern, seine Einstellungen und Verhaltensweisen zu bewerten. Das kann im Unterrichtsgespräch, aber auch in szenischen Deutungsversuchen und kreativen Schreibarrangements geschehen.

Ein zentraler Baustein für den kompetenten Umgang mit Dramentexten ist die Untersuchung von szenischen Gestaltungsformen. Haben die Schüler in der Sek. I elementare Verstehens- und Analysekompetenzen in dieser Richtung erworben, also Fachbegriffe und Methoden kennen und anwenden gelernt, so wird es in der Sek. II darum gehen, diese zu differenzieren und zu erweitern, etwa die kommunikativen Beziehungen von Figuren in Gesprächen zu beschreiben und ihre Motive und Ziele, Haltungen und Argumentationsmuster zu erläutern und zu beurteilen. Solche Verfahren sollten paradigmatisch angelegt sein, das heißt für Schüler erlernbare, auf andere dramatische Texte übertragbare Arbeitstechniken darstellen. Auch in dieser Hinsicht bietet Lessings Drama ein günstiges Betätigungsfeld. Hier ergeben sich für die Schüler mannigfaltige Optionen, Verfahren der Szenen- bzw. Dialoganalyse in paradigmatischer Weise anzuwenden und zu festigen.

Eine exponierte Stellung im Drama besitzt vor allem die Szene II, 6. Nicht selten wird sie bei der Behandlung des Dramas im Unterricht im Zusammenhang verzögerter Rezeption als Einstiegsimpuls genutzt. Erstmals tritt hier die Titelfigur selbst auf, die zuvor nur Gegenstand der Gespräche der anderen Personen und Zielpunkt ihrer Handlungen war. Wenn Emilia in dieser Szene in großer Bestürzung ihrer Mutter schildert, wie der Prinz sie in der Messe mit seinen Liebesbeteuerungen bedrängt hat, wird dem Schüler sogleich klar, dass hier vonseiten des Hofes Grenzen überschritten wurden und Konflikte drohen.

Welche Kompetenzerwartungen können bei der Behandlung dieser Szene im Unterricht realisiert werden? Zunächst sollten die Schüler in der Lage sein, den Inhalt der Szene verkürzt wiederzugeben. Das impliziert eine exakte Bestimmung des dramatischen Kontextes der Szene, der situativen Bedingungen des Gespräches und seiner kommunikativen Voraussetzungen (z. B. Zahl und Rollenkonfiguration der Sprecher). Anhand des Dialogverlaufes sollen die Schüler, soweit das an dieser Stelle schon möglich ist, den Vorfall in der Kirche und dessen psychische Nachwirkungen auf Emilia bestimmen (Darstellung der außersprachlichen Handlungen im Nebentext).[3] Der Erwerb weiterer Kompetenzen durch die Schüler wird sich an folgenden Leitfragen und Aspekten zu orientieren haben: Welche

Gesprächsphasen lassen sich unterscheiden? In welcher Beziehung stehen Mutter und Tochter zueinander? Wie groß sind ihre jeweiligen Redeanteile? Welche Erwartungen und Motive liegen ihren Äußerungen zugrunde, welche Ziele verfolgen sie? Zu welchen Ergebnissen führt der Dialog? Welche Konsequenzen ergeben sich aus ihm?

Wird der Text von den Schülern genau gelesen und sorgfältig untersucht, lassen sich diese Fragen auch präzise beantworten. Deutlich wird anhand der Sprechakte, dass Claudia das Gespräch dominiert. Sie stellt die Fragen, urteilt und erteilt Rat. Sie spricht die Sprache pragmatischer Vernunft. Auch sie hält das aufdringliche Verhalten des Prinzen für frevelhaft. Überlegen und überlegt steuert sie das Gespräch, beruhigt die verzweifelte Emilia und beeinflusst sie, sodass diese sich am Ende völlig ihrem Rat und Willen unterwirft. Zugleich wird aber auch klar, dass sie zwar die galanten Umgangsformen des Hofes adaptiert hat, doch dessen Willkür unterschätzt.

Dagegen spricht Emilia die Sprache des Herzens. Um ihre Reden mit dem Sprachverhalten der Mutter zu kontrastieren, müssen die Schüler exemplarisch die vom Autor verwendeten sprachlichen und stilistischen Gestaltungsmittel erkennen und deren Funktion und Wirkung erklären. Die unvollständigen Sätze, die Empfindungswörter, Interjektionen und vielen Fragen in den Reden Emilias sind Ausdruck ihrer Gefühlsverwirrung.

Auf allen Anforderungsebenen wird die Arbeit im Unterricht darauf zielen, den Schülern in der Auseinandersetzung mit der Szene Kompetenzen in der Formulierung, Begründung und Gewichtung von Deutungshypothesen zu vermitteln. Darüber hinaus sollten sie aber auch in der Lage sein, Schlüsse aus den Ergebnissen ihrer Untersuchung für die weitere Analyse und Beurteilung des Dramenverlaufes zu ziehen. Deutlich wird hier ja, dass die durch rigide moralische Normen gestützte bürgerliche Welt erstmals Verwerfungen zeigt. Angesichts der Verhältnisse verbietet sich für Claudia ein offenes, klärendes Gespräch mit ihrem Mann und ihrem zukünftigem Schwiegersohn. Der Verabredung, die am Ende zwischen Mutter und Tochter getroffen wird, sind Momente der Unredlichkeit und Täuschung eingeschrieben. Die Verheimlichung des Vorfalls in der Kirche ist einer der Auslöser der Katastrophe.

Gleichwohl stellt sich die Frage, ob mit diesen analytischen Einsichten schon bestimmte Kompetenzen im Sinne eines nachhaltigen literarischen Lernens erworben und vor allem gesichert sind. Hier bedarf es sicherlich noch einer umfassenderen Untersuchungspraxis, in der der Umgang mit dramatischen Texten – schon fast lehrgangsmäßig – methodisch geschult, transferierbar gemacht und geübt werden muss.

Nach wie vor bleibt allerdings die Frage, wie konkret die Kompetenzen überhaupt gefasst und umrissen werden können. Es macht einen deutlichen Unterschied aus, ob man sich bei der Analyse der Zeitstruktur des Textes damit begnügt zu erkennen, dass Lessing die Einheit der Zeit beachtet hat, oder ob man diese als Wirkungsfaktor im dynamischen Zusammenspiel mit den anderen Kategorien des Dramas – etwa mit der Figurengestaltung – zu begreifen und zu deuten versucht. Um solche dramaturgischen Eigenheiten Lessings herauszuarbeiten reicht es im Unterricht nicht aus, allein die Chronologie des gedrängten Geschehens zu rekonstruieren, sondern man hat auch das subjektive Zeitgefühl der Figuren zu untersuchen, „die ständig fürchten ihr Ziel zu spät zu erreichen und Vorhaben nicht rechtzeitig umsetzen zu können" (Alt 1994, S. 356).

Ähnliches gilt für die Untersuchung der räumlichen und sozialen Verhältnisse. Ist die Kompetenzerwartung eingelöst, wenn man die bürgerliche Sphäre der Galottis dem höfischen Bereich kontrastiert und ihnen unterschiedliche moralische Normen, Verhaltensweisen und Kommunikationsstile zuordnet? Oder erwirbt man erst dann die Kompetenz, wenn die verschiedenen im Drama thematisierten Orte differenziert in ihrer Bedeutung, Funktion für das Geschehen und in ihren Beziehungen zu den Lebensentwürfen der Figuren erfasst werden? „Emilia Galotti" ist eben doch mehr als ein Exempel einer „dramatischen Algebra", nach der man schematisch auch seine Kompetenzerwartungen kalkulieren kann: „So konservativ Lessings strenge Orientierung an den dramatischen Einheiten wirkt, so originell ist das, was er aus ihr für sein Trauerspiel gewinnt. Ort und Zeit sind in der ‚Emilia Galotti' nicht nur formale Kategorien, sondern lebendige Größen, die unmittelbar auf das Geschick der Figuren einwirken. Indem Lessing ihnen eine spezifische Motivfunktion im Rahmen der Handlung zuweist, nähert er sich bereits den Bauprinzipien des offenen Dramas, wie sie von Goethes ‚Götz' und Lenz' ‚Hofmeister', später von Büchner, Grabbe und Wedekind praktisch vorgeführt werden. Ort und Zeit sind keine beliebigen Faktoren des tragischen Geschehens, sondern selbst Spiegel der Konflikte, die das Trauerspiel aufwirft." (Alt, S. 256).

Entschieden komplizierter stellen sich also die Verhältnisse dar, wenn man die Ebene der Benennung, Beschreibung und Analyse von punktuellen Aspekten verlässt und diese im Gesamtzusammenhang des Dramas zu deuten und zu beurteilen versucht. Ähnliches gilt für die Auseinandersetzung mit den das Stück prägenden Problemen, den Problemlösungen und deren Deutungen. Diese können hier nur – analog zur Forschungssituation – in Ansätzen skizziert werden. Vorweg ist festzuhalten: Dort, wo das Stück in seiner Figurengestaltung widersprüchlich und in seiner Handlungsführung irritierend wirkt, wo es unterschiedliche Deutungen provoziert und damit auch kontroverse Diskussionen im Unterricht auslöst, entzieht es sich eindeutigen Festschreibungen von Kompetenzerwartungen, deren Erfüllung oder Nichterfüllung messbar ist.

1. Mit der Frage, ob „Emilia Galotti" als politisches Drama zu verstehen ist, kristallisiert sich ein erster Problemkreis heraus, den es im Unterricht aufzuarbeiten gilt: Geht es in dem Stück um eine sozialpolitische Auseinandersetzung, gar einen standespolitischen Konflikt zwischen Bürgertum und Adel, oder nicht? Bezieht man in den Unterricht die Anmerkungen Lessings zum Stück und seiner Thematik ein, so wird man die Frage eher verneinen müssen. Der entscheidende Punkt seines Stückes sei, so schreibt der Autor am 1. 3. 1772 seinem Bruder Karl, „eine von allem Staatsinteresse befreyete" (Erläuterungen und Dokumente 2002, S. 50) Modernisierung des alten Virginia-Stoffes. Eine vergleichende Analyse der Livius-Geschichte und des Handlungsverlaufes des Dramas kann diese Kommentierung stützen. Der Schluss der „Emilia" zeigt, dass es Odoardo nicht um die Durchsetzung von Standesinteressen, nicht um die Realisierung bürgerlicher Freiheiten gegen das herrschende System des Feudalabsolutismus, sondern allein um die Aufrechterhaltung von moralischen Werten geht. Der Prinz wird von ihm nicht getötet, auch wenn er den Anschlag, angestachelt durch die Orsina, mehrfach in Erwägung zieht, die Gesellschaftsstruktur nicht infrage gestellt. Die Opferung der Tochter führt nicht zum Sturz des Prinzen.

Gleichwohl liegt einer der Gründe der Katastrophe in der politischen Herrschaftsstruktur, dem Machtgefälle von Hof und bürgerlicher Familie. Wird nicht im Drama die korrupte, lasterhafte Welt des Hofes denunziert? Provoziert das Stück nicht in dialektischer Weise, also im Sinne der Fürstenspiegel der Zeit, ein Bild vom Herrscher, wie er eigentlich sein sollte? Schon Herder sprach von einer „Sphäre an Willkür" (S. 923), und der alte Goethe erinnerte daran, dass Lessing in seiner „Emilia" die „Leidenschaften und ränkenvollen Verhältnisse der höheren Regionen schneidend und bitter geschildert" (S. 927) habe. In der Tradition dieser wirkungsmächtigen Zeugen stehen auch noch die politischen Deutungen des Stückes in der Gegenwart. Liegt „nicht die politische Brisanz", so resümiert Karlheinz Fingerhut, „in der unterdrückten bzw. gegen das eigene Kind gerichteten Tat, in der bürgerlichen (oder spezifisch deutschen) Handlungshemmung"? (Fingerhut 1995, S. 88)

Verbindet man mit der Aufarbeitung dieses schwierigen Problemkreises – sicherlich ein ambitiöses Unterfangen – die allgemeine Kompetenzerwartung, dass die Schüler am Ende in der Lage sein sollten, die unterschiedlichen Deutungsansätze zur politischen Dimension des Stückes anhand von Textbelegen und externen Materialien nachzuvollziehen, zu vergleichen und kritisch zu beurteilen, dann wird dies sicherlich eine breite Akzeptanz finden. Aber lassen sich diese Prozesse und deren Ergebnisse auch standardisieren, auf den Erwerb von operationalisierbaren und messbaren Teilkompetenzen herunterdeklinieren? Hier sind doch wohl eher Zweifel angebracht.

2. Welchen Stellenwert hat die bürgerliche Familie im Drama? Wie sind ihr Rollengefüge und das Selbstverständnis ihrer Mitglieder zu verstehen und heute zu beurteilen? In welchem Verhältnis stehen die in ihr gültigen Erziehungsmaximen und moralischen Vorstellungen von Liebe und Ehe zum „tragischen" Verlauf der Handlung? Die Schüler werden diesen Fragen in erster Linie im Rekurs auf die im Drama dargestellte Vater-Tochter-Beziehung nachgehen müssen (vgl. Bekes 2003, S. 8 ff.). Ein mögliches Resultat ihrer Untersuchungen könnte in der Erkenntnis der sozialen Ambiguität der bürgerlichen Familie liegen: Auf der einen Seite setzt sie sich, repräsentiert durch die Vaterfigur, als eine durch moralische Kategorien und empfindsamen Umgang charakterisierte Lebensgemeinschaft vom lasterhaften Lebensstil der höfischen Gesellschaft ab, auf der anderen Seite muss sie, um ihre eigene Stabilität und Identität zu bewahren, Prozesse der Individualisierung und Subjektivierung, die auf Sinnlichkeit und Freiheit des Begehrens zielen, kategorisch unterdrücken. Dabei ist allerdings nicht zu verkennen, dass Odoardo in der Familie nicht die Autorität besitzt, die er zuweilen herrisch für sich reklamiert: Von Frau und Tochter nicht nur lokal, sondern auch sozial getrennt, ist er in den kritischen Augenblicken der Handlung nicht zur Stelle, leitet durch seine Abwesenheit die Katastrophe ein und zeigt vor allem am Schluss seine Ohnmacht.

Die bürgerliche Welt der Galottis bleibt äußerlich solange intakt, wie sich die Familienliebe bruchlos in Geschlechterliebe transformieren lässt. So verändert sich Emilias familiäre Identität nicht, als sie Geliebte wird: Als Braut bleibt sie Tochter, die mit der Liebe zu Appiani den Heiratswunsch ihres Vater erfüllt und damit zugleich die genealogische Kette in einem sozialen und moralischen Sinne fortzusetzen gedenkt. Gerade dies wirft aber für heutige Schüler, deren Vorstellungen von Liebe und Ehe am Konzept der Liebesheirat orientiert sind, mannigfaltige Deutungsfragen auf. Hier, etwa in der Kontrastierung und im Vergleich unterschiedlicher sozialer Kodierungen von Gefühlen, sind auch mögliche Kompetenzerwartungen offen zu halten.

Gefährdet wird die Familienordnung in dem Augenblick, in dem Emilia außerhalb des Hauses Erfahrungen macht, die mit ihrer Rollenidentität nicht vereinbar sind und sie zutiefst erschüttern. Wovor sie die Kontrollmechanismen des Vaters und die Bagatellisierungsversuche ihrer Mutter bislang abgeschirmt haben, imaginiert sie nun als Möglichkeiten ihres Selbst. Wie ist in diesem Zusammenhang aber ihre immer wieder zitierte Rede von ihrer Verführbarkeit zu beurteilen? Bekundet sie damit ihr Recht auf sinnlich-erotische Liebe? Liebt sie den Prinzen heimlich, wie Goethe unterstellt hat, ohne sich und dem Vater dies eingestehen zu wollen? Oder artikuliert die Rede nur ihre „anerzogene Angst, außerhalb der Familie dem erotischen Begehren nicht standhalten zu können"? (Saße 1996, S. 153) Kann aber solche Angst, wenn man sie voraussetzt, ihren Wunsch hinreichend motivieren, der Vater möge sie töten, weil er sie nicht mehr schützen könne? Wie ist überhaupt der Schluss der Tragödie zu bewerten? Die Debatte darüber dauert an. „Wie viel", so schreibt Wilfried Barner, „auch an ‚dialogischer' Motivation vorzufinden ist – sie kann nicht jenes Defizit an pragmatischer Motivierung des von Lessing gewählten Schlusses der *Emilia Galotti* aufwiegen, aus dem das grundsätzliche und wohl auch kaum zu bewältigende Dilemma jeder Deutung dieses Stückes resultiert." (Barner 1981, S. 211)

Die vielen Fragen machen deutlich, dass mittlerweile auch zu diesem Problemkreis eine Vielzahl an Deutungen existiert. Das Ziel der Auseinandersetzung mit Lessings Drama kann aber nicht darin bestehen, diese Unterschiede einzuebnen, um ein vorgeblich objektives Klassiker-Wissen zu erreichen, das in der Abschlussprüfung getestet wird. „Aktuell und wirkmächtig sind nicht die Kanonwerke per se, sondern die in ihnen (wieder)entdeckten Problemkonstellationen und die ihnen zuerkannten Sinn-Angebote." (Fingerhut 1995, S. 95) Gerade in der Auseinandersetzung mit dem familiären Problemkreis, den die Schüler ja – sicherlich in anderer Form – aus eigener Anschauung kennen, ist die rigide Festschreibung von Kompetenzerwartungen kontraproduktiv, weil zu befürchten ist, dass dabei entdeckendes Lernen verloren geht. Die „Emilia" macht den Schülern – bei allen historischen Differenzen – ein Angebot, Möglichkeiten, Themen und Probleme wieder zu erkennen, die sie selbst betreffen: Liebe und Erotik, Freiheit und Gewalt, Selbstbehauptung und Fremdbestimmung. Im Erkennen dessen, wie diese Kategorien im Drama Anschauung gewinnen, sich verbinden und trennen, erfahren sie vielleicht das, was Hilde Spiel anlässlich einer Inszenierung der „Emilia Galotti" durch Fritz Kortner formuliert hat: „die Chemie menschlicher Beziehungen und den gesellschaftlichen Gärungsprozeß" (Spiel 1972).

4. Dritter Kompetenzbereich: der Epochenumbruch

Wieso deuten sich in Lessings Stück Zeichen einer neuen Zeit an? Inwiefern kann man es als Dokument des Übergangs, ja des Umbruchs verstehen? Mit diesen Zentnerfragen, die in der literaturgeschichtlichen Forschung kaum beantwortet sind, soll sich der Lehrer, der das Stück im Kontext des Epochenumbruchs 18./19. Jahrhundert untersucht, beschäftigen. Mit welchen spezifischen Aspekten und Themen hat er sich aber auseinander zu setzen, welche Texte als Vergleichs-, Spiegelungs- und Kontrastmaterialien zu verwenden? Soll er exemplarisch anhand des Stückes das literarische Spannungsfeld zwischen Aufklärung und Sturm-und-Drang-Zeit aufarbeiten, etwa der Frage nachgehen, welche entscheidenden Impulse dieses der sozialkritischen bürgerlicheren Dramatik der Sturm-und-Drang-Bewegung gibt, gilt doch in der deutschen Literaturgeschichte der Zeitraum um 1772 als eine Art Schwellenzeit? Geht es um die besondere Entwicklung des bürgerlichen Trauerspiels, das ja in Lessings Drama und Schillers „Kabale und Liebe" zwei herausragende Paradigmen der Gattungsgeschichte besitzt? Könnte er nicht auch, sicherlich ein reizvolles Projekt, die Goethe-Rezeption des Stückes und in diesem Zusammenhang den Neueinsatz des „Werthers" untersuchen? Interessant ist doch hier immerhin, dass sich in dem Zimmer, in dem Werther tot aufgefunden wird, Lessings Drama aufgeschlagen auf dem Pult findet. Kontrastiert man wiederum damit die kritische Rezeption des „Werthers" durch Lessing, dann hätte man sicherlich auch einen möglichen literarhistorischen Zugang zum Epochenumbruch gefunden. Doch wer garantiert, dass solche Unterrichtsprojekte auch in späteren Prüfungsabschlüssen hinreichend gewürdigt werden?

Verbleibt man zunächst im Kontext der Aufklärung und der literarischen Biografie Lessings, so ist die historische Differenz des Stückes zu seiner „Miss Sara Sampson" evident. Der Autor hatte mit seinem ersten bürgerlichen Trauerspiel – im Rückgriff auf die zeitgenössischen Affektenlehre, deren Absicht „in der größtmöglichen und als befreiend erfahrenen Gefühlserregung auf dem Theater bestand" (864) – neue wirkungsästhetische Maßstäbe für das Drama der Zeit gesetzt, wollte das Publikum durch entsprechende Figuren- und Handlungsgestaltung rühren, es vor allem zur Identifikation mit der Titelheldin bewegen und Mitleid erregen. Zweifellos hat Lessing mit dem neuen Drama diese Wirkungsziele nicht preisgegeben, aber ebenso sicher ist, dass er die „Affektbewegungen soweit herabgestimmt" (S. 918) hat, um im Sinne einer neuen poetischen Synthese von Gefühl und Reflexion zu einer authentischen Darstellung der Natur des Menschen zu gelangen. Dass dies nicht einhellig vom Publikum so wahrgenommen wurde, zeigt die widersprüchliche zeitgenössische Rezeption des Stückes. Wo die einen im Zuwenig an Rührung das Defizit des Dramas sahen, erkannten die anderen darin gerade seinen poetischen Mehrwert. Indem Lessing auf die sentimentale Rhetorik der „Sara" verzichtet habe, erreiche er – so die Bewunderer der „Emilia" – in der Gestaltung von Sprache und Dialog eine neue Qualität des Natürlichen: „Was jene Sprache anbetrifft", so schrieb der Lessing-Freund Karl Wilhelm Ramler kurz nach der Uraufführung des Stückes enthusiasmiert in der „Berlinischen privilegierten Zeitung", „so ist sie die Sprache der mannigfaltigen Natur, aber die lebhafte und kurze, die nachdrücklich und dennoch leichte Sprache der Natur; nicht die einförmige Sprache der Studierstube, nicht die einförmige Sprache so manches berühmten ausländischen Dichters, bey welchem die Prinzessin Tochter, und der tapfere Vater, und der alte Bediente, und die junge Vertraute ungefähr einerley Sprache, und mehrentheils eine zu künstliche, übertriebene, declamatorische Sprache führen." (S. 884 f.) Doch an diesem Begriff von Natur schieden sich wiederum die Geister der Zeit. Wo die Apologeten im Sprachduktus und in der Dialoggestaltung des Stückes unmittelbare Ausdrucksqualitäten und eine facettenreiche Erfassung von Gemütszuständen entdeckten und letztlich konstatierten, dass es seiner Zeit weit voraus, zwanzig Jahre zu früh geschrieben sei (S. 990), da sahen die Vertreter der jüngeren Generation, Goethe und Schlegel, noch zu viel Ökonomie, Konstruktion, nachgerade das Künstliche und Regelhafte des kalkulierenden Verstandes des Autors am Werk. Die Generation jüngerer Schriftsteller forderte für sich – und dies im scharfen Kontrast zur Poetik der Aufklärung – einen größeren poetischen Freiraum, mehr Unmittelbarkeit und mehr Autonomie, statt der Sprache des Verstandes die Sprache des Herzens. Über Gefühle sollte im Drama nicht gesprochen, sondern diese sollten lebendig und ursprünglich ausgedrückt werden.

Will man anhand von „Emilia Galotti" die Verwerfungen der Zeit, den Epochenumbruch aufzeigen, dann gilt es vor allem, im Unterricht diese Oppositionen von Verstand und Gefühl, Norm und Freiheit, Unmittelbarkeit und Künstlichkeit exemplarisch an den Dramen selbst und anhand der zeitgenössischen Rezeptionsdokumente herauszuarbeiten. Doch auch hier bleiben viele Fragen offen: Wie lässt sich der Epochenumbruch, das heißt die Zeit poetischer und poetologischer Neuorientierung im Zusammenhang mit der Erarbeitung der „Emilia" konkret fassen? Wer definiert hier eigentlich die spezifischen Kompetenzen, die die Schüler in Bezug auf die literatur- und wirkungsgeschichtliche Einordnung des Stückes zu erwerben haben? Auch hier geben die Standards nur vage Auskünfte:

Wenn etwa die Bildungsstandards im Fach Deutsch für den Mittleren Schulabschluss als Grundlagenwissen Kenntnisse der Schüler über Inhalte, Strukturen und die historische Dimension der Texte einfordern und als Teilleistung die Herstellung von Zusammenhängen zwischen Text, Entstehungszeit und Leben des Autors erwarten (Bildungsstandards, S. 14), dann ist das auslegungsbedürftig und im Hinblick auf literarhistorisches Arbeiten in der Oberstufe erheblich zu differenzieren und zu erweitern.

Folgt man den Empfehlungen von Karlheinz Fingerhut, dass man im Rahmen eines solchen Unterrichtsvorhabens durchaus auf die Behandlung einer zweiten Ganzschrift verzichten und mit kürzeren Texten bzw. exemplarischen Textauszügen arbeiten könne (Fingerhut 1995, S. 94), dann bieten sich zum Vergleich vor allem Passagen aus Dramen der Stürmer und Dränger an, etwa den Stücken von Jakob Reinhold Michael Lenz oder Gerstenbergs „Ugolino". Flankiert werden könnten solche Untersuchungen durch die Beschäftigung mit exemplarischen Szenen aus Friedrich Schillers „Kabale und Liebe" (Vater-Tochter-Problematik). Doch auch hier sind die Verhältnisse verwickelter, als sie zunächst erscheinen. In Schillers Stück die verschärfte Fortsetzung der in der „Emilia" dargestellten Auseinandersetzung von Bürgertum und Feudalismus zu sehen ist genauso undifferenziert, wie beide Dramen als Medien bürgerlicher Selbstdarstellung zu begreifen. Auch hier droht ein unhistorischer Reduktionismus durch voreilige Festschreibung von zu erwerbenden Teilkompetenzen. Das historische Verstehen von „Kabale und Liebe" ist nicht weniger kompliziert als das von „Emilia Galotti". Einerseits ist Schillers Drama mit seiner leidenschaftlichen, expressiven Figurensprache Ausdruck einer neuen Gefühlsbegeisterung, nachgerade eines Menschenbildes, das deutlich geprägt ist von den radikalen Positionen der Stürmer und Dränger, andererseits verweist es aber auch auf die Risken ungezügelter Begeisterung und Empfindsamkeit. Damit setzt er sich, „genuin aufklärerisch, von der Programmatik des Sturm und Drang wieder ab" (Alt 1994, S. 287).

5. Aufgabenbeispiele und Bewertungsmatrix

Wenn man über eindeutige Parameter in der Qualitätssicherung bzw. Leistungsbewertung verfügt, lassen sich Kompetenzerwartungen, Ziele und Standards – in dieser Hinsicht gibt es Erfahrungswerte in der Mathematik und den Naturwissenschaften – operationalisieren. Für literarische Lernprozesse, in denen es um die Entfaltung von Lesarten, Verstehens- und Deutungsansätzen, um ästhetische Beurteilungs- und Bewertungsformen geht, in denen also Eigenschaften wie Originalität, Variabilität und Flexibilität erwünscht sind, lassen sich verbindliche Standards und Kompetenzstufen kaum sinnvoll definieren. Literarisches Wissen lässt sich vielleicht noch durch Operationalisierungskonzepte erfassen, literarische Bildungsprozesse sind so nicht zu ermitteln. Und das gilt auch oder gerade für die unterrichtliche Auseinandersetzung mit „Emilia Galotti" im Rahmen des Schwerpunktthemas.

Das zentrale Problem besteht darin, dass das Schwerpunktthema und die zu seiner Erarbeitung notwendigen ästhetischen und literarhistorischen Kompetenzerwartungen überhaupt nicht bzw. nur vage formuliert sind, dass aber von den Schülern, wie die kriterienorientierte Bewertung der beiden bislang vorliegenden Aufgabenbeispiele zum Zentralabitur zeigt, spezifische Teilleistungen eingefordert werden. Durch fachdidaktische Schwerpunktsetzungen solle „gesichert werden", so heißt es dazu in den „Vorgaben", „dass alle Schülerinnen und Schüler, die im Jahr 2007 das Abitur ablegen, gleichermaßen über die notwendigen inhaltlichen Voraussetzungen für eine angemessene Bearbeitung der zentral gestellten Aufgaben verfügen". Doch ist nach wie vor unklar, über welche notwendigen inhaltlichen Voraussetzungen die Schüler verfügen, welche Kompetenzen sie erwerben müssen, um die Prüfungsaufgaben bewältigen zu können.

Die übergeordneten Operatoren sind genauso abstrakt und komplex wie die ihnen korrespondierenden Bestimmungen der drei Anforderungsbereiche. Ohne historische Konkretion, ohne Anschauung bleiben sie für Lehrer und Schüler buchstäblich leer. Es ist zwar immer wieder versichert worden, dass man mit der Formulierung von Standards inhaltliche und methodische Gestaltungsräume für die pädagogische Arbeit des Lehrers öffnen wolle, doch gerade diese Absicht wird durch die vorgesehene Bewertungsmatrix konterkariert, die konsequent punktuelle Teilleistungen einfordert. Als Grundlage für die Kriterien geleitete Beurteilung werden die jeweils zu erbringenden Teilleistungen ausgewiesen, die die mit der jeweiligen Aufgabe verbundenen Anforderungen aufschlüsseln. Die Gewichtung der Teilleistungen mit Punktezahlen täuscht eine Objektivität und Vergleichbarkeit vor, die aber de facto nicht gegeben sind. Sieht man einmal von den unterschiedlichen Voraussetzungen der Schüler und den individuellen Schwerpunkten ab, die der Lehrer in seinem Unterrichtsvorhaben setzt, so erweisen sich nicht nur Auswahl und Abfolge der Teilleistungen und Lösungsschritte als ziemlich willkürlich, sondern auch deren Beurteilung durch Punktezahlen. Zunächst ist die hohe Zahl der geforderten Teilleistungen in Relation zu der den Schülern gewährten Bearbeitungszeit problematisch. Doch auch in qualitativer Hinsicht überzeugen die jeweiligen Anforderungen nicht. Teils sind sie banal und redundant, teils zu allgemein und undifferenziert. Das lässt sich vor allem am Bewertungsschema des ersten Aufgabenbeispiels zeigen. Dieses bezieht sich auf den Aufgabentypus „Analyse eines Sachtextes mit weiterführendem Schreibauftrag", fordert die Analyse eines dramentheoretischen Textes von Benno von Wiese, deren Resultate anhand der Eingangsszene von Friedrich Schillers „Kabale und Liebe" überprüft werden sollen. Wo bleibt die Verhältnismäßigkeit, so fragt man sich, wenn im Rekurs auf den Text Benno von Wieses die Erkenntnis des dramatischen Gespräches als wesentliches Kennzeichen der Gattung Drama mit zwei Punkten bewertet wird, die Beschreibung und Erläuterung der komplexen Expositionsstruktur zu Beginn von Schillers „Kabale und Liebe" aber nur mit vier Punkten. Selbst oder gerade dort, wo man vorgeblich dem begutachtenden Lehrer einen Ermessensspielraum zugesteht, bleibt das Verfahren kaum nachvollziehbar und praktikabel. An einer anderen Stelle heißt es: Der Schüler „wendet Kenntnisse aus dem Lernbereich ‚Reflexion über Sprache' an, um die von Wiese unterstellte Leistungsfähigkeit von Sprache/Gespräch zu erläutern und zu hinterfragen." Dafür soll er 12 Punke erhalten. Über welche speziellen Kenntnisse aus dem Bereich der Sprachreflexion der Schüler verfügen muss und wie er sie anzuwenden hat, wird nicht gesagt.

In allen diesen Punkten scheinen, darin ist Kaspar H. Spinner beizupflichten, „Idee und Realisierung von Standards […] in geradezu absurder Weise einander zu widersprechen" (Spinner 2005, S. 88). Auf einem elementaren Verstehens- und Analyseniveau, also im Rekurs auf Prinzipien und Operatoren, die vornehmlich in den ersten beiden Anforderungsbereichen aufgelistet sind, wie zum Beispiel das Benennen und Beschreiben poetologischer Strukturen, das Einordnen und Erklären von Kategorien wie Raum und Zeit, werden sich Kompetenzen für die Behandlung des Stückes formulieren lassen. Doch auch deren Erwerb dürfte nicht ganz unproblematisch sein; er wird, wenn man nicht nur reproduktives Wissen vermitteln, sondern Problembewusstsein erzeugen will, viel Zeit in Anspruch nehmen; dies schon allein aus dem Grunde, weil partiell ein Methodenwechsel von analytischen und produktiven Zugriffen gefordert ist. Exemplarische Dialoganalysen werden durch Verfahren szenischen Interpretierens, wie sie etwa Ingo Scheller für die Auseinandersetzung mit den Figuren des Stückes, ihren Motiven, Wünschen und Haltungen, entwickelt hat, ergänzt werden müssen (vgl. Scheller 2005).

Bestimmen rigorose Kompetenzorientierung und mit ihr die schematische Ausrichtung des literarischen Lernens auf bestimmte fixierbare

Ergebnisse durchgehend den Unterricht, dann droht auf der einen Seite „eine massive Reduktion, wenn nicht Trivialisierung dessen, was in den Standards gefordert ist" (Spinner 2005, S. 88). Wer die literarischen Formen und „sprachlichen Gestaltungsmittel" der „Emilia", wie es die Standards verlangen, „in ihren Wirkungszusammenhängen und ihrer historischen Bedingtheit" im Unterricht ernsthaft erarbeiten will, der kann nicht wieder – um der leichteren Lernbarkeit und Überprüfbarkeit willen – auf holistische Epochenkonzepte mit den entsprechenden Listen von Merkmalen zurückgreifen, in der Art, wie sie die einschlägigen Trainingsprogramme der Schulbuchverlage anbieten.

Auf der anderen Seite droht die Überforderung von Lehrern und Schülern dadurch, dass Didaktik und Unterrichtspraxis fachwissenschaftliche Erkenntnisse nur noch linear und schematisch abzubilden suchen. Lernen im Deutschunterricht ist aber mehr als ein „Nach-Denken von Vorgedachtem" (Fingerhut 2004, S. 89). So besteht die Gefahr, dass individuelle Lernbedürfnisse und aktuelle mentale Dispositionen und Einstellungen als Voraussetzungen eines prozesshaften Denkens der Schüler aus dem Blick geraten. Gerade für die Auseinandersetzung mit solch einem widerständigen und mehrdeutigen Drama wie der „Emilia" ist es aber wichtig, die Zugänge zum Text offen zu halten, vielleicht auch Zeit für kreative Lernumwege zu investieren, um ein Bewusstsein für das komplexe Problempotenzial des Stückes zu gewinnen. Fast alle Antworten, die man zu den Fragen in den vielen fachlichen Diskursen und Unterrichtsreihen über die „Emilia" gefunden hat, lassen sich auch als Fragen an das Drama reformulieren. Wenn die Schüler abschließend in der Lage sein sollten, solche Fragen aus eigenem Interessenszusammenhang und im Rückgriff auf solide Textkenntnisse zu stellen, mögliche Deutungshypothesen zu begründen und zu diskutieren, ist schon viel gewonnen.

Anmerkungen

[1] Alle im Text unmittelbar mit Seitenzahl belegten Zitate sind entnommen aus: Lessing. Emilia Galotti. Werke 1770 – 1773. Hg. von Klaus Bohnen. Frankfurt a. M. 2000.

[2] „Sie verstehen und erschließen dramatische Texte unter Berücksichtigung struktureller, sprachlicher und inhaltlicher Merkmale", so heißt es im Kernlehrplan der Sek. I für NRW. Was darunter im Einzelnen zu verstehen ist, wird hier nur in Ansätzen skizziert. Ein wenig aufschlussreicher sind die Standards für den Kompetenzbereich „Lesen – mit Texten und Medien umgehen", wie sie die Vereinbarungen der Kultusministerkonferenz für den Mittleren Schulabschluss vom 4. 12. 2003 vorsehen. Neben der Kompetenz, wesentliche Elemente eines Texte wie z. B. Figuren-, Raum-, Zeitdarstellung und Konfliktverlauf zu erfassen, wird auch ein sicherer Umgang mit Fachbegriffen und Methoden zur Erschließung von dramatischer Literatur erwartet.

³ Alternativ kann dies auch, wie Scheller vorschlägt, produktionsorientiert geschehen: „Die Szene zwischen Emilia und dem Prinzen wird frei gespielt. Anschließend äußern sich der Prinz und Emilia über das, was sie erlebt haben. Die Beobachter(innen) bauen Emilia und den Prinzen in einer für sie in der Kirche charakteristischen Haltung auf und erarbeiten mit Stimmenskulpturen ihre ambivalenten inneren Haltungen in dieser Situation." (Scheller 2005, S. 61)

Literatur

Alt, Peter André: *Tragödie der Aufklärung. Eine Einführung.* Tübingen/Basel: Francke 1994.
Barner, Wilfried, u. a.: *Lessing. Epoche – Werk – Wirkung. Ein Arbeitsbuch für den literaturgeschichtlichen Unterricht.* München: Bick 1982.
Becker, Georg E.: *Bildungsstandards. Ausweg oder Alibi?* Weinheim/Basel: Beltz 2004.
Bekes, Peter: *„Dass die Zärtlichkeit noch barbarischer zwingt als Tyrannenwut". Zur Vater-Tochter-Beziehung im bürgerlichen Trauerspiel. 13. Jahrgangsstufe.* In: Deutschunterricht 56/2003, H. 1, S. 8–13.
Bildungsstandards im Fach Deutsch für den Mittleren Schulabschluss. München: Luchterhand 2004.
Erläuterungen und Dokumente. G. E. Lessing: Emilia Galotti. Hg. von Gesa Dane. Stuttgart: Reclam 2002.
Fick, Monika: *Lessing. Handbuch. Leben – Werk – Wirkung.* Stuttgart: Metzler 2004.
Fingerhut, Karlheinz: *Kanon und kultursoziologisches Orientierungswissen im Literaturunterricht. Mit einem Blick auf Deutungen der „Emilia Galotti".* In: Diskussion Deutsch 1995, H. 142, S. 86–96.
Fingerhut, Karlheinz: *Thematisch, integrativ, fächerübergreifend, kompetenzorientiert. Märchen, Sage, Fabel im neuen Deutschunterricht der Klassen 5 und 6.* In: Wege zum Lesen und zur Literatur. Hg. von G. Härle/B. Rank. Baltmannsweiler: Schneider 2004, S. 81–103.
Göbel, Klaus: *Gotthold Ephraim Lessing. Emilia Galotti.* München: Oldenbourg 1996.
Kurzenberger, Hajo: *Zuschauer.* In: Norbert Greiner u. a.: Eine Einführung ins Drama. Handlung – Figur – Szene – Zuschauer. Bd. 2. München: Hanser 1982. S. 123–191.
Lessing, Gotthold Ephraim: *Emilia Galotti. Werke 1770– 1773.* Hrsg. von Klaus Bohnen. Frankfurt a. M.: Deutscher Klassiker Verlag 2000.
Richtlinien und Lehrpläne für die Sekundarstufe II – Gymnasium/Gesamtschule in NRW. Deutsch. Frechen: Ritterbach 1999.
Saße, Günter: *Die Ordnung der Gefühle. Das Drama der Liebesheirat im 18. Jahrhundert.* Darmstadt: Wissenschaftliche Buchgesellschaft 1996.
Scheller, Ingo: *G. E. Lessing „Emilia Galotti".* In: Praxis Deutsch. Sonderheft: Drama – Theater – Szenisches Spiel. Hg. von Ulf Abraham und Clemens Kammler. Seelze 2005, S. 55–62.
Spiel, Hilde: *Ein Netz von Zusammenhängen.* In: Frankfurter Allgemeine Zeitung vom 4. 5. 1970.
Spinner, Kaspar H.: *Der standardisierte Schüler.* In: Standards. Unterrichten zwischen Kompetenzen, zentralen Prüfungen und Vergleichsarbeiten. Hg. von Gerold Becker u. a.. Friedrich Jahresheft XXII. Seelze 2005.

In diesem Beitrag geht es um die Ausdifferenzierung der für die Rezeption literarischer Texte zentralen Teilkompetenz des Symbolverstehens. Dazu werden spezifische Standards entwickelt und am Beispiel von vergleichenden Interpretationen zu zwei Traumsequenzen aus Uwe Timms Erzählung veranschaulicht.
Als Materialbasis dienen schriftliche Analysen von 30 Germanistik-Studenten.

CLEMENS KAMMLER

Symbolverstehen als literarische Rezeptionskompetenz

Zu Uwe Timm „Am Beispiel meines Bruders"[1]
(Jahrgangsstufe 11–13)

1. Problemstellung

Die Frage nach Kriterien für die gelungene Interpretation symbolischer Sprache betrifft einen wichtigen Aspekt literarischer Kompetenz. Oft ist sie Gegenstand so genannter literarischer „Anschlusskommunikation": Ist Goethes berühmtes „Heidenröslein" ein harmloses Gedicht, das man getrost in Lesebüchern für die Grundschule oder Orientierungsstufe abdrucken sollte, oder handelt es sich um die symbolische Darstellung einer Vergewaltigung? Sollte man das Kafka'sche „Gesetz" juristisch, theologisch oder psychoanalytisch deuten? Sind Brechts „Buckower Elegien" Naturgedichte oder das politische Testament des Dichters? Über Fragen wie diese können sich Deutschlehrer und ihre Schülerinnen und Schüler trefflich streiten. Ärgerlich kann es werden, wenn dieser Konflikt über Noten ausgetragen wird, die über Wert oder Unwert einer Deutung befinden und wenn die Begründung des Urteils für die Betroffenen nicht nachvollziehbar ist. Die Frage nach den Bewertungsstandards stellt sich dann zwangsläufig.[2]

Unterscheidet man zwischen literarischer Produktions- und Rezeptionskompetenz (vgl. Abraham/Kepser 2005, S. 51–59), so ist die Fähigkeit des Symbolverstehens ein konstitutiver Bestandteil der letzteren. Symbol-

Uwe Timm: Am Beispiel meines Bruders (Auszüge)

(1) „Hin und wieder träume ich von meinem Bruder. Meist sind es nur Traumfetzen, ein paar Bilder, Situationen, Worte. Ein Traum hat sich mir recht genau eingeprägt. Jemand will in die Wohnung eindringen. Eine Gestalt steht draußen, dunkel, verdreckt, verschlammt. Ich will die Tür zudrücken. Die Gestalt, die kein Gesicht hat, versucht, sich hereinzuzwängen. Mit aller Kraft stemme ich mich gegen die Tür, dränge diesen gesichtslosen Mann, von dem ich aber bestimmt weiß, dass es der Bruder ist, zurück. Endlich kann ich die Tür ins Schloss drücken und verriegeln. Halte aber zu meinem Entsetzen eine raue, zerfetzte Jacke in den Händen."

(Timm 2005, S. 10)

(2) „Er, der Bruder, rief. Seine Stimme kam vom Ende des Gangs. Eine Art Korridor. Ich lief den Gang entlang, der plötzlich ins Freie führte. Ein Garten, in dem mehrere Menschen standen, wie auf einem Negativbild, die Schatten waren weiß, die Gesichter schwarz und nicht zu erkennen. Der Bruder steht da, das Gesicht schwarz, der Anzug – oder die Uniform? – hell. Er bittet mich zu singen, etwas für ihn zu singen. Ich singe. Bin selbst überrascht, wie gut, ja melodisch es mir gelingt. Plötzlich wirft er mir eine Birne zu, die ich nicht fangen kann. Mein Schreck, als sie zu Boden fällt. Und dann sagt eine Stimme: Doldenhilfe."

(Timm 2005, S. 137)

---

verstehen ist zunächst abzugrenzen von pragmatischem Verstehen. Während sich dieses von Fragen nach Gründen und Motiven, nach Zweck-Mittel-Relationen oder nach empirischen Fakten leiten lässt, wenden wir symbolische Verstehensprozeduren dann an, wenn eines oder mehrere Textelemente pragmatisch keinen Sinn machen, wenn sich also eine weitere Bedeutung aufdrängt. Unter literarischen Symbolen werden solche sprachlichen Bilder verstanden, die im Unterschied zu Allegorien Binnenelemente literarischer Texte sind und im Unterschied zu Metaphern „zugleich eine indizierende und eine metaphorische Bedeutung haben" (Kurz 2004, S. 81). Das bedeutet, Symbole haben die Tendenz, über die Ebene „semantischer Verträglichkeiten und Unverträglichkeiten sprachlicher Elemente" (ebd., S. 77) hinauszuweisen und „sich auf die erzählte Situation als Ganze zu beziehen" (ebd., S. 89).[3] Als Kompetenz, das heißt als „Disposition zur Bewältigung bestimmter Anforderungen" (Bildungsstandards 2004a, S. 16), ist die Fähigkeit des Symbolverstehens nicht auf den Bereich der literarischen Kommunikation begrenzt. Wer beispielsweise in einem Gespräch mit seinem Vorgesetzten oder Lebenspartner den berühmten Wink mit dem Zaunpfahl nicht versteht, oder wer in interkulturellen Zusammenhängen die Körpersprache seines Gegenübers nicht zu deuten weiß, kann in ernsthafte Schwierigkeiten geraten. Jan Philipp Reemtsma spricht gar von „gravierend beeinträchtigter Realitätstauglichkeit" (Reemtsma 2005, S. 23), die er auf einen „fortschreitenden Verlust an Symbolisierungsfähigkeit" (ebd., S. 9) in der Gegenwartskultur zurückführt. Diese wiederum habe mit einem zunehmend instrumentellen Verständnis zwischenmenschlicher Kommunikation zu tun. Auch wenn davor gewarnt werden muss, die lebenspraktischen Effekte literarischen Lernens überzubewerten, so lässt sich die (allgemeine) Kompetenz des Symbolverstehens im Rahmen dieses Lernens doch entscheidend fördern. In literarischen Texten spielen Symbole nicht nur eine wichtige Rolle, viele dieser Texte stehen auch exemplarisch für die Komplexität symbolischer Kommunikation. Denn gerade literarische Symbole zeichnen sich häufig durch semantische Unbestimmtheit aus, die eine Deutung herausfordert, und sie decken meist „mehr auf, als sie gemäß der simplen Dynamik von Verdrängung und Symbol- als Symptombildung verdecken" (Reemtsma 2005, S. 22 f.).

Der Bedeutung des Symbolverstehens im Rahmen des Deutschunterrichts tragen die Bildungsstandards der Kultusministerkonferenz für das Fach Deutsch (Mittlerer Schulabschluss) Rechnung. Unter der Rubrik „Literarische Texte verstehen und nutzen" heißt es dort, es gehe darum, „Bildsprache (Metaphern)" (sic!) „in ihren Wirkungszusammenhängen und in ihrer historischen Bedingtheit zu erkennen" (Bildungsstandards 2004c, S. 14). In den Bildungsstandards für den Hauptschulabschluss ist lediglich von „sprachlichen Bildern" und ihren „Wirkungen" die Rede (Bildungsstandards 2004b, S. 14). Zwar ist es angesichts der fließenden Übergänge zwischen den diversen Formen literarischer Bildsprache nachvollziehbar, dass hier auf die Vermittlung der Begriffe Metapher, Allegorie und Symbol weitgehend verzichtet wird. Unverständlich bleibt aber neben der problematischen Gleichsetzung von „Bildsprache" und „Metaphern", dass in den Bildungsstandards für den Hauptschulabschluss die historische Dimension keinerlei Erwähnung findet.[4]

Zweifellos ist das Verstehen literarischer Symbole nicht erst Gegenstand des Deutschunterrichts der Sekundarstufe I, sondern literarische Symbole werden auf elementare Weise schon in unteren Klassen verstanden.[5] Eggert und Garbe weisen darauf hin, dass die Fähigkeit des Verstehens indirekten Sprachgebrauchs innerhalb des Prozesses literarischer Sozialisation erst erworben werden muss und das Verstehen von Symbolen und Gleichnissen dabei „offenbar" höhere Kompetenzen voraussetze als das von Metaphern (Eggert/Garbe 2003, S. 23). Spinner (2006) spricht vom Verstehen „metaphorischer und symbolischer Ausdrucksweise" als einem zentralen Bereich literarischen Lernens und betont, dass im Verlauf der Schulzeit ein zunehmendes Bewusstsein für deren Verständnis erreicht werden müsse, was die Erkenntnis voraussetze, dass ihre Bedeutung nicht spekulativ, sondern über Textbezüge erschlossen werden müsse. Auch hebt er hervor, dass „eine gewisse Vorsicht", also ein Bewusstsein für die tendenzielle Unabschließbarkeit des Deutungsprozesses und damit für die Relativität eigener Deutungsansätze, zum kompetenten Umgang mit Sprachbildern gehöre. Diese Aussagen gehen zwar über das höchst abstrakte Niveau der Bildungsstandards hinaus, bleiben aber immer noch sehr allgemein.

Ziel meiner Überlegungen ist die weitere Ausdifferenzierung der Standards literarischen Symbolverstehens. Als Material zur Veranschaulichung dienen mir schriftliche Textanalysen von Lehramtsstudierenden des Hauptstudiums zu zwei Textpassagen aus Uwe Timms Erzählung „Am Beispiel meines Bruders".

2. Inhalt und Kontexte der zu untersuchenden Textsequenzen

In dieser Erzählung[6] geht es um die Geschichte der Familie des Autors, deren erstgeborener Sohn sich 1943 als Achtzehnjähriger freiwillig zur Waffen-SS meldet und noch im selben Jahr im Russland-Feldzug nach einer schweren Verletzung, in deren Folge ihm beide Beine abgenommen werden, ums Leben kommt. Vor allem diesem Bruder, an den der 16 Jahre später geborene Erzähler eine einzige vage Erinnerung hat, gilt die Recherche des Autors. Doch stößt der dabei an Grenzen, weil es ihm nicht gelingt, Antworten auf entscheidende Fragen zu finden, allen voran die Frage, ob das abrupte Beenden des Tagebuchs durch den Bruder wenige Monate vor seinem Tod auf einen ethischen Verweigerungsakt hinweist. (S. 147)

Betrachtet man die Stellung der Erzählung im Kontext des Timm'schen Gesamtwerks, so fällt auf, dass hier Bausteine aus früheren Texten integriert worden sind. So taucht im 1996 erschienenen Roman „Johannisnacht" der beinamputierte Bruder in einer Traumszene auf und drängt den Erzähler dazu, eine bestimmte Schublade eines Büroschranks aufzuziehen, die sich jedoch, im Gegensatz zu den anderen, mit zusammengeknüllten Manuskripten gefüllten Schubladen des Schrankes, nicht einmal „mit Gewalt" öffnen lässt. „Ich zog", so berichtet der Erzähler weiter, „nur schwach, tat aber so, als zöge ich mit aller Kraft." (Timm 1996, S. 106 f.) Hier deutet sich nicht nur die Ambivalenz des Erzählers gegenüber dem Thema, sondern auch die latente Dringlichkeit des Erzählprojekts an, das Timm mehrere Jahre später in „Am Beispiel meines Bruders" realisiert.

Die beiden von den Studenten vergleichend zu analysierenden Textstellen geben Träume des Erzählers wieder, der fast sechzig Jahre nach dem Tod des Bruders, an den er kaum eigene Erinnerungen hat, dessen Geschichte rekonstruiert. Beide Träume handeln von diesem Bruder und dem Erzähler selbst und sagen etwas über die schwierige Beziehung der beiden Protagonisten aus (siehe Auszüge, S. 197).

An der Positionierung beider Textstellen fällt auf, dass der erste Traum fast am Anfang, der zweite kurz vor dem Ende der Erzählung steht. Diese prominente Stellung der Traumsequenzen, ihr Mangel an pragmatischer Bedeutung sowie die kulturgeschichtliche Tatsache, dass Träume traditionell – und nicht erst seit Freud – als Ausdruck verborgener Wahrheiten interpretiert werden, provozieren eine symbolische Deutung.

3. Konkreter Erwartungshorizont und allgemeine Standards des Symbolverstehens

3.1. Konkreter Erwartungshorizont

Die Aufgaben, die die Studierenden zu bearbeiten hatten[7], lauteten:

1. Analysieren Sie die beiden Textauszüge. 2. Vergleichen Sie die beiden Textauszüge unter besonderer Berücksichtigung ihrer jeweiligen Beziehung zur Erzählung als ganzer.

Bei der Darstellung des Erwartungshorizontes[8] konzentriere ich mich auf den für das Verständnis der beiden Textstellen und für die hier verfolgte Fragestellung zentralen Aspekt des Symbolverstehens.

Die Studierenden sollten zunächst erkennen dass es sich in beiden Fällen um Traumsequenzen handelt (bei der zweiten Textstelle wird dies im Text nicht erwähnt) und dass in beiden Träumen in bildlicher Form der Umgang des Erzählers mit dem Andenken an seinen verstorbenen Bruder thematisiert wird. Während der erste Traum für den jahrzehntelangen Versuch steht, dieses Andenken und damit die Verstrickung der eigenen Familie in die Verbrechen des Nationalsozialismus zu verdrängen, handelt der zweite vom Prozess des Erinnerns, den die Erzählung dokumentiert – eines Erinnerns, das die Vergangenheit nicht „bewältigen" kann und das sich insofern seiner eigenen Grenzen bewusst wird.

Es wurde außerdem erwartet, dass die dargestellten Traumbilder im Rückgriff auf die Erzählung als Ganze gedeutet und entsprechende Bezüge beim Versuch einer Deutung der einzelnen Bilder hergestellt würden. Timms Montageverfahren ermöglicht eine Reihe solcher Bezugnahmen: Innerhalb der Erzählung steht die erste Textstelle beispielsweise im Zusammenhang mit dem immer wieder abgebrochenen Versuch des Erzählers, über seinen Bruder zu schreiben (vgl. Timm 2005, S. 8 f.), den er selbst als „ängstliches Zurückweichen" (S. 9) bezeichnet und mit seiner kindlichen Weigerung in Verbindung bringt, den Schluss des grausamen Märchens vom Ritter Blaubart zu hören (vgl. S. 9), während die zweite Traumsequenz gewisse Bezüge zum Anfang der Erzählung aufweist. Hier wird die einzige – ungenaue – Erinnerung des damals dreijährigen Erzähler-Ichs an den Bruder beschrieben.

Wichtig für das Verständnis der ersten Stelle ist der Grund seines Zurückweichens: Bei der Lektüre der Feldpostbriefe und des Tagebuchs seines Bruders stößt er jedes Mal auf eine in seiner Erzählung immer wieder als Leitmotiv zitierte Stelle, an der der Bruder anscheinend völlig emotions- und empathielos über die Tötung eines russischen Soldaten berichtet und die ihn vom Weiterlesen abhält: „75 m raucht Iwan Zigaretten, ein Fressen für mein MG." (S. 16) Im unmittelbaren Zusammenhang zur zweiten Textstelle steht Timms Lektüre von Christoper Brownings Buch „Ganz normale Männer" (Browning 2005). Diese öffnet ihm nicht nur die Augen über das Ausmaß der Verbrechen, die während des Russlandfeldzuges von deutschen Polizei- und Militäreinheiten an der (insbesondere jüdischen) Zivilbevölkerung begangen wurden, sondern auch über das ungebrochene Normalitätsbewusstsein der Täter bis in die Nachkriegszeit hinein, für das in der Erzählung exemplarisch sein Vater steht.

Bezogen auf beide Textstellen wurde erwartet, dass möglichst viele Elemente der Bildebene in Hinblick auf ihre Funktion für die jeweilige Traumsequenz gedeutet würden. So ist es eine nahe liegende Deutung, dass der Erzähler beschreibt, wie er sich gegen die sich ihm aufdrängenden Bilder des Bruders und die mit diesen Bildern verbundene grauenhafte Geschichte von dessen Taten und dessen Tod abschottet. Die „raue, zerfetzte Jacke" des abgewehrten Bruders, die er am Ende in den Händen hält, kann für das Scheitern des Verdrängungsversuchs stehen, für die fortdauernde „abwesende Anwesenheit" des Bruders, von der zu Beginn der Erzählung die Rede ist (vgl. S. 8). Dessen Gesichtslosigkeit im Traum wiederum kann das Nichtwissen des Erzählers um des Bruders moralische Identität symbolisieren. Die in der Szene herrschende Dunkelheit schließlich lässt sich als Hinweis auf einen Ort des Verdrängten und Vergessenen verstehen.

Für die Auseinandersetzung mit dem zweiten (schwieriger zu deutenden) Traum bestand die Erwartung, dass der Versuch des Erzählers, dem Ruf seines Bruders „ins Freie" zu folgen, in Beziehung zu seinem Erzählvorhaben gesetzt würde, sich durch sein Erzählen von dem Druck zu befreien, den die alptraumartige erste Sequenz beschreibt. Außerdem wurde erwartet, dass die Studierenden die Deutung der einzelnen Bilder und ihrer Funktion in dem Bewusstsein angehen, dass „eine gewisse Vorsicht […] zum kompetenten Umgang mit Metaphorik und Symbolik [gehört]" (Spinner 2006), dass die einfache Übertragung eines Bildes in eine feste Bedeutung also problematisch sein kann. Weiterhin wurde erwartet, dass – unter diesem Vorbehalt – Deutungsmöglichkeiten ausgelotet würden: So kann man zum Beispiel die Opposition von Licht und Dunkelheit mit dem Aufklärungsprojekt des Erzählers in Verbindung bringen, das er zu Beginn der Erzählung formuliert und mit der Vorstellung der Freiheit verknüpft, „alle Fragen stellen zu können, auf nichts und niemanden Rücksicht nehmen zu müssen" (S. 10). Ebenso kann der Farbkontrast (schwarz-weiß) auf mögliche symbolische Bezüge (Schuld–Unschuld) befragt werden, und die Negativbilder können – wie die Dunkelheit im ersten Traum – für die Grenzen dieses Projekts stehen. Wenn der Erzähler auf die Bitte des Bruders hin etwas für diesen singt und überrascht ist, „wie gut, ja melodisch es mir gelingt" (S. 137), lässt sich das ebenfalls zum Projekt der Erzählung in Bezug setzen, das er „im Auftrag" des Bruders durchführt. Dass er die Frucht, die dieser ihm zuwerfen will, nicht auffangen kann, lässt sich als Bild für sein Scheitern deuten, die Wahrheit über die moralische Identität des Bruders in Erfahrung zu bringen. Entsprechendes gilt für das Gesicht des Bruders, das – wie in der am Anfang der Erzählung geschilderten einzigen Erinnerung des Erzählers an ihn und wie im ersten Traum – unkenntlich bleibt. Besonders schwierig zu deuten sind die Bilder der übrigen in dieser Szene anwesenden Personen (es kann sich, muss sich aber nicht, um die übrigen Mitglieder der Familie des Erzählers handeln), der Birne, die der Bruder dem Erzähler zuwirft, und vor allem das hermetisch anmutende Wort „Doldenhilfe", das am Schluss dieses Traumprotokolls steht und aufgrund dieser „Inkongruenz zwischen formaler Profilierung und Eigenbedeutung" (Kurz 2004, S. 83) eine symbolische Deutung geradezu herausfordern scheint. Hier wurde erwartet, dass Deutungsschwierigkeiten (möglicherweise Grenzen des Verstehens) entweder als solche thematisiert würden oder der Versuch unternommen würde, über die Wortbedeutung („Dolde" = Blütenstand, der in seiner Form an einen Stammbaum erinnert) mögliche Bezüge zum Thema der Erzählung zu erschließen.

3.2. Allgemeine Standards für das Verstehen literarischer Symbole

Als diesen Erwartungen zugrunde liegende allgemeine Standards lassen sich unterscheiden:

1. Erfassen der (möglichen) Bildlichkeit sprachlich-literarischer Elemente. Das setzt die (nicht zuletzt auf Imaginationsfähigkeit basierende) Vermutung voraus, dass pragmatisches Verstehen in einem konkreten Fall nicht ausreicht und somit Deutungsbedarf besteht. In diesen Zusammenhang gehört das „Ernstnehmen der Bildebene" (Spinner 2006), das heißt das Benennen von Textsignalen, die symbolische Deutung provozieren (wie z. B. die hervorgehobene thematische Stellung, die Diskrepanz zwischen von formaler Profilierung und Eigenbedeutung, metaphorische oder metonymische Relationen usw.).

2. Bedeutungskonstitution durch In-Beziehung-Setzen und Überprüfung von Deutungshypothesen (z. B. zu einem einzelnen Symbol) durch Bezugnahme auf andere Textpartien. Das setzt die Erkenntnis voraus, dass Deutungen einzelner Symbole innerhalb eines literarischen Textes nicht beliebig, sondern nur dann haltbar sind, wenn andere Textpartien bzw. der kohärente Zusammenhang der einzelnen Elemente des Textes sie bestätigen. (Vgl. Eco 1996, S. 73)

3. Bedeutungskonstitution durch In-Beziehung-Setzen von Deutungshypothesen zu historischen (auch wirkungsgeschichtlichen) Kontexten (z. B. zum Gesamtwerk des Autors, zu (literatur-)historischem bzw. kulturellem Wissen wie z. B. das Wissen über konventionalisierte bzw. kulturell überlieferte Symbole.) (Vgl. Culler 2002, S. 96–99)

4. Reflektieren des Spielraums, der dem Leser bei der Konstitution der Bedeutung literarischer Symbole eingeräumt wird. Hierzu gehört die Erkenntnis, dass dieser Spielraum begrenzt ist und dass es vor allem der (kohärente) Textzusammenhang ist, der ihn begrenzt. Ebenfalls in diesen Zusammenhang gehört das Erkennen der semantischen Unbestimmtheit bzw. Mehrdeutigkeit einzelner literarischer Symbole, das Erkennen und Vermeiden der Gefahr willkürlicher, spekulativer Symboldeutung, die Einsicht in die Grenzen der Deutbarkeit bzw. der bloßen Möglichkeit (statt Verifizierbarkeit) einer Deutung (vgl. Kurz 2004) sowie die Offenheit des Deutungsprozesses durch die Möglichkeit der Veränderung und Erweiterung des Kontextes (vgl. Culler 2002, S. 99).

5. Kenntnis und kritischer Gebrauch einschlägiger Fachbegriffe (Sprachbild, Metapher, Symbol, Allegorie). Hierzu gehören das Wissen um die Strittigkeit, letztlich „Undefinierbarkeit" dieser Begriffsbestimmungen und die Fähigkeit zur reflektierten (d. h. vorsichtigen) Anwendung der Begriffe im Prozess der Bedeutungskonstitution. (Vgl. Kurz 2004)

3.3. Bezug der Standards zu verschiedenen Kompetenzmodellen

Betrachtet man diese Standards vor dem Hintergrund allgemeiner Kompetenzmodelle für den Lernbereich „Schriftlichkeit: Lesen, Literatur, Medien", so geht es hier vor allem um Problemlösungswissen (z. B. Wissen um die Notwendigkeit, werkinterne Kontextbezüge zur Deutung symbolischer Textelemente zu erstellen) und Metakognition (Reflexion der Deutungsspielräume und der Relativität der Deutungen). Auch fachliches Spezialwissen wie die Kenntnis von Fachbegriffen (Symbol, Metapher, Allegorie) oder Kontextwissen über den Autor und dessen Werk sowie (kultur)historisches Wissen (z. B. über mehr oder weniger konventionalisierte Symbole wie Regen, Herbst, Rauch, die Farben schwarz und rot usw.) spielen eine Rolle.

Bezogen auf die in der ersten PISA-Studie zugrunde gelegten Kategorien kann man sagen, dass es auf der Ebene der „kognitiven Textverarbeitung" um Informationsverknüpfung (zentral in Standard 2 und 3), Inferenzbildung (zentral in Standard 4), Verstehen von Indirektheit (zentral in Standard 1) sowie Verstehen konkurrierender Informationen (zentral in Standard 4 und 5) geht. (Vgl. Artelt u. a. 2001)[9]

Bezogen auf übergeordnete Operatoren, wie sie etwa für die schriftliche Abiturprüfung im Fach Deutsch im Zentralabitur NRW bei der Interpretation literarischer Texte gelten, liegt hier der Fokus ausschließlich auf dem Bereich Verstehensleistung, genauer der „Textdeutung (unter Berücksichtigung des Wechselbezugs von Textstrukturen, Funktionen und Intentionen, [sowie] zentraler […] semantischer […] Elemente und ihrer Funktion)", der „Kontextualisierung" (wobei hier vor allem werkinterne Kontexte zu beachten sind) und der „kritische(n) Reflexion" des eigenen interpretativen Vorgehens (vgl. abitur.nrw 2007).

4. Exemplarische Auswertung der Interpretationen der Studierenden

Insgesamt wurden 30 Texte von Studierenden ausgewertet. Vernachlässigt wurden dabei schreibtheoretische Aspekte. Nicht die komplexe Darstellungs-, sondern allein die (Symbol-)Verstehensleistungen der Studierenden sollten analysiert werden. Das Wissen, das ich aufseiten der Studierenden zur Bearbeitung der ihnen gestellten Aufgabe vorausgesetzt habe, entspricht also lediglich dem in ihrem bisherigen Bildungsgang (Abitur, Zwischenprüfung im Fach Germanistik) erworbenen Spezialwissen über literarische Bildsprache, Textsorten usw. Außerdem wurden die Lektüre der gesamten Erzählung

Timms sowie die zu ihrem Verständnis notwendige Grundkenntnis historischer Zusammenhänge über die NS- und Nachkriegszeit vorausgesetzt, die von Absolventen der gymnasialen Oberstufe erwartet werden kann.

Die folgende Auswertung zieht – bezogen auf die fünf Standards – ein exemplarisches Resümee. (Die Texte wurden anonymisiert und durchnummeriert.)

Zu 1: Erfassen der (möglichen) Bildlichkeit sprachlich-literarischer Elemente
Auch wenn es nicht sinnvoll wäre, die fünf Standards in aufsteigender Linie zu hierarchisieren, so ist das Erreichen dieses ersten doch die Bedingung für das Erreichen aller anderen. Diese Bedingung war bei allen Studierenden gegeben. Sie erkannten, dass es sich bei beiden Textstellen um Traumsequenzen (bei der zweiten ist dies im Text ja nicht explizit erwähnt) und dass es sich um *bildliche Rede* handelt. Somit deuteten sie die Träume durchgängig nach dem Muster der Allegorese, also als Texte, die in allen relevanten Textelementen eine wörtliche und eine bildliche (bzw. symbolische) Bedeutung aufweisen (vgl. Kurz 2004, S. 33). So heißt es in einer Arbeit treffend: „Beide Träume spiegeln den Prozess wider, in welchem der Erzähler sich befindet, sie sind Sinnbild für den Anfang und das Ende eines Bewältigungsprozesses." (T 1)

Die Qualität einzelner Arbeiten zeigt sich in diesem Punkt allerdings nicht nur in der grundsätzlichen Erkenntnis, dass man es hier mit „Sinnbildern" zu tun hat, sondern auch in ihrer Umsetzung im Detail. Dass die *einzelnen sprachlichen Bilder* nicht immer als solche erkannt wurden, zeigt die folgende Aussage: „Eine [...] Interpretationsmöglichkeit könnte sein, dass Uwes Bruder sein Gesicht absichtlich verschleiert hat, damit keiner seine Scham für das, was er tun musste, (in den Krieg ziehen) erkennen kann. [...] Die ‚raue, zerfetzte Jacke', die er dann gegen Ende des Traumes in den Händen hält, zeigt ihm, dass sein Bruder im Kampf gewesen sein muss." (Text 18) Hier wird dem Bruder einerseits eine Intention unterstellt (was angesichts der Tatsache, dass es sich um eine Traumsequenz handelt, keinen Sinn macht), andererseits wird der Symbolgehalt des Bildelementes „raue, zerfetzte Jacke" ohne Bezugnahme auf den Zusammenhang gedeutet, in dem es in der Erzählung steht (die Jacke bleibt in der Wohnung zurück).

Zu 2: Bedeutungskonstitution durch In-Beziehung-Setzen und Überprüfung partieller Textdeutungen (z. B. eines einzelnen Symbols) mit bzw. an anderen Textpartien
Auch den in diesem Standard für das Symbolverstehen notwendig vorausgesetzten Versuch, semantische Beziehungen zu anderen Textstellen her-

zustellen, haben alle Studierenden unternommen. In Beziehung gesetzt wurde etwa der erste Traum in den meisten Arbeiten mit dem am Anfang der Erzählung intensiv thematisierten Verdrängungswunsch, in einigen Texten wurde er konkret auf das „ängstliche Zurückweichen" des Erzählers vor dem grauenhaften Schluss des Grimmschen „Blaubart"-Märchens bezogen, das ihm seine Mutter als Kind vorliest (vgl. T 14).

Nicht völlig abwegig, aber dennoch ein Beispiel für eine *eher enge Deutung* ist die folgende Aussage: „Uwe stand [...] immer im Schatten seines größeren Bruders, der sehr von seinen Eltern verehrt wurde. [...] In seinem Traum möchte Uwe verhindern, dass sein Bruder wieder zurück in die [...] Familienkonstellation dringt." (Text 8) Zwar findet sich das Motiv des Bruderneides im Text durchaus. So fragt sich der Erzähler angesichts der häufigen Erzählungen seines Vaters über den „vorbildlichen" Bruder, „wen er wohl lieber an dieser Stelle vermisst hätte" (S. 18). Allerdings ist in der Erzählung das in dieser Arbeit nicht erwähnte Motiv des Zurückweichens vor den schrecklichen Taten des Bruders gegenüber dem Konkurrenzmotiv dominant.

Relativ häufig war die Tendenz zur „Überinterpretation" (vgl. Eco 1996), zum Beispiel die Assoziation der Birne, die der Bruder dem Erzähler zuwirft und die dieser nicht fangen kann, „mit einer Handgranate, die sofort tödlich wäre, wenn er sie fallen ließe" (Text 24). Denn warum sollte der Erzähler dann erschrocken sein, dass er die Birne nicht fangen kann? Auch leuchtet die Gleichsetzung der Birne mit einer „Glühbirne" (vgl. Text 14) nicht unmittelbar ein – schließlich spielt die Szene in einem Garten und nicht in der Elektrowarenabteilung eines Baumarktes. Immerhin zeigt hier aber die dazu gegebene Erklärung, dass die Fehldeutung des einzelnen Textelementes durchaus vor dem Hintergrund einer sinnvollen Deutungshypothese zum ganzen Traum steht: „Diese Birne, verstanden als Glühbirne, könnte symbolisch dafür stehen, dass es sehr wohl noch etwas zu beleuchten gibt. Da Timm die Birne aber nicht fängt, kann er kein Licht erzeugen." (Text 14) Hier wird exemplarisch deutlich, welche Probleme die Bewertung einer Teilleistung wie „Symbolverstehen" in der Korrekturpraxis aufwerfen kann: Eine auf den ersten Blick abwegig erscheinende Symboldeutung kann in einem bestimmten Begründungszusammenhang durchaus „Sinn machen".

Zu 3: Bedeutungskonstitution durch In-Beziehung-Setzen von Deutungshypothesen zu historischen Kontexten
Wirkungsgeschichtliche Kontexte (wie sie etwa die Kafka-Interpreten dazu geführt haben, sein Werk sehr unterschiedlich zu deuten) spielten im

vorliegenden Fall aufgrund der fehlenden Sekundärliteratur keine Rolle.[10] Der historische Kontext der Timmschen Familiengeschichte wird dagegen innerhalb der Erzählung direkt und intensiv thematisiert. Entsprechend häufig wurde das Thema aufgegriffen. Ebenfalls eingegangen wurde auf die (hochgradig konventionalisierte) Farbsymbolik – so in der These, die schwarzen Gesichter der im Garten versammelten Figuren „könnten dafür stehen, dass [...] der Großteil der Gesellschaft an den Verbrechen teilgenommen hat" (Text 9), wobei diese Personen in einigen Interpretationen mit der Familie des Erzählers, in anderen mit der Wehrmacht oder der Waffen-SS in Verbindung gebracht wurden. Beide Deutungen lassen sich nicht mit letzter Sicherheit belegen oder widerlegen, aber für die erste spricht doch die Übereinstimmung des Handlungsortes (Haus – Garten) mit derjenigen der Eingangssequenz der Erzählung. Die in anderen Arbeiten vorgeschlagene Deutung des Gartens als Jenseitssymbol (Text 26), als „Garten Eden", der angesichts der „Negativbilder" und des Kontextes der Szene, in dem von der Erschießung jüdischer Zivilisten durch deutsche Soldaten berichtet wird und der „einige Risse" aufweise (Text 20), wäre möglicherweise intertextuell zu erhärten gewesen (vgl. Kammler 2006), was aber im Rahmen der Aufgabenstellung nicht erwartet wurde.

Zu 4: Reflektieren des Spielraums, der dem Leser bei der Konstitution der Bedeutung literarischer Symbole eingeräumt wird.
Auf die Schwierigkeit, einzelne Bildelemente zu deuten, reagierten manche Studierende mit gezieltem Vermeidungsverhalten: Sie ignorierten diese Elemente einfach. Die größten Schwierigkeiten bereitete das rätselhafte Wort „Doldenhilfe", das der Bruder dem Erzähler am Ende des Traums zuruft. So heißt es in einer der Arbeiten: „Auch nach ausführlicher Recherche in diversen Lexika und auch im Internet bleibt dieses Wort in seiner Bedeutung unklar, zumal das Wort ‚Dolde' aus dem Bereich der Biologie stammt und einen Blütenstand bezeichnet." (Text 22).

Wenige Studierende gelangten auf dem – hier bereits eingeschlagenen und sicher sinnvollen – Weg über die Bedeutung der Teilwörter zu einer Deutung des rätselhaften Kompositums: „Der Sinn des Wortes Doldenhilfe erschließt sich nicht eindeutig. Eine Dolde ist ein schirmförmiger Blütenstand, dessen Blütenstile alle vom selben Punkt entspringen. Vielleicht steckt hierin ein Hinweis auf die gemeinsamen Ursprünge der Brüder." (Text 21) Eine andere Deutungsvariante lautete: „Das unverständliche Wort ‚Doldenhilfe' steht hier stellvertretend für alle offenen Fragen an seinen Bruder [...]." (Text 15) Positiv sind solche Ansätze vor allem zu bewerten, wenn sie mit der Einsicht in die Grenzen des eigenen Deutungsversuchs verbunden sind, wie sie sich in dem einschränkenden „vielleicht" in Text 21 äußert.

Zu 5: Kenntnis und kritischer Gebrauch einschlägiger Fachbegriffe
Was die Verwendung von Fachbegriffen betrifft, so fällt auf, dass in den meisten Arbeiten von „Symbolen", „symbolischer Bedeutung" oder „Sinnbildern" die Rede ist. Lediglich zweimal wird davon abgewichen. Einmal (in Text 11) wird die zerfetzte Jacke des Bruders als „Metapher für Timms Bruder" bezeichnet, was nicht ganz korrekt ist, da es sich hier um ein Symbol des synekdochischen Typs handelt (ein Teil vertritt das Ganze), ein anderes Mal (Text 17) als „Allegorie", was ebenso wenig zutrifft, weil die Jacke ein einzelnes, immanentes Element einer Geschichte ist, während die Allegorie zwei Bedeutungszusammenhänge miteinander in Beziehung setzt. (Vgl. Kurz 2004, S. 81) Man sollte derartige Unsicherheiten aufgrund der Strittigkeit dieser Begriffe allerdings nicht überbewerten.

Fazit der Auswertung

Zusammenfassend kann man sagen, dass die Qualität der Einzelbefunde in den Arbeiten der Studierenden ganz entscheidend davon abhing, wie genau sie die Erzählung als ganze gelesen hatten und in welchem Maße es ihnen gelang, ihre Deutungshypothesen im Sinne des zweiten Standards durch Bezugnahmen auf andere Textpartien zu bestätigen. Dass dies einem nicht unerheblichem Teil nur mit mehr oder weniger deutlicher Einschränkung gelang, ist nicht nur ein Zeichen für die Unbestimmtheit einiger der vorkommenden Symbole, sondern vermutlich auch ein Indiz für die generelle Dominanz der Kommentare und Sekundärtexte innerhalb des Studiums zu Lasten genauer Primärtextlektüre.

Wenngleich die entscheidenden Qualitätsunterschiede der ausgewerteten Arbeiten sich auf diesen Bereich konzentrierten, kann von einer einfachen Hierarchisierung der Kompetenzstufen (etwa im Sinne einer aufsteigenden Linie) nicht die Rede sein. Letztere hängt vielmehr entscheidend von der Komplexität des jeweiligen Gegenstands ab.[11] Auch die Einteilung der Bildungsstandards in drei unterschiedliche Anforderungsbereiche, die in aufsteigender Linie zwischen der Verfügbarkeit über die „notwendigen inhaltlichen und methodischen Kenntnisse" (Anforderungsbereich I), dem „[selbständigen] Erfassen, Einordnen, Strukturieren und Verarbeiten der Thematik, dem Material und der Aufgabenstellung" (Anforderungsbereich II) und der „[eigenständigen] Reflexion, Bewertung bzw. Beurteilung einer komplexen Problemstellung/Thematik" (Anforderungsbereich

III) unterscheidet (vgl. Bildungsstandards 2004c, S. 17) lässt sich deshalb nur als sehr grober Orientierungsrahmen für die hierarchische Stufung von Kompetenzen verwenden. Je höher zum Beispiel der Grad an Unbestimmtheit und je komplexer und undurchschaubarer die Vernetzung eines Sprachbildes mit der Erzählung als ganzer und mit diversen Kontexten ist, je weniger konventionalisiert ein Symbol ist, desto höher ist in der Regel das erforderliche Kompetenzniveau. Es ist evident, dass das Verstehen einer einfachen Tierfabel einen literarisch durchschnittlich gebildeten Leser vor viel geringere Probleme stellt als das Verstehen eines Gedichtes aus Goethes „West-östlichem Diwan", und dies, obwohl beide Verstehensleistungen die (allgemeine) Kompetenz „Verstehen indirekten Sprachgebrauchs" voraussetzen. Unabhängig von den Gegenständen des Verstehens wird sich literarische Verstehenskompetenz nicht modellieren lassen. Wollte man den Bereich „literarische Kompetenz" auch nur annähernd erschöpfend modellieren, so müsste man dafür ein Modell entwerfen, das sich nicht in der Auflistung abstrakter Kompetenz- bzw. Anforderungsbereiche erschöpft, sondern auch die (tendenziell unendliche) Fülle der Performanzen abbildet.

5. Abschließende Überlegungen zur Frage der Testbarkeit des Symbolverstehens mit Hilfe von Multiple-Choice-Aufgaben

Lassen sich die für das Symbolverstehen spezifischen Textverstehenskompetenzen exakt messen? Ein mögliches Instrument für eine solche Messung sind Multiple-Choice-Aufgaben.[12]

Welche Aussage trägt zum Verständnis der ersten Traumsequenz (am ehesten) bei?

(1) In dem Traum drückt sich der Wunsch des Erzählers aus, seinen Bruder aus dem Familiengedächtnis zu verbannen, weil er diesen um die Liebe beneidet, die seine Eltern auch nach seinem Tod noch für ihn empfinden.

(2) In dem Traum kommt zum Ausdruck, dass der Erzähler die Erinnerung an seinen Bruder verdrängen will, weil diese Erinnerung Angst in ihm auslöst, dass ihm dies aber letztlich misslingt.

(3) In dem Traum wird deutlich, dass der Bruder im Krieg war und ein schweres Schicksal erlitten hat.

Im oben abgedruckten Beispiel ist keine der drei Antworten vollkommen falsch, sodass es sinnvoll erscheint, durch die Ergänzung „am ehesten" eine Entscheidung für einen der Lösungsvorschläge zu verlangen. Dann könnte man erwarten, dass Lösung 2 angekreuzt wird, da Lösung 3 die symbolische Dimension der Textstelle am wenigsten erfasst, weil sie die in ihr thematisierte Beziehung der Brüder ausklammert und Lösung 1 den Konflikt des Erzählers auf das Eifersuchtsmotiv reduziert. Dennoch ginge bei einer solchen Aufgabenstellung etwas von der Komplexität des Problems verloren, da das Eifersuchtsmotiv ja in der Erzählung vorkommt. Lösbar wäre das Problem, wenn man den Zusatz „am ehesten" wegließe und eine Hierarchisierung der drei Antworten auf einer Skala von „zutreffend" bis „unzutreffend" verlangte.

Dennoch stellt sich bei derartigen Aufgabenstellungen ein grundsätzliches Problem: Die Möglichkeit von Bedeutungszuschreibungen ist nicht nur text-, sondern auch kontextabhängig und der Konstruktion neuer Kontexte sind prinzipiell keine Grenzen gesetzt. Je uneindeutiger ein Symbol ist, je mehr kontextabhängige Bedeutungszuschreibungen es innerhalb seiner Wirkungsgeschichte erfahren hat und noch erfahren kann (man denke wieder an Kafkas berühmte Gesetzes- und Gerichtssymbolik), desto willkürlicher werden Beurteilungsprozeduren, die eine interpretatorische Festlegung fordern.

Diese Einwände sollen zwar nicht grundsätzlich gegen die Möglichkeit von Multiple-Choice-Tests ins Feld geführt werden. Insgesamt werden die Ergebnisse solcher Tests aber nur eingeschränkte Aussagen über die Symbolverstehenskompetenz der Getesteten machen. Denn während es ein entscheidender Bestandteil literarischer Rezeptionskompetenz ist, ein Gespür dafür zu besitzen, was symbolische Bedeutung tragen könnte, entsprechende Deutungshypothesen selbständig zu entwickeln und diese zu überprüfen, werden hier Deutungsansätze vorgegeben.

Anmerkungen

[1] München: dtv 2005. Textstellen aus der Erzählung werden ohne Angabe von Autor und Titel in Klammern zitiert.

[2] Zu Recht wird darauf verwiesen, dass eine Didaktik des Symbolverstehens noch ein Desiderat ist – und das nicht nur in der Deutschdidaktik (Belgrad/Niesyto 2001). Dies dürfte einen Grund auch darin haben, dass eine genaue Vorstellung von der Kompetenz des Symbolverstehens fehlt.

[3] Dabei sind die Unterschiede der drei Begriffe bloß graduell, ihre Bestimmung ist „strittig, seit über sie nachgedacht wird" (Kurz 2004, S. 6).

[4] Entsprechendes gilt übrigens für die in mancher Hinsicht Bahn brechende Studie von Grzesik (2005). Hier findet das Verstehen von metaphorischem und ironischem Textsinn ausführlich Berücksichtigung (vgl. S. 258–275), nicht jedoch das Symbolverstehen.

[5] In den Bildungsstandards für den Primarbereich findet es allerdings keine Erwähnung.
[6] Zur ausführlichen Interpretation der Erzählung vgl. Kammler 2006.
[7] Zur Aufgabenart vgl. die NRW-Richtlinien für die Sekundarstufe 2, S. 78–81 und S. 103–105. Es wurde davon ausgegangen, dass diese Art der Aufgabenstellung den Studierenden aus ihrer Schulzeit vertraut ist. Da zum Zeitpunkt der Niederschrift der Interpretationen keine Analysen der betreffenden Textsequenzen in publizierter Form vorlagen, waren die Studierenden dabei ansonsten auf sich allein gestellt. Die Lektüre der Erzählung und das Bearbeiten der Aufgabe waren Voraussetzung der Teilnahme an den entsprechenden Seminarsitzungen, in denen es unter anderem um das hier behandelte Problem einer literarischen (Teil-)Kompetenz ging. Eine weitere Vorbereitung auf die Aufgaben fand nicht statt.
[8] Zu betonen ist der heuristische Charakter des Erwartungshorizontes, der der Offenheit des Interpretationsprozesses Rechnung trägt.
[9] Zum Versuch einer systematischen Weiterentwicklung der PISA-Kategorien für den Bereich literarische Texte vgl. den Beitrag von Thomas Zabka in diesem Band. In ähnlicher Weise ist der vorliegende Versuch einer Ausdifferenzierung von Standards an diese Kategorien anschließbar.
[10] Die vorliegenden Rezensionen und Aufsätze gehen auf den Aspekt der Symboldeutung in den Träumen nicht ein (vgl. hierzu Kammler 2006).
[11] Dafür tragen die Verfasser der Bildungsstandards allerdings auch Rechnung (vgl. Bildungsstandards 2004 c, S. 17). Vgl. hierzu auch den Beitrag von Thomas Zabka in diesem Band.
[12] Zu den Möglichkeiten und Grenzen solcher Aufgaben vgl. auch Willenberg 2004.

Literatur

Abraham, Ulf/Kepser, Matthis: *Literaturdidaktik Deutsch. Eine Einführung*. Berlin: Erich Schmidt Verlag 2005.

Artelt, Cordula, u. a.: *Lesekompetenz: Testkonzeption und Ergebnisse*. In: Jürgen Baumert u. a. (Hg.): PISA 2000. Basiskompetenzen von Schülerinnen und Schülern im internationalen Vergleich. Opladen: Leske und Buderich 2001, S. 69–137.

Belgrad, Jürgen/Niesyto, Horst: Symbol. *Verstehen und Produktion in pädagogischen Kontexten*. Baltmannsweiler: Schneider 2001.

Bildungsstandards der Kultusministerkonferenz. Erläuterungen zur Konzeption und Entwicklung. Veröffentlichungen der Kultusministerkonferenz. München: Luchterhand 2004 a.

Bildungsstandards im Fach Deutsch für den Hauptschulabschluss. Beschlüsse der Kultusministerkonferenz. Beschluss vom 15. 10. 2004. München: Luchterhand 2004 b.

Bildungsstandards im Fach Deutsch für den Mittleren Schulabschluss. Beschlüsse der Kultusministerkonferenz. Beschluss vom 4. 12. 2003. München: Luchterhand 2004 c.

Browning, Christopher R.: *Ganz normale Männer. Das Reserve-Bataillon 101 und die „Endlösung" in Polen*. Reinbek bei Hamburg: Rowohlt 6. Aufl. 2005.

Culler, Jonathan: *Literaturtheorie. Eine kurze Einführung*. Stuttgart: Reclam 2002.

Eco, Umberto: *Zwischen Autor und Text. Interpretation und Überinterpretation*. München: dtv 1996.

Eggert, Hartmut/Garbe, Christine: *Literarische Sozialisation*. 2., durchgesehene und aktualisierte Auflage. Stuttgart/Weimar: J. B. Metzler 2003.

Grzesik, Jürgen: *Texte verstehen lernen. Neurobiologie und Psychologie der Entwicklung von Lesekompetenzen durch den Erwerb von textverstehenden Operationen*. Münster u. a.: Waxmann Verlag 2005.

Kammler, Clemens: *Uwe Timm: Am Beispiel meines Bruders.* München: Oldenbourg 2006.
Köster, Juliane/Will Lütgert/Jürgen Creutzburg (Hg).: *Aufgabenkultur und Lesekompetenz. Deutschdidaktische Positionen.* Frankfurt a. M. u. a.: Peter Lang 2004, S. 19–32.
Kurz, Gerhard: *Metapher, Allegorie, Symbol.* Göttingen: Vandenhoeck & Ruprecht, 5., durchgesehene Auflage 2004.
Richtlinien und Lehrpläne für die Sekundarstufe II. Deutsch. Hg. vom Ministerium für Schule, Weiterbildung, Wissenschaft und Forschung des Landes Nordrhein-Westfalen. Düsseldorf 1999.
Reemtsma, Jan Philipp: *Was wird aus Hansens Garten. Gedanken über den fortschreitenden Verlust an Symbolisierungsfähigkeit.* In: Jan Philipp Reemtsma: Das unaufhebbare Nichtbescheidwissen der Mehrheit. Sechs Reden über Literatur und Kunst. München: C. H. Beck 2005, S. 9–42.
Spinner, Kaspar: *Literarisches Lernen.* Basisartikel. PRAXIS DEUTSCH. November 2006
Timm, Uwe: *Johannisnacht.* Roman 1996.
Timm, Uwe: *Am Beispiel meines Bruders.* München: dtv 2005.
Willenberg, Heiner: *Wie und wie weit kann man Textverstehen durch Testaufgaben erfassen?* In:

Internetquellen

abitur.nrw 2007: Vorgaben für die Konstruktion von Aufgaben für die schriftliche Abiturprüfung im Fach Deutsch. In: www.learn-line.nrw.

Am Beispiel einer Klausuraufgabe zum Erfolgsdrama von Urs Widmer werden in diesem Beitrag Möglichkeiten und Grenzen einer Stufung von Standards dargelegt. Ausgangspunkt des Standardisierungsversuchs sind die NRW-Richtlinien für die gymnasiale Oberstufe, die auch dem NRW-Zentralabitur 2007 zugrunde liegen.

DIETER WROBEL

Kompetenzspektrum zur Analyse einer Dramenszene

Zu Urs Widmer „Top Dogs" (Jahrgangsstufe 11–13)

Der Wechsel von den *input*-orientierten Lehrplänen zu den *output*-orientierten Lern- bzw. Bildungsstandards (Köster 2005, S. 4 f.) hat die Literaturdidaktik auf ein basales Dilemma zurück verwiesen: Einerseits sperren sich ihre Gegenstände (literarische Texte) und der Umgang mit ihnen (z. B. Aushandlung von Bedeutung, Formulierung eines je eigenen Verständnisses) mindestens bis zu einem gewissen Grad gegen die Setzung von Standards. Andererseits erfordern Lern- und Leistungsüberprüfungen, gleich ob analytisch-interpretierend oder produktionsorientiert-kreativ angelegt, ja immer schon Standards der Bewertung. Erst recht vor dem Hintergrund zentraler Prüfungen sind Setzung und Einforderung von intersubjektiv geltenden Vergleichsmaßstäben unvermeidlich. Dennoch sind auch die Schwächen der Standardisierung und der ihr nachfolgenden schulischen Praxis nicht zu übersehen; Spinner hat hier drei Mechanismen kommentiert: die Reduktion von Komplexität, das Umkippen von Subjektivität in Objektivität sowie die Verkehrung von selbstständigem Lernen in angeleitetes Training (vgl. Spinner 2005, S. 4 ff.).

Das folgende Beispiel geht davon aus, dass Standardisierung möglich ist, allerdings auch notwendig auf Grenzen trifft. Nach Kommentierung einer Klausuraufgabe für die Oberstufe und der unterrichtlichen Voraussetzungen werden Standards in Form eines Erwartungsrasters nach Noten- bzw. hier gleichgesetzt mit den Standardstufen „ausreichend" (Basisstandard) und „gut" (Progressivstandard) differenziert und diskutiert. Dabei werden die Vorgaben für die schriftliche Abiturprüfung gemäß

Urs Widmer: Das Geld, die Arbeit, die Angst, das Glück (Auszug aus einer Rede)

Die Wirtschaft hat eine schwach entwickelte demokratische Tradition – kaum eine, um es deutlicher zu sagen –, und sie hat bis heute ein nur schwach entwickeltes demokratisches Selbstverständnis. Sie war und ist am Mehrwert interessiert und am demokratischen Staat nur soweit, als dieser Bedingungen zu schaffen vermag, die das Geldverdienen möglichst reibungslos erlauben. Sie selbst ist undemokratisch, schätzt aber die Demokratie als Struktur, innerhalb derer sie auf ihre Weise funktionieren kann. Die Wirtschaft braucht keine Führer außerhalb ihrer eigenen Strukturen. Sie führt selber. Sie ist das System, das autoritär und nach seinen eigenen Regeln sagt, wo's langgeht. Sie will keinen autoritären Staat um sich herum, sie ist selber autoritär. In der Tat haben just in der modernen Ökonomie eine ganze Reihe von Werten überlebt, die den alten Faschismus prägten. […] Die Werte der Sieger sind gut, die Werte der Verlierer schlecht. Es gibt kein Sowohl-als-Auch. Es gibt keine Ambivalenz. Die Harten von damals sind die Coolen von heute, und die Alphatiere von heute joggen um sechs Uhr früh durch den Wald, um gesund zu sein, gesund und kompetitiv, und man hat auch bei ihnen zuweilen den Verdacht, daß sie in den Nicht-so-Gesunden und weniger Kompetitiven, wie einst die Faschisten, unwertes Leben sehen. Mit hoher Aggression jedenfalls wenden sich die, die die Werte und Normen der Ökonomie vertreten, gegen alles, was von den Normen abweicht. Die Kraft von einst gleicht der Power von heute aufs Haar, und der Wille, sich um jeden Preis durchsetzen zu müssen, ist zu Efficiency geworden. Militärisches Denken ist in der Neuen Ökonomie allgegenwärtig. Größere Firmen verfügen über Divisionen, und ihre Mitarbeiter arbeiten an der Front. Manager sind so etwas wie Söldner geworden, Troubleshooter, verdingen sich für möglichst viel Geld da, dann dort, und bleiben selten mehr als fünf Jahre.[…] Die Ökonomie von heute zerstört Menschen, immer wieder, und ist unermüdlich in der Rechtfertigung ihres Tuns. Es ist ein Kennzeichen der Perversion, daß die Gefühle, die dazugehören, vom tatsächlichen Handeln abgekoppelt sind. Ja, sie verkehren sich nur allzu oft in ihr Gegenteil. Dann, in der sadistischen Spielart des Handelns, bereitet Lust, was Entsetzen auslösen sollte. Seinen Konkurrenten zerstören, den Mitarbeiter erniedrigen, den Rivalen demütigen. Die perverse Lust an der Zerstörung ist ein Teil der Wirtschaft, und perverses Handeln wird dann positiv bewertet. Applaus für den Zerstörer. Es wird nicht gefragt, ob eine Handlung ethisch vertretbar ist. Sondern ob sie sich rechnet. Im Modell der modernen Ökonomie schlummert also faschistisches Denken. Aber erst die Kombination eines undemokratischen Selbstverständnisses mit der schieren Größe eines Unternehmens macht sie gefährlich. Gar nicht so wenige Firmen machen inzwischen Umsätze, die mit den Bruttosozialprodukten ganzer Staaten rivalisieren können.

[aus: Urs Widmer: Das Geld, die Arbeit, die Angst, das Glück. Zürich: Diogenes 2004, S. 22 ff. (EA: 2002)]

Richtlinien für Nordrhein-Westfalen berücksichtigt, die auch für das Zentralabitur gültig bleiben (vgl. RL NRW, Kap. 5).

1. Der Gegenstand – fachwissenschaftliche Perspektive

Wenn Gegenwartsdramen in der Sekundarstufe II thematisiert werden, wird häufig das Stück „Top Dogs" des Schweizers Urs Widmer gewählt. In seinem 1996 in Zürich uraufgeführten Drama nähert sich Widmer einem gesellschaftlichen Großthema, der Arbeitslosigkeit und ihren Auswirkungen auf den Einzelnen, von ungewohnter Seite her an: Er stellt die entlassenen Entlasser in den Mittelpunkt, jene Angehörigen des höheren Managements, die infolge von Rationalisierung und fortschreitender Globalisierung ihren Arbeitsplatz verlieren (zur Interpretation vgl. Wrobel 2006). Widmer zeichnet die Figuren als psychisch Destruierte, die auch als Arbeitslose in Denken, Sprache und Verhalten ihren Rollen als Manager verhaftet bleiben und fast ohne Einschränkung das System verteidigen, dem sie selbst zum Opfer gefallen sind. Ort der Handlung ist ein Outplacement-Center, dessen Aufgabe darin besteht, die gestürzten Top Dogs wieder in adäquate berufliche Kontexte zu vermitteln.

Zu den formalen Besonderheiten des Stücks zählt, dass die Figuren im Ablauf der nur lose verbundenen Szenen mehrfach ihre Rollen wechseln; mal sind sie Klienten des Outplacement-Centers, mal treten sie als Therapeuten auf. Die flexible Rollenverteilung wird dadurch unterstrichen, dass die Figuren die Namen der sie jeweils spielenden Darsteller tragen; in der Druckfassung sind dies die Akteure der Uraufführung. So wird das Rollen-Spielen zur leitenden Metapher des Stücks, denn nicht nur die Akteure spielen variable Rollen, sondern auch die Figuren sind in ihren Rollenspielen flexibel. Damit erfüllen sie in der Inszenierung die zentrale Anforderung an den modernen Manager: die flexible Rollenaneignung. Allerdings bleibt das Rollenspielen zumeist nur ein Spielen der Rollen, nicht aber deren Übernahme – mit Ausnahme der Managerrolle: Diese haben die Figuren internalisiert. So fallen die Therapieprogramme (Einzel,- Partner,- Gruppen-, Gesprächstherapie) durch ihre dilettantische Ausführung auf; meist werden quasi-therapeutische Sprechhaltungen eingenommen, die an der Oberfläche bleiben.

Widmer stellt in „Top Dogs" die Ein- und Unterordnung des Einzelnen in sich ein permanent beschleunigendes Wirtschaftssystem dar, das er durch die Kriegsmetaphorik kennzeichnet. Gezeigt wird das notwendige Scheitern des Individuums angesichts einer weltweit agierenden Ökonomie. Anfänglich ist dem Autor in Kritik und Rezeption vorgeworfen worden, in seinem Stück „nur die Entlarvung der alten Spielregeln, nach denen Gesellschaft funktioniert" zu betreiben, ohne einen utopischen Gegenentwurf zu präsentieren (Halter 1998, S. 39). Doch ist die Reduzierung auf „utopisches Sollen" und auf „schmissige[s] Kabarett" (ebd., S. 30) inzwischen relativiert; „Top Dogs" ist stattdessen als „Warnutopie" (Kammler 2001, S. 149) zu kennzeichnen, deren Ertrag darin liegt, dass sie auf der Bühne diejenigen Widersprüche präsentiert, die sich im „Markieren eines Risses" durch die Gesellschaft äußeren (Kammler 2003, S. 48).

Es gibt keine Schlüsselszene; jede der 14 Szenen leuchtet auf je eigene Weise das Geschehen auf dem Kampffeld der Ökonomie aus. Die 2. Szene – Gegenstand der Klausuraufgabe – trägt den Titel „Heute sind wieder die Churchills gefragt" (TD, S. 19ff.) und ermöglicht anhand der Figuren Herr Bihler und Herr Tschudi einen Einblick in die so genannte therapeutische Arbeit. In diesem (Rollen-)Spiel im (Theater-)Spiel ist Herr Bihler der Chef, der seinen Untergebenen Tschudi entlässt. Dieser reagiert hierauf höchst emotional und verliert seine Beherrschung. In diesem Moment kippt das Rollenspiel, denn Bihler fällt aus der Chef-Rolle. Er offenbart, dass er selbst kurz zuvor in eben dieser Weise entlassen worden ist, die er nun nachgespielt hat: „So hat der mit mir geredet. Wörtlich so." (TD, S. 22) Tschudi verlässt hierauf nun ebenfalls seinen Rollenpart und solidarisiert sich mit seinem Gegenüber, der in der Arbeitslosigkeit auf Augenhöhe agiert und eben nicht in einer hierarchischen Position auftritt.

2. Der Gegenstand – curriculare Vorgaben

Ein Unterrichtsvorhaben auf der Basis von Widmers „Top Dogs" vernetzt curriculare Anforderungsbereiche. Der Schwerpunkt ist mit dem Kursthema „Individuum und Gesellschaft – Erfahrung von Wirklichkeit(en) am Ende des 20. Jahrhunderts" anzugeben. Zudem entspricht das Stück formalen Anforderungen an die Textauswahl (Textsorte: Drama; Gegenwartsliteratur). In Bezug auf die methodischen Vorgaben bietet das Stück „Top Dogs" Möglichkeiten zu analytischen wie zu produktionsorientierten Verfahren bis hin zu einer (Teil-)Inszenierung. Die thematische Aktualität sowie die sprachliche Eingängigkeit lassen keine Rezeptionsschwierigkeiten erwarten. Zudem ist auf der Grundlage von „Top Dogs" die Berücksichtigung von literarischen wie sprachlichen Aspekten im Sinne eines integrierten Unterrichtskonzepts möglich, da die Kommunikation und deren rollengebundene Hintergründe eine Annäherung auch aus sprachwissenschaftlicher Perspektive ermöglicht.

Die NRW-Richtlinien differenzieren einen Kompetenzkatalog (vgl. RL, S. 6 f.), dessen Teilbereiche mit Widmers „Top Dogs" angesteuert werden. Die geforderten Teilkompetenzen lassen sich daher so konkretisieren:

- sprachliche Kompetenz: kritische Auseinandersetzung mit der Leistung von Fachsprachen (Sprache der Ökonomie, Sprache der Therapie) und Aspekte der Inszenierung von bzw. der Selbstinszenierung durch Fachsprache
- kulturelle Kompetenz: Einblick in das Verständnis einer zeitgemäßen Theaterkonzeption (z. B.: Dramatisierung von teils recherchiertem Material durch den Autor); Anspruch und Wirkung des Theaters
- ästhetische Kompetenz: Darstellungsvarianten auf der Bühne; Standortbestimmung einer postdramatischen Theatertheorie
- ethische Kompetenz: Wertungsfragen rund um die Rollenverteilung in einer modernen und globalisierten Ökonomie
- methodische Kompetenz: Textanalyse; Inszenierungsanalyse; Erörterung; Stellungnahme; produktive Verfahren

Dies entspricht dem geforderten Erwerb und Ausbau fachspezifischen propädeutischen Wissens (RL, S. 6). Das Ziel des Deutschunterrichts auf der Oberstufe, zur „persönlichen Entfaltung in sozialer Verantwortlichkeit" (RL, S. 8) beizutragen, wird durch die Auseinandersetzung mit „Top Dogs" in beiden Aspekten der Doppelformulierung ermöglicht.

3. Klausuraufgabe

Die Klausur stellt den Abschluss eines Unterrichtsvorhabens dar, das hier für einen Leistungskurs der Abiturstufe konzipiert ist. Sie kann der Leistungsüberprüfung dienen oder Abituraufgabe sein. Bei der Formulierung der Aufgabenstellung ist die Instruktion des niedersächsischen Zentralabiturs leitend. Hier gilt, dass nicht Textauszüge aus behandelten Werken eingegeben werden, sondern die literarischen Werke von Außentexten her erschlossen werden sollen (vgl. Internetauftritt Niedersächsischer Bildungsserver nibis). Ein solcher Außentext ist die Rede „Das Geld, die Arbeit, die Angst, das Glück", die Urs Widmer am 17. 12. 2000 im Schauspielhaus Zürich gehalten hat. Widmers Drama ist für Niedersachsen zunächst bis zum Schuljahr 2005/06 in die Abiturobligatorik aufgenommen; die Rede ist zudem für den Leistungskurs vorgegeben. Ein Auszug aus dieser Rede, in der Widmer seine Ansicht zur totalitären Binnenstruktur der Ökonomie darlegt, ist Klausurmaterial (siehe Auszug, S. 217). Dazu gibt es folgende Aufgabenstellung:

Aufgaben:
1. Analysieren Sie die Funktion der 2. Szene im Kontext des Stücks. Berücksichtigen Sie hierbei inhaltliche sowie sprachliche und formale Merkmale.
2. Arbeiten Sie die zentralen Aussagen Widmers über den Zustand der heutigen Ökonomie aus dessen Rede heraus und erläuten Sie diese.
3. Nehmen Sie kritisch Stellung zu den Positionen, die Widmer in seiner Rede vorträgt. Beziehen Sie hierbei Aspekte des Stücks mit ein.

4. Lernvoraussetzungen und vorausgehende Unterrichtssequenz

Die 2. Szene ist in mehrfacher Hinsicht repräsentativ für das Stück, sodass Schülerinnen und Schüler ein Textverständnis nachweisen können, in dem sie diese Szene formal (Rollen spielende Figuren), sprachlich (unvollständige Syntax, Anglizismen in der Sprache der Ökonomie, Kriegsmetaphorik, Floskeln und Phrasen, Entlassungssemantik), inhaltlich (Beispiel einer missglückten Quasi-Therapie), thematisch (Hierarchie und Machtverteilung in den Führungsetagen, Systematik und Verlauf der Globalisierung) und psychologisch (Selbst- und Rollenverständnis der Manager) einordnen.

Die Struktur des Unterrichtsvorhabens lässt sich in folgender Sequenzierung abbilden, die auch die zur Bearbeitung der Aufgabe erforderlichen Lernvoraussetzungen skizziert (vgl. hierzu Wrobel 2006, S. 126 ff.):

1. Sequenz: Globalisierung in der Wirtschaft und im Drama
Die Schülerinnen und Schüler erweitern ihr Wissen über die Globalisierung; hierzu werden informationsorientierte nicht-literarische Texte (z. B. Sachtext, Zeitungsartikel, Karikatur) eingesetzt. Auf dieser Basis lesen sich sie sich in den Dramentext ein.

2. Sequenz: Rollen – Wahrnehmung – Selbst- und Fremdbilder
Die Schülerinnen und Schüler untersuchen zum Beispiel die 1. Szene im Hinblick auf die Kommunikationsstruktur der Figuren. Mit Sekundärmaterial erarbeiten sie sich Grundbegriffe der soziologischen Rollentheorie und applizieren diese zur Analyse der kommunikativen Inszenierungs-

muster. Nachdem sie die Figuren als Rollen-Spieler mit verschiedenen Rollensegmenten (Manager, Klient, Therapeut) kennzeichnen, nehmen sie das Rollenspiel selbst in den Blick und enttarnen die Diskrepanz zwischen der sozialen Realität der entlassenen Manager und der Inszenierung ihres Umgangs mit der Entlassung (4. Szene).

3. Sequenz: Sprecharten und Sprechakte
Hier werden die kommunikativen Ereignisse in ihrer Semantik analysiert. Dabei fallen zwei Sprachmuster auf: die Sprache der Ökonomie (unvollständige Syntax, Anglizismen, fachsprachliche Bestandteile, Komposita, Phrasen) sowie die Sprache der Therapie, die im Kontext des Stücks ironisiert wird, weil ihre Benutzer diese Sprache nicht beherrschen, sondern ihre Vorstellungen von dieser Sprache spielen. Schließlich wird die Entlassungssemantik charakterisiert (Rückgriffe auf Floskeln, pauschale Allerweltsaussagen, Pseudo-Betroffenheit bei gleichzeitiger emotionaler Distanz).

4. Sequenz: Textarten, Textteile – Textualität des Dramas
Zunächst werden die Konstruktionsbesonderheiten des Dramas sowie der Aufbau des Stücks und die Funktionen der einzelnen Szenen untersucht. Anschließend wird das Drama in einem gattungspoetologischen Zusammenhang betrachtet und vom geschlossenen Drama (Klotz) abgegrenzt. Zudem sollen die Schülerinnen und Schüler das Stück als ein postmodernes Drama lesen und seinen Standort im Kontext einer Theorie des postdramatischen Theaters (Lehmann) kritisch reflektieren. Sodann werden einzelne im Stück repräsentierte Textarten (Märchen, Traumdarstellungen, Utopie) untersucht.

5. Sequenz: In Szene setzen
Die Erarbeitung eines dramatischen Textes ist unvollständig, wenn nicht auch eine Inszenierung (in Ausschnitten) eingeholt wird, die vor allem die Wirkung der Inszenierungsmittel herausstellt. Zudem sollten Inszenierungsvorschläge (z. B. für die 11. Szene) entwickelt, erprobt und verglichen werden.

5. Standards: Elemente eines Erwartungsrasters

Die dreigliedrige Aufgabenstellung realisiert die Aufgabenart „Analyse eines literarischen Textes mit weiterführendem Schreibauftrag" (RL, S. 75).

Entsprechend sind Verstehensleitungen (z. B. Erkennen und Darlegen der Textstruktur, Figurenkonstellation, Syntax und Lexik) und Darstellungsleistungen (z. B. Strukturierung der eigenen Überlegungen, Rückgriff auf analytische Verfahren, funktionsgerechtes Zitieren) zu erbringen und zu bewerten (vgl. RL, S. 79). Der neben der Dramenszene zu bearbeitende nicht-fiktionale Text ist in Umfang und Schwierigkeitsgrad so ausgewählt, dass keine zusätzlichen Rezeptionshindernisse auftreten. Die in der dritten Teilaufgabe geforderte begründete Wertung bezieht sich auf beide Texte und bietet Gestaltungsmöglichkeiten, die dann zugleich Kriterien für die standardorientierte Leistungsbewertung ergeben. Die Komplexität der Aufgabenstellung kann dazu verführen, Widmers Redeaussagen als poetologisches Programm für das Drama verkürzend misszuverstehen. Allerdings liefert sie dagegen guten Schülerinnen und Schülern hinreichende Abgrenzungskategorien, um genau hier differenzierend zu argumentieren. Zudem ist eine solche Problematik eine Folge der niedersächsischen Vorgaben, die einen Außentext verlangen.

Die drei Aufgaben steuern unterschiedliche Kompetenzen an, die in den NRW-Richtlinien als Anforderungsbereiche standardadäquat niedergelegt sind (vgl. RL, S. 73 f.) und durch Operatoren konkretisiert werden können. Die Anforderungsbereiche „Reproduktion", „Reorganisation und Transfer" sowie „Reflexion und Problemlösung" sind in den Teilaufgaben zu berücksichtigen, sodass Teilleistungen auf allen drei Ebenen eingefordert sind, die auf unterschiedlichen Kompetenzstufen erbracht werden können. Ungeachtet der Differenzierbarkeit zwischen den drei Anforderungsbereichen sind übergeordnete Operatoren („analysieren" sowie „darlegen") zu nennen, die als teilaufgabenübergreifende Anforderungen wirksam sind. Während der Operator „analysieren" die Beherrschung von Arbeitsmethoden, Fachsprache und die Planung eines strukturierten Vorgehens erfordert, bezieht sich der Operator „darlegen" vor allem auf die Ebene der Ergebnispräsentation.

5.1. Zur Aufgabe 1

Die Bearbeitung der Aufgabe 1 erfordert komplexe textanalytische Operationen und damit Operatoren, deren Darstellung eines systematischen Vorgehens bedarf. Die Komplexität besteht darin, dass ein Textausschnitt einer Mikroanalyse unterzogen werden soll, deren Ergebnisse in den Kontext des Textganzen gestellt werden sollen. Voraussetzungen sind daher ein differenziertes Textverständnis bezogen auf den Gesamttext (Anforderungsbereich Reproduktion: Wiedergabe von Textinhalten und Textstrukturen) sowie die Fähigkeit zur Textanalyse (Anforderungsbereich Reproduktion: Anwendung fachspezifischer Arbeitstechniken). Da die Szene 2 im Unterricht allenfalls marginal thematisiert wurde, sind zudem Fähigkeiten aus dem Anforderungsbereich Reorganisation und Transfer erforderlich. Hier lassen sich bereits zwei Kompetenzstufen in Bezug auf den Zugriff und die Darstellungsleistung unterscheiden: Während eine ausreichende Leistung additiv verfährt und erst eine punktuelle Mikroanalyse vornimmt, der sich eine Berücksichtigung des Textganzen anschließt, stellt eine gute Leistung die Bezüge unmittelbar her.

Als Basisstandard ist festzulegen, dass die schriftliche Darstellung zunächst knapp die 2. Szene in den Textzusammenhang einordnet. Hierzu ist die Reorganisation in einer Weise erforderlich, die die Textstelle mit Kontextbezügen versieht: Kennzeichnung der beiden Figuren als entlassene Manager; Bestimmung des Handlungsortes; Rollenspiel als Beispiel einer therapeutischen Form; inhaltliche Auseinandersetzung mit der erlittenen Kränkung der eigenen Entlassung. Ebenso wird eine kurze Einordnung der Thematik zu erwarten sein: Auswirkungen der Globalisierung; Arbeitslosigkeit der entlassenen Entlasser.

Auf dieser Kompetenzstufe aufbauend, lassen sich analytische Erträge zur 2. Szene differenzieren. Eine ausreichende Leistung (Basisstandard) verortet den Verlauf des Rollenspiels (Bihler spielt den Entlasser als Spiegelung seiner Entlassung) und markiert mit dem Zusammenbruch Bihlers (TD, S. 22) den Wendepunkt. Neben dieser inhaltlichen Einordnung sind aus den Bereichen der sprachlichen und der formalen Merkmale ausgewählte Belege anzufügen; diese können zum Beispiel sein: Rollenwechsel (vom Kunden zum Klienten), reduzierte Regieanweisungen auf der formalen Seite sowie die Repräsentation der sozialen Hierarchie in den Gesprächsanteilen (TD, S. 19–22), die sprachlichen Unschärfen vom Chef-Bihler sowie die Nutzung der Kriegsmetaphorik zur Kennzeichnung der Wirtschaft. In jedem Fall sind für eine ausreichende Leistung die Benennung des analysierten Sachverhalts und mindestens ein Textverweis zur Absicherung zu erwarten.

Eine gute Leistung (Progressivstandard) zeichnet sich durch höhere Binnenvernetzung aus, die das Rollenspiel als *pars pro toto* für das Stück kennzeichnet, etwa indem der Aspekt der Inszenierung von Rollen durch Gestus und Sprache (vgl. Szene 4) hervorgehoben wird ebenso wie die Parallelität des Zusammenbruchs einer Figur, die diese Rolleninszenierung nicht durchhalten kann (Bihler in Szene 2 – Krause in Szene 4.5). Damit ist der Konnex von inhaltlichen und formalen Aspekten hergestellt. Die sprachliche Analyse wird auf dieser Ebene Belege für die im Gesamttext genutzten Auffälligkeiten suchen und als solche kennzeichnen. Hier ist zum einen das leitende Kommunikationsmuster zu nennen: Der Entlassene wird im 1. Teil der Szene wiederholt vom Entlasser unterbrochen und versucht, trotz sozialer Verwundung auf die Plötzlichkeit der Entlassung zu reagieren; dagegen steht die kommunikative Gleichberechtigung im 2. Teil der Szene, als die Augenhöhe jenseits des Rollenspiels wieder hergestellt ist. Die sprachliche Detailanalyse lässt auf dieser Stufe die Benennung und Exemplifikation folgender Auffälligkeiten erwarten: Neben der Kriegsmetaphorik sind Anglizismen sowie die Nutzung einer bildhaften Sprache zur Verschleierung der kommunikativen Absichten herauszuarbeiten und zu belegen. Eine gute Leistung wird zudem an Beispielen die intendierte Wirkung der genutzten sprachlichen Merkmale erläutern. Wird dafür eine ergiebige Textstelle ausgewählt, kann das als Nachweis von Textüberblick und der Fähigkeit zur Selektion analytisch ertragreicher Textstellen gewertet werden. An dieser Textstelle ist exemplarisch das Selbstverständnis der Manager herauszustellen, das sich in martialischer Sprache ausdrückt und wiederholt Gegenüberstellungen bemüht, die teils nur eine Seite explizieren, die nicht ausgesprochen, aber sehr wohl mitgemeint sind (Krieg vs. Frieden, heute vs. *früher, Tote vs. *Überlebende, die Konkurrenz vs. SIE, Präsens vs. Präteritum).

Grundsätzlich sind die Kompetenzniveaus für die Analyse eines Textauszugs zu unterscheiden: Der Basisstandard ist erreicht, wenn der Textauszug inhaltlich in den Kontext eingeordnet wird, dabei ein eigener organisierender Zugriff statt Paraphrase vorherrscht, formale Besonderheiten erkannt und benannt werden und schließlich sprachliche Merkmale aufgesucht, terminologisch gekennzeichnet und punktuell in einen Wirkungszusammenhang eingestellt werden können. Der Progressivstandard ist dann erreicht, wenn zudem der Textauszug als exemplarisch für das Textganze dargestellt wird, die sprachliche Form des Auszugs (Kommunikationssituation als Spiegel des Inhalts) extrapoliert wird und ausgewählte sprachliche Einzel(be)funde aufgesucht, beschrieben und in ihrer Wirkung ausgeleuchtet werden. Insgesamt ist eine auf die Textanalyse ausgerichtete Aufgabe in ihren Erwatungskriterien relativ präzise zu operationalisieren, ebenso sind unterschiedliche Standards sowohl auf der Kompetenzstufe der Darstellungsleistungen als auch hinsichtlich der nachgewiesenen methodischen Kompetenz einer Textanalyse deutlich zu markieren. Dies gilt für literarische Texte (Aufgabe 1) ebenso wie für nicht-literarische Texte (Aufgabe 2).

5.2. Zur Aufgabe 2
Die hiermit vorgenommene Klassifikation der Rede als nicht-literarischer Text ist texttheoretisch problematisch, nicht nur, wenn wie hier ein Au-

tor mit einem poetisch-metaphorischen Sprachduktus als Redner auftritt. Auch in der unterrichtlichen Alltagspragmatik bleibt die Trennschärfe zwischen fiktionalen Texten (hier: Drama) und nicht-fiktionalen Texten (hier: Rede) ungenau, da oftmals beide in der rhetorischen Analyse mit demselben Instrumentarium erschlossen werden. Doch hat in der Richtlinienrealität eine Rede den Status eines nicht-fiktionalen Textes, sodass die in der Aufgabe 2 zu bearbeitende Rede entsprechend zugeordnet wird.

Zunächst soll ein unbekannter Text unter Klausurbedingungen rezipiert werden. Sodann gilt es, zentrale Aussagen zu selektieren und in eigener Darstellung aufzubereiten (Anforderungsbereich Reproduktion: Zusammenfassen und strukturierte Wiedergabe). Das Standardmerkmal ist hierbei die Fähigkeit, zentrale Aussagen zu ermitteln und knapp und präzise wiederzugeben (Anforderungsbereich Reorganisation und Transfer: Herstellen von Bezügen und erläuternde Einordnung). Dies birgt vor allem zwei Schwierigkeiten, die dann zur Unterscheidung der Kompetenzstufen heranzuziehen sind. Zum einen ist Selektionsfähigkeit gefragt; dies umfasst zugleich die Fähigkeit zum orientierenden Lesen, das inhaltlich und textstrukturell zu präzisem Textverständnis führt. Daneben ist die Fähigkeit zur sprachlichen Komprimierung zu nennen, die sich daran festmachen lässt, ob bzw. in welchem Umfang es gelingt, sich von den Formulierungen des Redners zu lösen, ohne dass es dabei durch eigene sprachliche Repräsentation zu Unschärfen oder gar Verfälschungen kommt.

Eine Leistung des Basisstandards wird entweder den Redetext auf eine Aussage reduzieren und diese dann sprachlich nahe am Redetext kommentieren oder aber die Rede in Anlehnung an deren Struktur reproduzieren. Dagegen wird auf der Ebene des Progressivstandards mit der Rede gearbeitet und etwa als Kernaussage die Gegenüberstellung in der Bewertung der modernen Ökonomie durch den Autor herausgestellt, die sich in der Opposition „demokratisch" vs. „faschistisch" zusammenfassen lässt. Darüber hinaus wird eine gute Leistung als Hintergrundfolie die Opposition „früher" vs. „heute" ausmachen. Während bereits auf der ausreichenden Ebene zu erwarten ist, dass die Positionierung des Redners zu den von ihm als faschistisch gekennzeichneten Strukturen der Wirtschaft herausgestellt wird, sucht eine gute Leistung zudem sprachliche Besonderheiten auf, die etwa im Kumulationsbegriff des „Kompetitiven" oder in den wiederholten Anglizismen sowie – in sprachlicher Nähe zum Drama „Top Dogs" – in der Kriegsmetaphorik zu markieren sind. Eine gute Leistung wird dabei die Gleichsetzung von Redeintention und Drama vermeiden und stattdessen herausarbeiten, dass Widmer in der Rede abstrakte

Wirtschaftsstrukturen beschreibt und bewertet, im Drama dagegen eher konkrete Psychogramme zeichnet, deren Bewertung dem Publikum überlassen bleibt.

Für die Differenzierung des Erwartungshorizontes nach Kompetenzebenen ist der Aspekt der sprachlichen Lösung von der Redevorlage problematisch. Denn es ist nicht unbedingt als Kompetenzdefizit zu sehen, wenn Schülerinnen und Schüler sich unter Klausurbedingungen sprachlich nicht von einem Quellentext entfernen, weil sie mögliche Bedeutungsverschiebungen vermeiden wollen. Wenn aber neben (über)großer sprachlicher Nähe auch die Textstruktur einschließlich erläuternder Passagen beibehalten wird, kann allerdings von einer mangelnden Souveränität im Umgang mit dem Text ausgegangen werden, die entsprechend zu werten ist. Kompaktheit und Prägnanz der Darstellung hingegen weisen auf eine höhere Kompetenzstufe hin; noch besser ist die Leistung, wenn dies auch in sprachlicher Eigenständigkeit unter punktueller Nutzung des wörtlichen Zitats geschieht.

5.3. Zur Aufgabe 3

Auch wenn Redner und Autor des Textauszugs identisch sind und beide Texte eine hohe thematische Affinität aufweisen, so geht dennoch die Explikation der Ökonomie als „faschistisch" im Redetext über den Dramentext hinaus, sodass von hier aus die dritte Aufgabe angegangen werden kann, die von den Schülerinnen und Schülern eine begründete Wertungsleistung verlangt. Diese Aufgabe orientiert sich an Operatoren wie „beurteilen", „bewerten", „kritisch Stellung nehmen", „begründen" oder „sich auseinandersetzen", die alle dem Anforderungsbereich Reflexion und Problemlösen zuzuordnen sind. Da zudem die Redeaussagen mit dem literarischen Text in Beziehung zu setzen sind, werden auch Operatoren anderer Anforderungsbereiche realisiert (Anforderungsbereich Reproduktion: beschreiben, zusammenfassen; Anforderungsbereich Reorganisation und Transfer: einordnen, vergleichen).

Eine Standardsetzung ist bei einer eingeforderten Bewertung nicht inhaltlich zu akzentuieren; ob sich die Schülerinnen und Schüler zustimmend, ablehnend oder bedingt zustimmend oder ablehnend zur Aussage der Rede positionieren, ist nicht Gegenstand von Standardisierung; einzig eine indifferente Haltung kann verworfen werden. Selbst für den Fall, dass eine Schülerin oder ein Schüler keinen Zugang zur verhandelten Thematik findet, ist zu erwarten, dass in der Oberstufe die Fähigkeit ausgebildet worden ist, zu einem Thema reflektiert und begründet Stellung zu beziehen. Insofern ist der Basisstandard in der Einnahme einer Position zu sehen, die dann – auch das ist mindestens erwartbar – argumentativ hinreichend abgesichert ist.

Auch zum methodischen Vorgehen sind Standards zu formulieren. Eine gute Leistung (Progressivstandard) sucht den Anknüpfungspunkt der eigenen Argumentation in unmittelbarer Nähe zur Vergleichsposition der Rede. Je unpräziser dieser Anknüpfungspunkt gewählt ist, desto ungenauer ist die Argumentationsbasis. Weiterhin wird eine gute Leistung einen erkennbaren, argumentativen Aufbau aufweisen, der die eigene Position klärt und absichert und sich auf den Ausgangstext bezieht. Eine ausreichende Leistung lässt eine Gliederung erkennen, die zwischen der eigenen Position und der Bezugsposition der Rede unterscheidet.

Da die Rede sich unmittelbar auf die Realität bezieht, ist mit dem zweiten Aufgabenteil die Verflechtung zwischen einem solchen Realitätspartikel und einem ästhetisch geformten literarischen Text herzustellen. Hier ist die Abgrenzung der Rede vom Dramentext dahingehend zu erwarten, dass Widmer in der Rede die innerökonomischen Mechanismen als faschistisch kennzeichnet und in diesem zentralen Aspekt deutlich über das Drama hinausgeht, das sich vorrangig der Ausleuchtung psychischer Verfassungen innerhalb der Ökonomie widmet. Diese Transferleistung ist auch von einer ausreichenden Leistung (Basisstandard) zu erwarten; zudem wird auch eine ausreichende Leistung mindestens einen passenden Textbeleg zitieren und in die Argumentation einbinden; denkbar ist auf einer unteren Leistungsstufe, dass die in Aufgabe 1 analysierte 2. Szene hier herangezogen wird, zur Erreichung des Progressivstandards werden andere Textstellen aufzusuchen sein.

Da die Aufgabenstellung unspezifisch von „Aspekten des Stücks" spricht, liegt in der Auswahl und der Fülle der gewählten Aspekte ein weiteres Kriterium zur Leistungsdifferenzierung. Gute Leistungen werden auf die psychischen Deformationen der dargestellten Figuren unter Bezug etwa auf die Szenen 4 (Darstellung der Fälle), 6 (innereheliche Kommunikation mit beruflichem Kommunikationsmuster) oder 8 (Träume) rekurrieren, wenn sie Widmers Kritik zustimmen. Denkbar ist zudem, dass sie Textstellen heranziehen, die exemplifizieren, in welcher Weise Menschen unter den Bedingungen der Ökonomie „zerstört" (Widmer) werden. Während ausreichende Leistungen hier Verbindungen aufzeigen und Textbeispiele als Illustrationen bemühen, werden gute Leistungen die eher pauschalen Positionen der Widmer-Rede durch seine Figurenzeichnung ausdifferenzieren.

Gute Leistungen werden in ihrer Argumentation jene Aspekte der Rede herausstellen, die über das Stück hinausgehen: Wenn Widmer das

Verhältnis zwischen Ökonomie und Staat als ein gestörtes darstellt, dann ist hier ein Zugriff angelegt, den gute Schülerinnen und Schüler nutzen werden, indem sie die Loslösung der Wirtschaft von (national)staatlichen Grenzen und Organen im Kontext der Globalisierung skizzieren und damit der individuellen eine kollektive Ebene der Konsequenzen hinzufügen. Da dieser Aspekt die Widmer-Rede rahmt, im Stück aber allenfalls Hintergrundfolie bleibt, haben Schülerinnen und Schüler auf der Ebene des Progressivstandards hier die Möglichkeit, eine Anbindung zwischen Literarisierung und ihrer Entsprechung in der Wirklichkeit herzustellen.

6. Grenzen der Standardisierung

Mit den Operatoren für die Anforderungsbereiche steht ein Instrumentarium zur Verfügung, mit dem sowohl einzelne Teilleistungen als auch die Niveaudifferenzen in der Bearbeitung solcher Teilleistungen formuliert werden können. Auf der Grundlage des zuvor realisierten Unterrichts lässt sich so ein Erwartungsraster angeben, das auf der Ebene des Basisstandards wie des Progressivstandards zu erbringende Teilleistungen benennt und so zugleich die Notenstufen „ausreichend" und „gut" definiert. Darüber hinaus werden indirekt die jenseits dieser zwei Notenstufen anzusiedelnden Leistungen anzielt, sodass die Ableitung von drei weiteren Niveaus („mangelhaft", „befriedigend" und „sehr gut") möglich ist.

Allerdings werden auch Grenzen der Standardisierbarkeit sichtbar. Zunächst erschwert der technizistische Zugriff mittels Operatoren eine Würdigung von individuellen Bedeutungsaufladungen und Interpretationsansätzen eines literarischen Textes und kann dazu verführen, im Sinne einer Checkliste erwähnte Stichworte abzuhaken, ohne die jeweilige sprachliche ebenso wie die kognitive und emotionale Verstehensweise mit in den Blick zu nehmen. Eine weitere Unschärfe geht von unterschiedlichen Auffassungen zu einzelnen Operatoren aus. Ob eine schriftliche Darlegung argumentativ stringent, logisch aufgebaut und inhaltlich angemessen ist, lässt sich nicht bis ins Letzte intersubjektiv eindeutig fixieren. Daher bieten Operatorenlisten selbst bei umfassender Auffüllung unter Angabe von Beispielen keine letztliche Gewähr dafür, dass unterschiedliche Beurteiler einer Schülerleistung zu einem einheitlichen Ergebnis finden werden. Dies ist der Würdigung von Verstößen gegen die sprachliche Richtigkeit vergleichbar, die zur Notenabsenkung führen. Da es keine Regelung über einen Fehlerquotienten gibt, werden auch hier in der Beurteilungspraxis Unterschiede zu konstatieren sein.

Diese Unschärfen sind aber nicht nur als Manko des Systems und als Grenze der Standardsetzung zu beschreiben, sondern sie eröffnen pädagogische Spielräume, die ja bis in die Oberstufe hinein begründet eingeräumt werden. So wird sich etwa in Bezug auf sprachliche Darstellungsleistungen oder auf die Reflexion einzelner thematischer Zusammenhänge durchaus ein Teil der Gesamtbewertung nicht auf Standards beziehen, sondern von subjektiven Bezugsnormen Gebrauch machen. Die Kombination aus sach-, fach- und schülerangemessener (!) Handhabung in der Überprüfung gesetzter Standards und aus Anteilen der subjektiven Bezugsnorm ist für die Notenfindung für das 2007 in NRW erstmals angesetzte Zentralabitur so formuliert:

„Die Note ‚ausreichend' (5 Punkte) soll erteilt werden, wenn annähernd die Hälfte (mindestens 45 %) der vorgesehenen Höchstpunktzahl erreicht wird. Oberhalb und unterhalb dieser Schwelle werden die Anteile der erwarteten Gesamtleistung den einzelnen Notenstufen jeweils ungefähr linear zugeordnet." (Bildungsportal NRW)

Indem hier im Kontext der standardisierten Vorgabe eines Zentralabiturs die abschließende Notenfestlegung mit vagen Begriffen wie „annähernd" und „ungefähr" geregelt ist, wird der pädagogische Spielraum eröffnet und in die Hand der beurteilenden Lehrkräfte gelegt. Insofern wird sich selbst mit (für NRW) neuen Formen der Leistungsbeurteilung, wie etwa in der Vorgabe eines Bewertungsschemas mit Zuordnung von Punktwerten für Teilleistungen, eine exakte Standardsetzung nicht realisieren lassen. Unlängst hat Gisela Beste den hier zugrunde liegenden Mechanismus treffend gekennzeichnet: „Man versucht, zugleich genau und allgemein zu sein." (Beste 2006, S. 6) Die Widersprüchlichkeit zwischen Präzision und Offenheit äußert sich im Abgleich der zitierten Hinweise zur Notenfindung und den Angaben zu künftigen Bewertungsschemata, die im selben Dokument niedergelegt sind:

„Dies bedeutet […] eine Abkehr von einem verbreiteten, eher ganzheitlichen Zugriff auf die Prüfungsleistung und setzt an dessen Stelle die Verpflichtung zur einheitlichen Anwendung zu berücksichtigender Kriterien […]. Dies ist bei zentralen Abschlussprüfungen unverzichtbar, da in den zentralen Prüfungen Leistungen des Schülers nicht im Verhältnis zu einem spezifischen Unterrichtsablauf, sondern im Verhältnis zu in gewissem Maße standardisierten […] Lernergebnissen gemessen werden müssen." (Bildungsportal NRW)

Die hier rigide formulierte Standardisierung wird wenig später erneut relativiert, wenn die Möglichkeit zur Honorierung von nicht im zentral vorgegebenen Kriterienkatalog antizipierten Schülerleistungen eingeräumt wird:

„Der Kriterienkatalog sieht die Möglichkeit vor, zusätzliche – in dem antizipierten Ergebnisprofil nicht erwartete – Teilleistungen des Schülers zu berücksichtigen und ggf. zum Ausgleich einer geringeren Teilleistung in einem anderen Bereich heranzuziehen. Damit wird die Möglichkeit geschaffen, eigenständige und eigenwillige nicht antizipierte Leistungen zu bewerten und zu honorieren." (Bildungsportal NRW)

Die Praxis der Standardsetzung und der hierauf basierenden Leistungsbewertung wird diese notwendig bestehenden Widersprüche als Gestaltungsräume zu nutzen haben.

Literatur
Beste, Gisela: *Stellungnahme zum Vortrag von K. Spinner sowie zu den fachdidaktischen Debattenbeiträgen.* In: Didaktik Deutsch 12 (2006), Heft 20, S. 5–7.
Bildungsportal NRW: http://www.bildungsportal.nrw.de/BP/Schule/System/Schulformen/Gymnasium/Abi_2007/Aufgabenkonstruktion/index.html (Aufruf: 14. 7. 2006)
Halter, Martin: *Warte uff de Godot. Feuerwehrmann der Utopie: Urs Widmer als Theaterautor.* In: Text und Kritik, Heft 140 (1998), S. 30–40.
Kammler, Clemens: *Die deutsche Gegenwartsliteratur: Ein Problemfall der literarischen Sozialisation.* In: Zeitschrift für Literaturwissenschaft und Linguistik, Heft 124 (2001), S. 140–150.
Kammler, Clemens: *Ein Königsdrama der Wirtschaft. Urs Widmers Top Dogs.* In: Praxis Deutsch, Heft 181 (2003), S. 46–50.
Köster, Juliane: *Bildungsstandards – eine Zwischenbilanz.* In: Deutschunterricht 58 (2005) Heft 5, S. 4–9.
Ministerium für Schule und Weiterbildung, Wissenschaft und Forschung des Landes Nordrhein-Westfalen (Hg.): *Richtlinien und Lehrpläne für die Sekundarstufe II – Deutsch.* Frechen: Ritterbach 1999.
Nibis: Niedersächsischer Bildungsserver: *Fachbezogene thematische Schwerpunkte für die Qualifikationsphase (Kursstufe) in den Schuljahren 2004/05 und 2005/06 – Deutsch.*
http://www.nibis.de/nli1/gohrgs/zentralabitur/deutsch.pdf (Aufruf: 14. 7. 2006)
Spinner, Kaspar H.: *Der standardisierte Schüler.* In: Didaktik Deutsch 11 (2005), Heft 18, S. 4–14.
Widmer, Urs: *Das Geld, die Arbeit, die Angst, das Glück.* Zürich: Diogenes 2004.
Widmer, Urs: *Top Dogs.* 9. Aufl. Frankfurt a. M.: Verlag der Autoren 2005.
Wrobel, Dieter: *Urs Widmer: Top Dogs.* München: Oldenbourg 2006.

Autorinnen und Autoren

Dr. Ulf Abraham, Inhaber des Lehrstuhls für Didaktik der deutschen Sprache und Literatur an der Otto-Friedrich-Universität Bamberg

Dr. Peter Bekes, Studiendirektor und Fachleiter für Deutsch am Studienseminar in Gelsenkirchen und Lehrbeauftragter für Literaturdidaktik an der Universität Duisburg-Essen

Dr. Petra Büker, Lehrerin und Fachleiterin am Studienseminar Primarstufe Paderborn

Dr. Karlheinz Fingerhut, Professor (i. R.) für Literaturwissenschaft und Literaturdidaktik an der Pädagogischen Hochschule Ludwigburg, Institut Sprachen

Dr. Petra Josting, Professorin für Germanistik, Literatur- und Mediendidaktik an der Universität Duisburg-Essen

Dr. Michael Kämper-van den Boogaart, Professor für Neuere deutsche Literatur und Fachdidaktik Deutsch an der Humboldt-Universität zu Berlin

Dr. Clemens Kammler, Professor für Germanistik/Literaturdidaktik an der Universität Duisburg-Essen

Dr. Juliane Köster, Inhaberin des Lehrstuhls Fachdidaktik Deutsch am Institut für Germanistische Literaturwissenschaft der Friedrich-Schiller-Universität Jena

Dr. Kaspar H. Spinner, Professor (i. R.) für Didaktik der Deutschen Sprache und Literatur an der Universität Augsburg

Dr. Dieter Wrobel, Studienrat mit den Arbeitsschwerpunkten Literaturwissenschaft und Literaturdidaktik an der Universität Duisburg-Essen.

Dr. Thomas Zabka, Professor für Literaturdidaktik unter Einschluss der Mediendidaktik an der Carl von Ossietzky Universität Oldenburg